本书受河南省高校哲学社会科学繁荣计划项目
“农业合作组织发展中的金融支持机理与模式创新研究”（2016SKJJ04）资助

MECHANISM, MODEL AND CASE STUDY OF
# FINANCIAL SERVICE
FOR GRAIN PRODUCTION

# 金融
# 服务粮食生产的机理、模式及案例研究

汪来喜 等 / 著

中国经济出版社
CHINA ECONOMIC PUBLISHING HOUSE
北 京

**图书在版编目（CIP）数据**

金融服务粮食生产的机理、模式及案例研究 / 汪来喜等著. -- 北京：中国经济出版社，2020.5
ISBN 978-7-5136-6140-9

Ⅰ. ①金… Ⅱ. ①汪… Ⅲ. ①粮食－生产－金融－商业服务－研究－中国 Ⅳ. ① F326.11

**中国版本图书馆 CIP 数据核字（2020）第 067451 号**

责任编辑　贺　静
责任印刷　巢新强
封面设计　华子设计

**出版发行**　中国经济出版社
**印 刷 者**　北京九州迅驰传媒文化有限公司
**经 销 者**　各地新华书店
**开　　本**　710mm×1000mm　1/16
**印　　张**　19.25
**字　　数**　237 千字
**版　　次**　2020 年 5 月第 1 版
**印　　次**　2020 年 5 月第 1 次
**定　　价**　69.00 元
**广告经营许可证**　京西工商广字第 8179 号

**中国经济出版社** **网址** www.economyph.com **社址** 北京市东城区安定门外大街 58 号 **邮编** 100011
本版图书如存在印装质量问题，请与本社销售中心联系调换（联系电话：010－57512564）

---

# 前 言
SYNOPSIS

“民以食为天，食以粮为先。”粮食生产问题不仅是重大的经济问题，更是重大的政治问题，粮食生产对我们这样一个人口数量世界第一的大国来说，怎么强调都不为过。在现代经济条件下，诚如邓小平同志 1991 年提出的“金融是现代经济核心”这一论断，金融对实体经济的发展具有重要作用，对作为实体经济的粮食生产同样具有重要作用，这是由现代经济发展规律决定的，不以个人意志和观念为转移，但由于我国市场经济发展时间较短，人们对金融行业的认识、对金融支持粮食生产的认识都需要进一步提高，因此，对金融服务粮食生产的研究具有重要作用。

河南工业大学的前身是郑州粮食学院，那是我国唯一一个以粮食问题为研究对象的高等院校，在粮食行业发展研究上有深厚的积累，这为研究粮食问题提供了良好的契机；河南工业大学经济贸易学院金融学系的老师们结合自己的教学科研专长，开展金融服务粮食生产的问题研究，对金融服务粮食生产的机理、模式及案例展开研究，以为金融服务粮食生产领域研究做出贡献，这也算是充分发挥传统专业优势所取得的科研成果。

本书在逻辑结构上采取“总—分—总”的方法，在研究内容上首先从“总”的问题出发，从金融服务实体经济这个总的问题出发，在研究金融作用、金融对实体经济发挥作用的途径等问题的基础上，开展“分”的研究，即细化五个具体金融行业服务于粮食生产的机理、模式及案例研究，研究银行业、证券业、保险业、期货业、互联网金融等五个行业服务于粮食生产的机理、模式及案例，在最后两章又回到“总”的问题研究，即对金融服务粮食生产的风险防范与对策展望。全书由粮食产业经济研究院副院长（原金融学系主任）汪来喜提出框架结构，由汪来喜、奚宾、郭力、吴成浩、李艳锦、宋博、方永丽、石梦杰等老师写作完成，具体分工如下：第一章由汪来喜、石梦杰完成，第二章由郭力完成，第三章由吴成浩完成，第四章由方永丽完成，第五章由李艳锦完成，第六章由宋博完成，第七章由奚宾完成，第八章由汪来喜完成，汪来喜对全书作了统一审阅。本书出版得到了河南省省属高校基本科研业务费专项资金资助社会科学项目“农业合作组织发展中的金融支持机理与模式创新研究”（2016SKJJ04）的支持。特别感谢经贸学院领导和老师对全书给予了大力指导和支持，河南工业大学粮食经济研究院、粮食产业经济研究中心的领导也给予了指导和支持。书稿写作过程中，参考了很多国内外相关文献，在此对文献作者表示特别感谢，感谢出版社工作人员的付出。

总之，目前我国已进入新时代，但经济上面临“三期叠加”，经济下行压力仍然很大，由于我国前几年金融发展迅速、金融风险积累，金融发展出现偏离实体经济的倾向，我国把防范金融风险作为当前“三大攻坚战”的首位，这体现了中央对实体经济的重视、对金融发挥作用的新认识。因此金融服务粮食生产的选题在当下更具有现实意义，尽管对此问题的研究日益引起学界及业界重视，各种观点散见于各种文章，但对此问题的系统研究还比较少见，我们认为在新常态下要继续发挥金融的新功能，对金融服务粮食生产的机理、模式及案例要重新认识和学习，结合自身的专业、教学、科研，开展较为深入的研究，可以为我国金融支持粮食生产、保障粮食安全做一点微薄的贡献。

# 目录
CONTENT

## 第一章 总论：金融服务实体经济的机理、模式及案例研究

## 第二章 银行业服务粮食生产的机理、模式及案例研究

## 第三章　证券业服务粮食生产的机理、模式及案例研究

## 第四章　保险业服务<br>粮食生产的机理、模式及案例研究

## 第五章　期货业服务粮食生产的机理、模式及案例研究

## 第六章　互联网金融服务粮食生产的机理、模式及案例研究

## 第七章 金融服务粮食生产的风险防范研究



## 第八章 金融服务粮食生产的对策展望

# 第一章

## 总论：金融服务实体经济的机理、模式及案例研究

近几年的中央一号文件将“三农”问题的重点逐渐转向了“农村金融”：2014 年的中央一号文件指出要加快农村金融制度创新；2015 年的中央一号文件指出要推进农村金融制度改革；2016 年的中央一号文件指出要推进金融资源更多向农村倾斜；2017 年的中央一号文件指出要推进农村金融创新；2018 年的中央一号文件指出要提高金融服务乡村振兴的能力和水平；2019 年的中央一号文件指出要坚持把农业农村作为金融优先服务领域。中央一号文件连续 16 年都涉及农村金融主题，充分说明农村金融对农村经济发展的重要推动作用，特别是对农村生产建设的巨大支持作用。粮食生产作为农村经济的基础，对农村经济乃至整个国民经济的发展有着巨大的支持作用。粮食生产的水平提升和产能提升离不开我国农村金融体系的支持，特别是我国农村金融资源的更多倾斜。粮食生产被国家及各地予以了高度重视，但是必须清醒地认识到，农业仍然是国民经济的薄弱环节，随着工业化和城镇化的推进，仍然面临继续稳定增产难度加大的新问题。因此，研究农村金融支持对粮食主产区农户粮食生产的支持力度与问题具有十分重要的理论意义与现实意义。

研究金融服务粮食生产绕不开金融服务实体经济，因为研究方法一般是从外延到内涵、从高维到低维，诚如习近平总书记多次指出的，为实体经济服务是金融的天职、金融的宗旨，也是防范金融风险的根本举措。因

此，本章作为全书的开篇章节，有必要首先从金融服务实体经济、服务粮食生产开展总体研究，为下文具体开展金融行业服务粮食生产研究打好铺垫。

2019 年 2 月 23 日，中央政治局第十三次集体学习时强调，要为实体经济发展提供更高质量、更有效率的金融服务。实体经济体现一个国家的综合国力，是现代社会经济运行的核心。实体经济的良好运行，不仅关系到经济体系的平稳运行，更关系到社会的和谐稳定。金融与实体经济是相辅相成、协调发展的关系。实体经济是金融市场繁荣发展的基础，没有一个坚实的基础，建设健全的金融体系只能是"空中楼阁"。金融为实体经济发展提供金融服务，因此，与实体经济发展是否协调，直接关系到是否会成为实体经济发展的阻碍。金融过度繁荣、脱实向虚，成为"无源之水"，只能削弱实体经济的坚实基础，给实体经济发展带来巨大风险与不确定性，如 2008 年的美国次贷危机，就是由于金融过度繁荣、脱离支持实体经济发展，进而引发全球性金融危机，时至今日仍然对世界各国经济带来诸多负面效应和影响，这都提示我们绝不能放松实体经济发展，金融发展必须在服务实体经济中促进实体经济发展壮大，否则金融就是无本之木。

我国政府历来重视发展实体经济，始终将马克思主义科学理论作为经济建设的指导思想，注意总结西方发达国家经济发展道路的经验，并运用到中国经济建设中，将振兴实体经济作为建设重心。党的十八大以来，习近平总书记多次强调实体经济的重要性。2013 年 7 月，习近平总书记在武汉考察时强调："我们这么一个大国要强大，要靠实体经济，不能泡沫化"；2015 年习近平总书记在党的十八届五中全会第二次会议上讲道："我们的政策基点要放在企业特别是实体经济企业上，高度重视实体经济健康发展，增强实体经济盈利能力”；习近平总书记在党的十九大报告中指出：“必须把发展经济的着力点放在实体经济上”，“要加深金融体制改革，提升金融服务实体经济效率，提高直接融资比例，推进多维度资本市场健康发展”；2017 年，习近平总书记在江苏徐州考察时强调：“必须始终高度重视发展壮大实体经济，抓住实体经济一定要抓好制造业。”建设社会主义经济体系，必须贯彻十九大和习近平总书记重要讲话精神，工作重心应放到大力发展实体经济、防止经济脱实向虚、促进金融回归服务实体经济的本质。2019 年 2 月 22 日，中共中央政治局就完善金融服务、防范金融风险举行第十三次集体学习。习近平总书记在主持学习时强调，要深化对国际国内金融形势的认识，正确把握金融本质，深化金融供给侧结构性改革，平衡好稳增长和防风险的关系，精准有效处置重点领域风险，深化金融改革开放，增强金融服务实体经济能力，坚决打好防范化解包括金融风险在内的重大风险攻坚战，推动我国金融业健康发展。

## 一、金融服务实体经济的成绩及存在的问题

### （一）金融资源与实体经济的概念

#### 1. 金融资源的概念

金融发挥服务实体经济的职能，须根据实体经济发展需求，合理配置金融资源，保证渠道通畅，使金融资源高效地投入实体经济发展中，提升其服务实体经济水平。

金融资源的概念首次出现在 20 世纪中期，学术界对其定义争议较多，暂时没有一个统一的定义。国际上由美国经济学家戈德史密斯（1955）首先提出了金融资源和金融资源配置的概念，他利用金融资源数量表示金融

资源，并未进行具体概念的解释。在国内，由白钦先教授（1998）首先提出了金融资源的概念，作为国家战略性资源进行研究。他认为金融资源可以分为三个层次：第一层次，基础性核心金融资产，即广义货币资产（资金）；第二层次，实体中间性资源，即金融组织体系和金融资产；第三层次，整体功能性高层金融资源。伴随着经济形势和经济政策的不断变化，金融资源概念的内涵不断外延，众多专家学者同时也给出了更加科学的定义。我们引用蔡则祥教授（2016）对金融资源的定义：以货币和货币资本为核心，为实现资金融通、引导资源配置直接服务的各种资源，具体包括四个部分：资金资源、工具资源、组织资源和保障资源[①]，具体组成如表 1–1 所示。

**表 1–1　金融资源构成**

<table>
<tr><th></th><th>种类</th><th>内容</th><th>层次</th></tr>
<tr><td rowspan="4">金融资源</td><td>资金资源</td><td>货币与货币资本：广义资金，包括债券资金、股权资金、保险资金等</td><td>第一层次基础性核心资源</td></tr>
<tr><td>工具资源</td><td>资金融通的载体：金融工具，包括票据、债券、股票、保单、基金、期货、期权等短、中、长期金融工具</td><td rowspan="2">第二层次主体性融资工具、机构、市场等平台资源</td></tr>
<tr><td>组织资源</td><td>资金融通的主体：金融机构和金融市场，包括各类银行、非银行金融机构，各类金融市场：货币市场、资本市场、保险市场、外汇市场、黄金市场等</td></tr>
<tr><td>保障资源</td><td>资金融通的基础保障：制度、技术、人才，包括金融制度、金融基础设施、金融技术、金融人才等</td><td>第三层次保障性软、硬件资源</td></tr>
</table>

资料来源：蔡则祥（2016）。

分析表 1–1，货币和货币资本为基础性核心资源，与实体经济资源分配产生直接关联。金融工具是实现货币和货币资本配置的载体。金融机构和金融市场利用金融工具配置资金资源，发挥资金资源流入实体经济渠道的作用。金融制度、基础设施、人才等是金融机构和金融市场正常运转的保障资源。

① 蔡则祥，武学强. 金融资源与实体经济优化配置研究［J］. 经济问题，2016（5）：14–25.

### 2. 实体经济的概念

实体经济是对应于虚拟经济的一个经济范畴。对实体经济的研究，国外学者萨伊（1827）提出了货币面纱论：将货币与实际经济分离开，初步提出了实体经济的概念。凯恩斯认为以货物和服务的形式存在即实体经济。美联储认为实体经济包括制造业、进出口、经常账户、零售销售等除去房地产市场和金融市场之外的部分。同时，国内众多学者提出了科学的定义。成思危教授（1999）提出实体经济是物质资料生产、分配、交换和消费的经济活动。吴立波（2000）提出实体经济是指生产可以增加人类使用价值、效用和福利的产品或为其服务的经济活动，物质生产部门是基础。秦晓（2000）提出实体经济是人类的生产、服务、流通和消费活动，其中生产环节包括物质生产和文化生产。国内学术界对于实体经济较为统一的定义为：实体经济即物质产品和精神产品的生产、销售、消费等经济活动，不仅包括农业、能源、交通运输、邮电、建筑等物质生产活动，也包括商业、教育、文化、艺术、体育等精神产品的生产和服务[①]。实体经济可以分为三个层次，具体如表 1–2 所示。

**表 1–2　实体经济层次**

| 层次 | 类型 | 具体内容 |
| --- | --- | --- |
| 第一层次 | 狭义核心实体经济 | 工业经济，主要包括制造业、采矿业、电力、热力、燃气及水生产和供应业、建筑业 |
| 第二层次 | 中义传统实体经济 | 工业与农业经济，即第一、第二产业，主要包括工业（层次一中的内容）、运输业（铁路、航运、长途）、仓储、物流业、农业（农、林、牧、渔） |
| 第三层次 | 广义现代实体经济 | 工业、农业、服务业，即第一、第二、第三产业（除去大部分金融业和房地产业） |

资料来源：原磊（2019）。

① 原磊. 以实体经济筑牢高质量发展的坚实基础——深入学习习近 平总书记关于实体经济的重要论述［J］. 中国井冈山干 部学院学报，2019（9）：5–13.

在第三层次，大部分金融业和房地产业被除去，原因是只有银行贷款、企业发债、股票属于实体经济；在二级房地产业投机赚取价差收益的行为不属于实体经济范畴。

此外，实体经济具备两个基本性质：有形性和发展性。有形性将实体经济与虚拟经济根本地区别开来，无论是实体经济的开展形式，还是生产出来的客观的物质产品或者精神产品，都是可以为人们所感知的，符合有形性的经济活动都是实体经济。发展性是指时间推移，社会不断进步，农业、工业、服务业等行业不断发展，新的经济形式会被归类到实体经济。

## （二）存在的问题

### 1. 货币政策宽松与资金资源短缺同时存在

我国央行近年来一直保持着稳健的货币政策，货币供给量 M2 一直保持着 13% 左右的增速。然而通过社会融资规模、渠道等分析可知，部分从事实体经济经营生产的企业仍然会感到“融资难”“融资贵”等传统问题，小微企业感觉会更明显。既然货币政策宽松，流动性肯定是充足的，却出现了资金资源短缺的矛盾现象，反映出金融与实体经济发展不协调，无法满足实体经济发展的实际需要，详细情况如表 1–3 所示。

表 1–3 货币供给情况

| 年份 | GDP/亿元 | GDP 增长率 /% | M2/亿元 | M2 增长率 /% | CPI 增长率 /% | M2/GDP/% | GDP/M2/% | 货币供需差 /% |
|---|---|---|---|---|---|---|---|---|
| 2008 | 321229 | 9.7 | 475166 | 17.8 | 5.9 | 147.9 | 67.6 | 2.2 |
| 2009 | 347934 | 9.4 | 610224 | 28.5 | –0.7 | 175.4 | 57.0 | 19.8 |
| 2010 | 410354 | 10.6 | 725851 | 19.7 | 3.3 | 176.9 | 56.5 | 5.8 |
| 2011 | 483392 | 9.6 | 851590 | 13.6 | 5.4 | 176.2 | 56.8 | –1.4 |
| 2012 | 537329 | 7.9 | 974148 | 13.8 | 2.6 | 181.3 | 55.2 | 3.3 |

**续表**

| 年份 | GDP/亿元 | GDP 增长率 /% | M2/亿元 | M2 增长率 /% | CPI 增长率 /% | M2/GDP/% | GDP/M2/% | 货币供需差 /% |
|---|---|---|---|---|---|---|---|---|
| 2013 | 588141 | 7.8 | 1106524 | 13.6 | 2.6 | 188.1 | 53.2 | 3.2 |
| 2014 | 642097 | 7.3 | 1228374 | 12.2 | 2.0 | 191.3 | 52.3 | 2.9 |
| 2015 | 683390 | 6.9 | 1392278 | 13.3 | 1.4 | 203.7 | 49.1 | 5.0 |
| 2016 | 737074 | 6.7 | 1550066 | 11.3 | 2.0 | 210.3 | 47.6 | 2.6 |
| 2017 | 818461 | 6.8 | 1690235 | 8.1 | 1.6 | 206.5 | 48.4 | −0.3 |

资料来源：国家统计局官网。

注：货币供需差 =M2 增长率 − GDP 增长率 − CPI 增长率。

分析表 1–3 可知，货币供给量 M2 在过去 10 年一直保持着 13% 左右的增速，供给量从 2008 年的 47.5 万亿元增加到 2017 年的 169.0 万亿元，是 2008 年 47.5 万亿元的 3.6 倍，同期 GDP 仅增长 2.5 倍，货币供给量增加倍数远高于 GDP 增加倍数。货币转化率（M2/GDP）指标代表了一国经济的金融化程度，该比值越大，说明经济货币化程度越深，从数值上看，从 2008 年的 147.9% 增加到 2017 年的 206.5%，10 年增长了 37 个百分点，反映出我国货币流动性是充足的。货币效率 = 社会有效产出总量 / 货币总量，这里我们用 GDP/M2 来表示货币效率。从数据上看，从 2008 年的 67.6% 一直下降到 2017 年的 48.4%，货币效率下降，在一定程度上反映出经济结构的失衡。根据货币需求模型，我们可以利用“货币供给增长率 − 货币需求增长率”的值来衡量经济体系中货币量“富余”或者“短缺”，即“M2 增长率 –GDP 增长率 –CPI 增长率”的差额。从数据上看，在近 10 年间，货币供需差几乎全部为正值，保持在 3% 左右，说明货币供给超过需求，经济体系中货币量“富余”。

然而，与宏观层面经济体系中货币量“富余”不同的是，尽管我国央行一直保持着宽松的货币政策，但是微观层面实体经济主体仍然会遇到“融资难”“融资贵”等资金紧张问题，详细情况可以通过表 1–4 中的数据分析出来。

**表 1–4 货币供给增长情况**

| 年份 | 社会融资规模 / 亿 | 社会融资增长率 /% | 人民币贷款增量 / 亿 | 贷款增量增长率 /% | 贷款增量 / 融资增量 /% | M1/M2/% |
|---|---|---|---|---|---|---|
| 2008 | 69802 | 117.0 | 49041 | 135.0 | 70.3 | 35.0 |
| 2009 | 139104 | 199.3 | 95942 | 195.6 | 69.0 | 36.3 |
| 2010 | 140191 | 100.8 | 79451 | 82.8 | 56.7 | 36.7 |
| 2011 | 128286 | 91.5 | 74715 | 94.0 | 58.2 | 34.0 |
| 2012 | 157631 | 122.9 | 82038 | 109.8 | 52.0 | 31.7 |
| 2013 | 173169 | 109.9 | 88916 | 108.4 | 51.4 | 30.5 |
| 2014 | 158761 | 91.7 | 97452 | 109.6 | 61.4 | 28.3 |
| 2015 | 154063 | 97.0 | 112693 | 115.6 | 73.2 | 28.8 |
| 2016 | 178159 | 115.6 | 124372 | 110.4 | 69.8 | 31.4 |
| 2017 | 194445 | 109.1 | 138432 | 111.3 | 71.1 | 32.2 |

资料来源：中国统计局官网。

注：社会融资规模是指一定时期内实体经济从金融体系获得的资金总额，是增量概念。

社会融资方式包括银行贷款（本外币）、委托贷款、信托贷款、银行承兑汇票、企业债券、企业股票等多种融资方式。目前直接融资方式仍然以银行贷款为主，对于大型上市公司，可以利用发行债券、股票进行融资，作为对银行贷款融资方式的补充。分析表 1–4 数据，在近 10 年间，社会融资增量和人民币贷款增量几乎保持着 100% 以上的增加，特别是 2009 国家出台“4 万亿”刺激计划以后，融资增长率几乎达到 200%，从理论上看，实体经济应该不会出现资金紧张问题。分析“人民币贷款增量 / 社会融资增量”近 10 年的趋势，发现银行贷款占比呈下降趋势，这意味着银行贷款相对减少，上市公司可以通过发行债券、股票获得融资，中小型公司能够从银行获得的融资减少，或者从社会金融借贷公司获得资金时相比银行贷款利率要支付 20% 的年利率，造成中小型公司生存困难。

M1/M2 是一个衡量货币供给流动效率的具体指标，可以用来判断经济发展形势，近 10 年的 M1/M2 比值呈下降趋势，说明货币供给流动效率下降、实体经济与金融发展不协调，体现到实体经济中，就变成“资金紧张”，即“融资难”“融资贵”等问题。

2. 金融脱实向虚

实体经济和虚拟经济都是现代经济的两种基本经济形态。实体经济是一国经济体系的坚实基础，体现了国家的综合实力；虚拟经济既包括实体经济运行中产生的适度虚拟价值，又包括资本从货币到商品再到增值的货币的生息运动，依托金融系统、通过资本融通进行循环运动。同实体经济一样，虚拟经济也需要筹集资金，并同实体经济竞争。现阶段，我国债券市场、信托投资市场、投资公司资管产品、私募基金、理财产品投资等融资渠道因限制性条件太高，实体经济特别是小微企业很难企及；这类融资渠道筹集的资金主要是注入了虚拟经济，对实体经济形成了较强的挤出效应，造成了资金错配。巴曙松（2018）提出：很多金融机构借银行理财、信托投资等的名义筹集资金，用于套取利差和汇差，资金在金融圈里“空转”，依靠“钱生钱”赚取盈利，甚至通过通道业务收通道费、嵌套业务搞抽屉协议，或者通过高息揽储、高息放贷、资金池错配转化为房地产开发融资，而非投资于实体经济[①]。金融“脱实向虚”在经济活动中表现为实体经济与虚拟经济的整体失衡状态，宏观上看，是经济发展重心由生产部门转移到金融部门；微观上看，资金在金融体系内周转，极难进入实体经济中。

我国实体经济的主体——制造业利润率偏低。资金具有逐利性，如果实体企业边际收益高于市场利率，投资力度会加大，资金自然会流入实体

① 鲍长生．实体经济的融资需求与传导渠道的有效性研究—基于上海市青浦区实体经济的主成分分析［J］. 华东经济管理，2019（1）：27-33.

企业；反之，投资减少，资金会在金融体系内周转。

传统制造业利润率偏低，主要有以下原因：首先是传统实体经济主体经营成本较高，以税收为例，我国仅对资产交易类企业的利率、股息、红利等征税，不对资本利得征税，虚拟经济主体具有低税负的优势。分析西方国家发展经验可知，发达国家企业宏观税负率应该在30%~40%，中等发展中国家在25%~30%。周天勇（2016）研究发现，1995年中国企业宏观税负率达16.5%，2005年达到26%，2015年上涨到37%。根据世界银行对各个国家的营商环境评价，美国企业税负率为34%，中国则达到64%，综合来看，中国企业税负率已经达到甚至超过发达国家水平，反映出中国企业税负压力要大于发达国家企业。实体经济主体在发展到一定规模后，普遍会向虚拟经济发展，特别是信用较好的上市企业，可以获得成本较低的资金贷款，也在一定程度上促使其投向利润率更高的虚拟经济。

其次是传统增长模式不能持续，改革开放以后，我国制造业依靠人口红利，即廉价的劳动力，牺牲环境资源，以投资拉动经济增长。随着发展观念的转变，由粗放的追求经济总量转变到追求质量和效益，传统制造业竞争优势日益下滑，虽然目前已经实施了转型升级战略，加大了科研投入，但是劳动生产率整体较低、产品附加值低，新的增长模式乏力。

最后是销售价格偏低。销售价格直接关系到实体企业利润率的高低，如果销售价格上涨、成本不变，实体企业利润率自然上涨；如果销售价格上涨幅度高于成本上涨幅度，实体企业利润率仍然会保持上涨。在图1-1中，从2012年2月到2016年8月，工业生产者价格指数（PPI）增长率持续54个月负增长，2015年9—12月，出现同比月度最低点-5.9%。累计负增长率持续增强，导致在2012年PPI含有12%毛利润的实体企业，到2016年8月，利润空间已经被完全挤占。从表1-5中看，2011—2015年，工业企业亏损家数和亏损额呈上升趋势，2016—2018 年出现了反复，2018 年 2 月增加到历史新高 81248 家（2010 年以来）（见表 1–5）。投资前景不明，在一定程度上阻碍了资金进入实体经济的意愿。

**图 1–1　PPI 增长率走势**

资料来源：中国国家统计局。

**表 1–5　工业企业亏损家数和亏损额**

| 时间 | 亏损家数 / 家 | 亏损额 / 亿元 |
|---|---|---|
| 2011.12 | 30624 | 3387.29 |
| 2012.12 | 40081 | 5922.08 |
| 2013.12 | 41842 | 5418.07 |
| 2014.12 | 42970 | 6917.80 |
| 2015.12 | 49264 | 9115.50 |
| 2016.12 | 45008 | 8173.60 |
| 2017.12 | 45454 | 6843.80 |
| 2018.02 | 81248 | 2011.20 |

资料来源：Wind 咨询。

考虑到实体企业资产的边际收益率下降，金融机构为增加收益，通过多种业务，使资金在金融机构之间流动或在经过多个交易环节最终流入实体经济，这种现象可以称为货币空转或资金空转，会导致实体企业融资成本上升、金融资源配置效率低下。货币空转主要有四种方式：信贷空转、理财空转、票据空转和同业空转。以信贷空转为例，商业银行为满足监管要求，会将不良资产出售给资产管理公司，资产管理公司通过与基金公司合作，将不良资产包装成理财基金，最终银行利用理财资金购买理财基金，可见为信贷空转。

3. 融资渠道单一

资本市场作为实体经济发展不可或缺的重要一环，发挥着对整个社会的资金调节功能。建设健康多层次的资本市场体系，可以提高资本市场对实体经济的融资能力，即提高资金的配置能力以及控制市场风险的能力。融资渠道多样化，有利于满足实体企业不同时期的融资需求、降低融资风险和融资成本。目前我国金融市场以金融机构为主体、以间接融资方式为主、直接融资方式为辅。具体情况如表 1–6 所示。

**表 1–6　融资方式变化**　（%）

| 年份 | 人民币贷款 / 社会融资规模 | 外币贷款 / 社会融资规模 | 企业债券 / 社会融资规模 | 非金融企业境内股票 / 社会融资规模 |
|---|---|---|---|---|
| 2008 | 70.3 | 2.8 | 7.9 | 4.8 |
| 2009 | 69.0 | 6.7 | 8.9 | 2.4 |
| 2010 | 56.7 | 3.5 | 7.9 | 4.1 |
| 2011 | 58.2 | 4.5 | 10.7 | 3.4 |
| 2012 | 52.0 | 5.8 | 14.3 | 1.6 |
| 2013 | 51.4 | 3.4 | 10.5 | 1.3 |
| 2014 | 61.4 | 0.8 | 15.3 | 2.7 |
| 2015 | 73.2 | –4.2 | 19.1 | 4.9 |
| 2016 | 69.8 | –3.2 | 16.9 | 7.0 |
| 2017 | 71.1 | 0.009 | 2.3 | 4.5 |

资料来源：中国国家统计局。

注：外币贷款数额折算为人民币。

统计分析可知，在近 10 年，通过人民币贷款和外币贷款进行融资所占比例 2009 年最高为 75.7%，2013 年最低为 54.8%，通过发行企业债券和股票进行融资所占比例逐年提升，近 10 年 2015 年最高比例只有 24.0%，2017 年最低为 6.8%。直接融资仅为间接融资的 1/5。在主流的间接融资市场，商业银行占据绝对优势，垄断了整个市场；在直接融资市场上，首先是实体企业要上市发行股票，必须满足苛刻的上市要求，股票市场门槛较高，目前实施核准制，未实行注册制，在一定程度上阻碍了实体企业进入股票市场融资。实体企业发行债券受约束较多，《公司法》规定，只有实力强、经济效益好的企业方可采用债券融资。此外，实体企业通过债券融资金额，不得超过公司自有资产的净值，这就造成企业债券融资额度受限。债券市场目前还存在法律监管条例不健全的问题，部分规章细则已经无法满足市场需求。种种原因导致实体企业采取成本更高的间接融资方式，导致融资结构不合理、杠杆率居高不下，增加了企业运营成本。

### 4. 实体经济主体风险问题突出

尽管近年来央行保持了宽松的货币政策，积极引导银行贷款利率下降到较低水平，但是实体企业利润率下降幅度更大，银行贷款成为高成本的一项融资方式。实体企业的风险问题和低资产边际收益是阻碍资金流入的两大主因，特别是 2012 年以来，制造业和批发零售业信用风险问题变得更加突出。金融机构特别是商业银行，为降低不良贷款率、提高资产质量，会拒绝盈利性差的企业的贷款要求。

针对小型实体企业的信用风险管控体系未完全建立，信息披露体系不完善，缺少积极降低小型实体企业信用风险的政策引导。例如，针对信息披露能力差的小型实体企业，未设立足够专门的政策性金融机构，以满足融资需求；政策覆盖面小，很多仍处于政府规划初级阶段，效果不明显；

社会信用体系建设起步较晚，仍存在不完善的地方，多部门工作不协调，无法实现完全有效的实体企业信息披露。

5. 有效供给不足

近年来，央行一直实施宽松的货币政策，流动性充足，由于我国金融资源配置受政府主导影响，以间接融资方式为主，大量资金流向传统产业、国有企业和政府项目，部分资金使用效果极差。例如，煤炭、水泥、钢铁等获得大量信贷资金的传统产业，存在产能过剩、效益性下降，亏损额大幅上升等问题。银行不良贷款率上升直接反映出金融资源配置不合理，根据中投投资咨询网 2018 年 11 月 20 日资料分析，截至 2018 年三季度末，商业银行不良贷款余额达到 20322 亿元，同比增长 21.7%，不良贷款率达到 1.87%。目前我国银行业以国有和股份制大银行为主，缺乏专门针对中小企业服务的金融机构和政策性银行。国有和股份制银行在分配信贷资金时，优先考虑企业规模大、财务风险低、信息披露机制完善的贷款对象，偏向于中长期贷款，中小企业资金需求则偏向于更加灵活的短期资金需求，尽管政府已出台相关政策引导金融机构支持中小企业发展，考虑到收益性和风险管控，金融机构往往会设置较高的信贷要求门槛。根据 2018 年 9 月 28 日中国银行保险监督管理委员会发布的《中国普惠金融发展情况报告》，截至 2017 年年末，银行业小微企业的贷款余额仅为 30.74 万亿元。尽管互联网金融蓬勃发展，在一定程度上解决了中小企业的融资问题，但受限于资金规模和费率，效用仍不明显。

6. 小微企业信贷定价机制不完善

一是商业银行一般在总行和支行实行“集中管理、分级授权”的定价管理机制，其总行和一级分行保留了较多的价格审批权，但未针对小微企业贷款制定利率溢价的考核指标，信贷部门往往要求小微企业提供足额抵押，过于强调抵押的风险补偿作用，容易将部分小微企业挤出信贷市场。中小银行的定价机制虽然逐步完善，由于其系统建设时间短、范围小，缺乏精准的评估和定价模型，较少考虑预期收益是否包含了占用经济资本的机会成本，信贷部门大多根据企业的信用等级来决定贷款定价。但是相同的信用等级下，贷款违约率和违约损失率不甚相同，而不同的贷款用途所承担的贷款风险也不一样，更易出现违约风险。二是基层金融供给严重不足。县域金融供给主体缺位现象严重，（工、农、中、建）全国性四大银行自 1999 年起就从县域逐步撤出，基本取消了县一级分支机构，现有网点主要集中于县城，乡镇金融处于边缘化状态。此外，县域资金大量外流现象突出，县域机构实际上已成为上级银行的“储蓄网点”，县域吸收的存款很难用于当地，大部分流向了城市[①]。

## 二、金融服务实体经济的机理

### （一）实体经济决定金融发展的高度

发达国家的金融发展历史证明，经济基础决定上层建筑，以制造业为代表的实体经济，决定一个国家的金融发展水平。金融是实体经济发展到一定阶段的必然产物，强大的实体经济为金融的产生、发展提供了坚实的基础，同时，实体经济也是金融发展状况的“晴雨表”——金融市场运行有序，金融资源合理分配，金融工具充分运用，实体经济就平稳、高效、快速发展；金融市场运行混乱，金融资源低效分配，金融工具过度创新，实体经济就波动、粗放、低速发展，甚至出现经济发展水平倒退现象。实

① 叶文辉．经济新常态下商业银行服务实体经济的路径探析—以安徽省铜陵市为例［J］. 海南金融，2019（1）：67–73.

体经济是金融发展的基础，是金融发展的活力源泉，金融发展高度依赖于实体经济增长的持续性、高效性、稳定性，因此，必须坚持实体经济优先发展，坚持金融服务实体经济发展的本质。

### （二）金融决定实体经济的发展速度

金融是实体经济快速发展的助推器，金融在实体经济发展的每个环节发挥资源配置功能，影响实体经济的结构和层次。实体经济实现平稳快速增长，依赖于金融业营造的一个良好的宏观经济环境。金融业在多个层次推动实体经济发展，如为实体经济注入资金血液，实体经济主体可以通过金融市场利用金融工具进行融资贷款；影响实体经济结构层次，根据不同行业、不同实体经济主体的资产边际收益率，自动调整金融资源配置，优化实体经济结构，提升实体经济层次；拓宽实体经济主体业务范围，闲置资金可以通过投资配置金融产品产生收益；降低实体经济主体经营风险，面对未来不确定资产价格走势，合理利用金融工具进行风险对冲，降低交易风险。

### （三）实体经济与金融协调发展

国内外众多学者的研究证明，实体经济是金融的基础，为金融业健康发展提供物质基础，金融服务于实体经济的发展，为实体经济发展注入新鲜资金血液。西方经济学家罗纳德·麦金农（1973）和爱德华·S·肖（1973）研究了发展中国家的实体经济和金融的相互关系，提出了实体经济和金融的辩证关系，即金融系统为金融资源流动提供渠道作用，其中银行承担了重要的中介角色，极大地支持了经济增长。实体经济在平稳高效增长的同时，会进一步带动金融系统向更高层次发展，使金融体系增加融资能力，提供更加完善的金融服务，促进实体经济发展，这就是实体经济发展和金融的良性循环。中国民生银行董事长洪崎（2013）提出，实体经济与金融相互交织，实体经济既为金融发展创造机遇，又对金融提出课题，迫使其转型升级，为金融的进一步发展开辟了新的路径，使其更好地为实体经济服务，更好地满足经济增长对实体经济和金融发展的需求。中国社会科学院学部委员、国家金融与发展实验室理事长李杨（2009）提出，金融发展要遵循为大众服务、为中小企业服务和为科技创新服务三个原则，而不应像发达资本主义国家那样只是为资本服务。只有端正了金融的服务功能，才能更好地实现与实体经济的协调发展，促进两者的良性互动。金融发挥服务实体经济功能，可以从两个方面解释：一是宏观层面。金融系统通过采取逆周期经济刺激计划，熨平经济波动以减少对实体经济发展带来的影响。二是微观层面。实体企业通过金融工具获得金融资源支持自身发展，金融系统充当了资源中介渠道。因此，金融支持实体经济发展，同时享受实体经济发展回馈的收益，赚取利润以扩大资产规模，增强自身防范风险能力。

实体经济与金融应该协调发展、相互促进，否则不仅会对实体经济健康发展增加障碍，削弱经济增长动力，而且会动摇金融业的经济基础，给金融资产带来巨大的不确定性和风险。金融工具过度创新、金融业过度追求收益、脱实向虚，不仅偏离了金融服务于实体经济的本质，而且实体经济因发展所需的金融资源得不到满足，会产生经济结构扭曲。诺贝尔经济学奖获得者托宾（1969）指出，如果企业预期投资于金融产生的收益大于投资生产，就会将用于生产投资资金转移到金融投资，产生“挤出效应”，投资生产资金减少会导致实体经济的萎缩，金融泡沫则会膨胀。印兆祥、安世友（2012）指出，实体经济与金融不协调发展会产生对实体经济发展的阻碍或破坏：即金融业发展落后于实体经济导致金融抑制分离；金融业过度发达脱离实体经济导致金融过度分离。孙妍、郑贵廷（2012）提出，如果虚拟经济过度占用实体经济发展所需要的资本，会形成投机泡沫并扭曲货币资本资源配置。金融脱离实体经济发展，实行金融资源系统内自我循环，会形成金融泡沫、过度繁荣；缺少实体经济支撑，金融发展不具有持续性，过度繁荣反而会扭曲金融资源配置，给整个金融系统带来泡沫破裂的风险。

## 三、金融服务实体经济的模式

### （一）建设多层次、差异化的金融体系，提升资本市场对实体经济的融资能力

建设层次丰富、覆盖范围广、差异化的金融市场，积极支持资本市场、债券市场、信托市场、产权交易市场、金融租赁市场发展，吸引民间资本进入市场交易，拓宽实体企业融资渠道。增强风险防范意识，大力支持拓展保险市场，发挥保险资金长期投资的优势，拓宽保险服务领域，促进经济的提质增效。建立现代保险服务业，提高保险服务水平，增强防范风险意识和能力；推进保险市场改革，强调合法合规运营意识，规范保险金来的源及使用。

资本市场作为金融体系的重要组成部分，金融资源通过资本市场对不同行业进行配置。有计划地简化审批机制、进一步促进其市场化程度提升、发展多层次的资本市场体系，对于提高资本市场的资金配置能力，以及控制市场风险具有重大意义。结构合理、层次丰富的资本市场主体应该是创业板市场、交易所主板市场、中小企业板市场，场外交易市场作为对主板市场的补充，可以与各类主板市场产生良好的联系和互动，多层次资本市场既可以有效分散市场风险，又可以提升资本市场整体运行效率。具

体可以从两个方面做起：首先是坚决推进创业板、新三板改革。要对资本市场基础规章制度建设进行改革，对上市公司质量严把关，实行注册制，积极推动新型服务业、高新技术行业等优质企业进入资本市场挂牌融资。推进政府监管机制调整，加大违规交易处罚力度，积极保护中小投资者等弱势群体的合法权益。其次是丰富债券种类，推动融资结构改善。我国债券市场虽然发展速度较快，并且发债总体规模在全球处于领先水平，然而债券种类相比较于西方发达国家金融市场还是较少。此外，在实体企业融资结构中，银行等金融机构间接融资占比达到六成以上，债券融资相比于股权融资所占比例较小，成为制约实体企业发展的一大障碍。所以应该增加债券种类，推进债券市场基础设施制度完善和改革，降低实体企业发债所受制约，扩大企业发债规模，建设一个极具吸引力的债券市场，吸引更多参与主体，实现债券市场交易主体多元化。鼓励支持小微企业金融、民办银行、互联网金融、普惠金融发展，首先可以满足中小企业融资需求问题，扩大金融服务覆盖面；其次还可以起到优化和完善金融结构的作用，特别是对普惠金融的发展起到促进作用。

## （二）商业银行进行重新审视

### 1. 重塑市场定位

作为间接融资主体，部分商业银行对于服务实体经济，未充分考虑结合实地情况，市场定位模糊。首先，针对金融产品同质化、吸引力下降问题，商业银行应重塑自身市场定位，明确自身所面对的客户群体，结合所处市场经济结构，推出适合当地产业结构转型、战略性新兴产业发展需求的金融产品，提供极具特色化和差异化的金融服务，以满足不同经济主体的融资需求。其次，部分商业银行片面追求资本规模和短期绩效，并且金融资源配置易受政府影响，易向政府项目、传统产业、房地产业倾斜。商业银行应矫正金融资源配置扭曲问题，重点调整金融资源过度流入房地产行业和低效益国企等信贷资源配置问题。积极支持具有市场发展潜力、收益性高、合法合规运营的中小企业发展，降低中小企业信贷准入门槛。部分商业银行在缺少清晰定位或定位摇摆中陷入“赚快钱、赚大钱”的思维模式，机构扩张和加杠杆情结浓厚，同业负债依赖程度高，非标资产配置多，资产负债表错配现象突出，屡屡突破风控底线，因此，应积极稳妥推进银行业自身降杠杆。部分杠杆率较高的中小银行要及时扭转利益导向短期化思维，摒弃市场规模和速度情结，通过去非标、回表内、降杠杆，回归金融本源，筑牢防控风险的地基①。

2. 商业银行优化经营模式

首先，商业银行目前所提供的金融服务，是按照内部不同职能划分权限，根据个人业务、对公业务、国际业务等不同业务性质设立不同部门，导致银行的金融服务与企业的经营模式、业务流程不能有效对接，企业往往需要经过多项流程，沟通成本高、效率低②，无法高效满足实体企业多样化的金融需求。商业银行应该从内部进行调整，整合内部职能部门，打破分工不同、权限不同的束缚，深入实体企业调研，研究企业运营模式、业务流程，提供个性化金融服务，减少服务沟通成本。

其次，商业银行运营存在“远离客户”的现象。在负债端，银行更多依靠金融市场融资和同业存放，逐渐远离了低成本负债的客户；在资产端，银行的全面金融解决方案不完善，无法为客户提供高附加值的金融产

① 叶文辉．供给侧结构性改革下商业银行服务实体经济的路径探析—以安徽省铜陵市为例［J］. 征信，2018（10）：53–57.

② 叶文辉，张丹．供给侧结构性改革背景下商业银行服务实体经济的思考—以安徽省铜陵市为例［J］. 农村金融研究，2018（8）：18–23.

品或服务，过于依赖信托、私募、券商等外部机构提供金融解决方案。商业银行积极深入了解客户需求，提供相对应的授信融资、投资理财、风险规避、现金管理等综合化的金融产品和服务。此外，银行还需要突破自身产品限制，通过内外部资源整合满足实体经济需求，既要立足自身产品创新来提供更好的融资理财服务，又要注重通过与银行同业、证券、基金等金融机构合作来为客户提供更多高附加值的金融服务。

最后，商业银行应该加强行业分析和政策研究能力建设。通过持续的行业分析和企业信息数据追踪，摸清行业价值链分布状况和行业发展趋势，同时，加强宏观形势分析，准确解读经济金融政策法规，构建起符合商业银行发展需要的行业分析框架，为提供既符合客户融资需求又符合政策方向的金融综合解决方案奠定基础。例如，针对新兴行业和科技创新型企业，应根据行业价值链发展特点和融资需求特色，通过投贷联动向初创期的科技型企业提供融资支持，提供信贷加投行的金融服务。

### 3. 革新商业银行风险管控理念

首先，银行业在经历十多年的快速发展阶段后，一度出现追求风险文化潮流，在强调防范金融风险形势下，商业银行应确立稳健审慎的传统原则，不盲目发展自营投资，不盲目开展高风险资产业务，强化合规合法经营意识，建立起全机构、全业务、全流程的全面风险管理格局，实现从被动型风险处置向主动型风险管理转型。其次，随着科技金融的兴起，物联网、人工智能、区块链等新兴技术逐渐显示出在风控方面的价值。商业银行风险控制方面实施以监管政策和专家经验为导向的风控模式，正面临互联网金融等以大数据和新技术为导向风控模式的挑战。商业银行可以借鉴互联网金融中的风险防控新手段，积极运用新一代金融科技，尤其是以云计算、区块链、物联网为驱动的风控手段，实现风险的科学识别、及早预警和有效防控。此外，商业银行还要实现发展战略和风险文化与风险管理措施有效对接，通过将风险偏好指标细分和传导，并与银行的绩效考核和业务发展规划充分挂钩，发挥风险偏好对银行发展战略、经营行为的约束作用；将风险偏好从总行扩展至分支机构，统一单家银行系统内的风险偏好，保证总行风险战略得到有效落实，提升全面风险管理防控效果。

### （三）利用互联网技术，发展供应链金融

对于实体企业特别是中小企业来说，原材料资金、产成品占用资金和结算资金是造成资金周转压力的最大因素，利用互联网技术发展供应链金融，可以在很大程度上解决资金周转问题，还可以解决小微企业融资难、担保难的问题，又可以防止商业信用的滥用，通过打通上下游融资“瓶颈”，降低供应链融资成本，提高整个供应链企业的竞争力。供应链金融体系的发展思路是将整个供应链上下游相关企业作为整体看待，根据现金流解决中小企业的金融服务问题，供应链金融在预测市场变化和降低运营成本方面发挥着极大作用。首先，利用互联网大数据技术和云计算技术，中小企业对整个市场未来生产价格走势进行分析预测，提前制订生产方案，在更短的生产方案决策周期内生产出更多的高质量产品。供应链上下游企业之间可以更高效对接，缩短资金周转周期，加快中小企业资金回笼速度。其次，中小企业经过预测提前制订生产方案，高效安排生产所需人员，减少无效人员配置，降低了人力成本；供应链上下游企业经过预测市场未来均衡时需求数量提前制订生产计划，减少多余生产安排，按照生产计划购买生产原材料，降低原材料购买成本。中小企业利用物联网技术实现智能化识别、定位、跟踪、监控和管理企业物流体系，降低

企业物流管理成本，在市场达到供给均衡时获得最大收益[①]。此外，供应链金融具有协同效应，存在于中小企业运营各个环节，使得企业内外信息流、物流以及资金流得到充分、高效利用，使供应链上下游企业达到共赢。

### （四）大力发展货币市场

根据金融与实体经济的关系，实体经济结构决定金融体系结构，我国实体经济主体为中小企业，金融体系应该以货币市场为主，以有效满足中小企业的短期信贷需求。西方发达国家的情况是，从货币市场进行融资时间成本低、利率低，中小企业资金周转时间短、压力小、融资成本低、财务弹性充足。长期以来，我国加大长期资本市场建设力度，如长期债券市场、股票市场、银行长期贷款等，货币市场发展缓慢，无法高效满足实体经济融资需求，货币市场与资本市场的不协调发展，造成了金融市场的不完善，削弱了金融对实体经济发展的支撑作用。目前我国建设了同业拆借市场、短期借贷市场、票据市场和存单市场四种货币市场，然而四种市场存在相互分割，并且主要存在于银行内部，开放性和统一性低，相较于资本市场的高速发展，货币市场整体发展非常缓慢。针对我国货币市场发展滞后的情况，应该将同业拆借市场、短期借贷市场、票据市场和存单市场统一起来，将货币市场建设成全国统一开放的市场，丰富短期金融工具，建立类似于股市的电子交易平台，促进企业、居民等各类主体参与市场交易，扩大市场交易规模和活跃度，解决小微企业的融资问题。

---

① 鲍长生．实体经济的融资需求与传导渠道的有效性研究—基于上海市青浦区实体经济的主成分分析［J］. 华东经济管理，2019（1）：27-33.

## 四、金融服务实体经济的案例

### （一）案例 1：安徽省铜陵市以金融推进调整优化经济结构

#### 1. 加大金融支持产业结构优化的力度

铜陵市是资源工业型城市，政府支持传统产业引进高新技术，面向智能化、高端化发展，调整结构调整，兴建铜基新材料、智能装备制造、电子信息、新能源汽车等四大战略性新兴产业基地；同时，当地商业银行出台了相应信贷政策，积极满足产业结构调整的信贷需求。铜陵市 2017 年统计数据显示，2017 年年末，战略性新兴产业贷款余 339.65 亿元，同比增长 21.63%，连续三年保持高速增长。2017 年，安徽省铜陵市战略性新兴产业总产值 926.2 亿元，同比增长 30.1%，增速继续领跑全省。

#### 2. 坚持绿色金融发展战略

作为国家首批工业绿色转型发展试点市，安徽省铜陵市在 2012 年出台了《关于加强绿色信贷工作的若干意见》，以此构建信贷“绿色通道”，2015 年编制了《铜陵市工业绿色转型发展试点实施方案》，围绕支持节能环保产业、战略新兴产业、制造业等产业优化调整。首先，铜陵市环保部门记录企业环境保护违法信息，实行绿、蓝、黄、红挂牌公示制度，并上传到征信系统，为商业银行及时获取企业产能、污染情况、安全生产等情况，实施绿色信贷机制提供信息支持，如工商银行铜陵市分行在信贷工作中，将企业信用评级、授信与企业环境风险识别有机结合。其次，利用国家给予的发行企业绿色债券的绿色通道机制，发行全国首个由政府融资平台发行的绿色债券，期限为 5 年，采取年固定利率形式计息。铜陵市大江投资控股有限公司将筹到资金中的 7.8 亿元进行产业园循环改造，3.45 亿元进行偿还贷款和日常运营。最后，创新绿色信贷产品，本地商业银行推出铜回收拆解企业增值税退税权质押贷款业务，截至 2017 年年末，累计向铜回收拆解企业发放贷款 1 亿元。

#### 3. 创新小微企业服务方式

铜陵市商业银行针对小微企业提供的服务愈加便捷，推出“科技贷”；针对新型农业经营主体，推出“劝耕贷”“风险基金贷”“农地抵押贷”；针对个体工商户，推出“幸福宝”“致富宝”。例如，邮政银行铜陵支行针对小微企业“安全、便捷、低费率”等需求特点，推出“小微易贷”服务，小微企业可以借助互联网或手机银行客户端直接申请贷款，实现网络放款，极大地提高了服务效率。针对部分小微企业因为各种情况出现到期“倒贷”的问题，多家商业银行联合推出“易连贷”服务，实现对小微企业先放款、后还款，区别于先还后贷，在一定程度上减轻了资金压力。

#### 4. 加大支持科技“双创”企业力度

铜陵市政府为推动科技创新型企业平稳快速成长，2017 年成立了专项风险补偿基金，政府与本地 5 家国有商业银行合作，设立科技创新型企业信贷风险补偿资金池，由科技风险资金提供 80% 担保，本地科技型“双创”企业可以获得金额 50 万 ~200 万元不等的信贷支持，已累计发放超过 4000 万元，尚无一例贷款欠息和逾期现象[①]。

### （二）案例 2：衡阳市积极创新金融服务实体经济发展

#### 1. 信贷业务引入大数据分析技术

衡阳市积极打造信用城市体系，将守信联合奖励和失信联合惩罚有机

① 叶文辉 . 经济新常态下商业银行服务实体经济的路径探析—以安徽省铜陵市为例［J］. 海南金融，2019（1）：67-73.

结合，引入企业大数据分析技术，以提高信贷服务质量。首先是收集完整信用基础信息。中心主导建设金融信息数据库，同时将合作金融机构推出的特色信贷服务信息和合作中小企业运营过程中纳税、财务、现金流等信用信息录入系统，对汇总数加以整理，供金融机构使用。通过与工商、环保、公积金、国税、地税等将近20个政府部门高效对接，实现企业的金融信息和风险信息汇总数量达到5300万条，该措施实现了企业信用数据制度化和数据化，企业运营诚信状况更加具体清晰，鼓励企业守信经营。其次是争取信用贷款支持。衡阳市政府出台了《关于银行金融机构入驻衡阳市中小企业金融综合服务平台的通知》，主要内容是要求入驻平台的银行设置机构人员、评审程序、信贷规模和考核机制，银行信贷系统每年度安排不少于3亿元用于满足入住平台企业信贷需求。目前入驻平台银行数量达到18家，每家银行均实现信贷决策5个工作日内完成，发放贷款在20个工作日内完成。最后是加大信用放款保障力度。衡阳市出台了《衡阳市中小微企业信用风险补偿管理办法》等文件，建设2000万元信用风险补偿基金，由市政府出资，通过对入驻平台的金融机构进行风险补偿，降低金融机构的不良贷款率，激励金融机构支持中小微企业发展。目前平台推出了“信易贷”服务，通过与建行、中行和衡南农商银行合作，对湖南机油泵股份有限公司、衡阳金奥电器有限公司等17家诚信企业发放信用贷款4880万元。

### 2. 完善监管体系，防范金融风险

金融发挥服务实体经济作用的同时，要警惕金融风险的发生。金融机构可以通过衡阳市开发建设的金融监管平台，了解到入驻平台企业是否通过民间借贷进行融资的情况，针对现行监管体系盲区设置信用评级模型和风险控制模型，全程对民间借贷公司、担保公司、互联网金融等金融机构

运行情况进行监管，坚决完成防范金融风险任务。首先是在工商局注册，强制民间借贷公司、担保公司、互联网金融等金融机构安装业务系统和监管系统，全程化、动态化监管此类金融机构日程业务以及现金流动，加大源头预防力度，从源头做起防范金融风险。其次是根据金融监管标准，开发适用于金融机构的业务保送系统和检测系统，实时加工分析从衡阳市内民间借贷公司、担保公司、小贷、互联网金融等机构获取的各类融资数据，强化监管过程。目前金融检测平台已在市农业和科技融资担保有限公司、耒阳投资担保有限公司等 8 家存续开展业务的担保公司完成监控系统存量业务导入和新业务系统的推广运行，并通过人民银行实行资金全流程管控。最后是风险指标预警提示实现实时化、动态化，相关部门能够第一时间得到监管异常指标，强化风险处置，及时采取措施处置风险。衡阳市范围内将近 200 家金融机构均被纳入智能监管体系，日常运营更加规范、透明。

### 3. 提供综合性金融服务

中心坚持市场发展导向，针对企业对金融服务的需求随供给侧改革的改革深入呈现出综合化趋势，采取多种措施，有针对性地提供融资、融智等综合金融服务。首先是中心通过与国内商业银行、保险公司、担保公司、基金公司、资管等金融机构建立战略合作关系，针对中小企业传统“融资难、融资贵、融资慢”等问题，成立综合金融服务平台，提供多元化、个性化、综合化金融服务。目前引进的 9 家本地商业银行包括中国银行、建设银行等，20 多家省市外非银行金融机构包括市农科担保、市企业信用担保、南粤基金、人保财险、凯泰资本、湖南信托、湖南金融资产交易中心、湖南股交所、长安信托、万联证券、民生租赁等，中心运行以来累计注册企业突破 1 万家，撮合贷款数额达 151 亿元。其次是通过将规划合作、推荐贷款、专项基金、投资、债券、租赁、证券等各类产品有机结合，发展融智服务，提供综合性金融服务，为多个县市区新型城镇化、现代农业、文化教育、经济开发区、综合物流、医疗养老及企业“走出去”等领域的重点工程项目提供全方位、“一揽子”融资和融智支持。目前已与4个县市区签订战略合作协议，向2个县市区提交了综合金融服务建议书。同时，在全市企业发债、市城建投海外发债、南岳电控上市、高新南粤基金组建、市资产管理公司设立等工作中都发挥了积极的推动作用。

## 五、金融支持粮食生产的概论

通过上述金融支持实体经济的分析，可以看出金融是现代经济社会发展的灵魂和核心。粮食生产属于实体经济的一个方面，“民以食为天，食以粮为先”，粮食生产不仅关系一个国家的国计民生，更关系着一个国家经济的命脉和社会稳定，粮食产业作为民生产业、母亲产业，粮食产业理应得到金融的支持，加大金融扶持、实现粮食安全、保证粮食有效供给，是稳定粮食价格、确保社会经济稳定发展、保障国家长治久安的关键，对粮食生产、粮食行业的重视和支持怎么强调都不为过，金融服务粮食生产的研究理应得到充分重视。

### （一）金融支持粮食生产问题的研究

#### 1. 国外研究的主要观点

国外学者关于农村金融发展与金融支持粮食生产问题的研究有很多，概括起来，国外学者主要从农村金融发展和不完全竞争市场理论方面进行研究：

（1）农村金融市场理论的研究

农村金融市场理论的研究是在对农业信贷补贴论批判的基础上产生

的，强调市场机制的作用，农村金融市场理论的研究完全依赖市场机制，极力反对政策性金融对市场的扭曲，特别强调利率的市场化。该理论认为，利息补贴应对补贴信贷活动的一系列缺陷负责，而利率自由化可以使农村金融中介机构能够补偿其经营成本。这样就可以要求它们像金融实体那样运行，承担适当的利润限额；利率自由化也可以鼓励金融中介机构有效地动员农村储蓄，这将使它们更加不依赖于外部的资金来源，同时使它们有责任去管理自己的资金。

（2）不完全竞争市场理论的研究

20 世纪 90 年代，金融危机让人们发现了市场理论存在的重大缺陷，从而使农村金融发展理论在危机之后得到了进一步的发展，形成了不完全竞争市场理论。在市场信息不完全的情况下，金融机构不能够完全掌握借款人的全部信息，正如农业信贷补贴一度强调政府干预是行不通的，同样农村金融市场理论认为完全不需要政府干预也是会出问题的。不完全竞争市场理论主要强调：当出现市场失灵时，政府干预是必要的，尤其是在相对稳定的金融市场中。另外，政府应使用间接监控措施来监管农村金融市场，进行干预。在此基础之上，政府还应制定一系列规则来确立监管的标准，解决资金供求方和需求方之间的信息缺乏问题。因为农村金融市场是不完全竞争的市场，再加上农民情况的特殊性和复杂性，放款人很难掌握借款人的信息，从而很难控制风险，最终导致农民贷不到款。这种情况下，政府有必要出面从中调解，采取一些非市场化的措施，来促成双方达成协议。农业政策性金融理论是支持粮食生产的最重要理论之一①。

① 王翔．湖北省农村金融发展对粮食生产支持的实证研究［D］. 荆州：长江大学，2017.

2. 国内研究的主要观点

国内关于农村金融发展支持农民生产的研究主要集中于对农村金融发展与农民增收的实证关系层面。谈儒勇（1999）运用1993—1998年湖北省金融发展和经济增长的季度数据进行实证分析，结果表明，金融深度指标M2/GDP所反映的金融中介总体规模与经济增长之间存在显著的负相关关系，而存款货币银行相对重要性指标则与经济增长之间存在显著的正相关关系。韩廷春（2001，2012）对1978—1999年的年度数据进行回归分析，认为技术进步与制度创新是湖北省经济增长的关键因素，而金融发展对经济的促进作用极其有限。李刚（2005）运用道格拉斯生产函数进行模型构建和检验，得出金融资本在农村经济增长中占有非常重要的地位的结论。因此，要想让农村经济获得较快发展，就必须加大对农村的资本投入。李喜梅（2007）运用线性分析的方法，通过对各地区进行分类考察来研究农村金融诸因素对农村经济增长的影响。结果显示：虽然各类农村地区的农村金融对农村经济具有一定的影响，但是这种影响表现出一定的差异性。

季凯文、武鹏（2008）基于1978—2012年的中国农村统计数据研究发现，农村金融深化在一定程度上促进了农村经济增长，但农村金融深化与农村经济增长之间不存在显著的格兰杰因果关系，因为中国农村正规金融的运行相对于农村经济增长的要求来说是缺乏效率的。

3. 国内外研究主要观点述评

从以上国内外研究现状来看，国内外的学者关于农村金融发展的研究主要集中在农村金融与经济增长的关系以及农村金融发展的方式方面；关于金融支持农业生产方面的研究集中在农村金融支持农民增收方面。但是国内外现有的研究较多关注于宏观层面，而从行业层面分析、微观基础进行的研究相对较少。由于我国金融行业众多，但目前银行业、证券业、保险业、期货业、互联网金融业为一般金融行业得到人们共识，如何从一般金融行业层面研究金融发展对粮食生产的支持问题，并将其进行归类，以便为金融政策的具体制定提供相关的证据是一个亟待研究的领域。本研究立足于金融行业层面，进行金融发展对粮食生产的支持力度与问题的理论性研究，具有十分重要的理论意义与现实意义。

## （二）相关概念的界定

### 1. 农村金融

农村金融是农村经济的核心，明确农村金融的概念是研究和解决农村金融与粮食生产之间关系的根本。通过阅读文献、查找资料发现，关于农村金融的内涵，学者们也有一些不同的见解，但是能确定的是，“农村金融”这个概念是党的十一届三中全会以后开始广泛流传的。

最初人们普遍认为农村金融就是在金融前面加上农村，通俗地讲就是指农村的金融。但是人们慢慢地发现这种定义存在严重的问题，意思表达也非常不清楚，而且掩盖了农村金融的特点和实际意义。1984 年，巩泽昌、张琳等学者提出农村金融指的就是农村的货币资金融通；1988 年，丁文祥进行了扩充，他认为农村金融不仅指农村的货币资金融通，还应该包括一切与之相关的信用活动和其他经济活动。后来又有学者对其进行了补充与改进，认为农村金融是农村资金运转的信用关系，是用信用手段对农村的货币资金进行筹集、分配及管理的一系列活动，这些定义本质上都没有太大的区别。现在大家普遍沿用的是 2009 年熊德平教授在其著作中给出的定义。熊教授从交易视角出发，在新制度经济学的分析框架下给出了农村金融的定义。他认为，首先，农村金融是一种交易，是分工和交换的产物；其次，农村金融是农村经济的规模函数，具有规模经济效应；最后，农村金融最大的特征就是信用交易，其实质就是交易主体对交易对象进行合理判断后，作出选择，实现利益最大化的过程。因此，信用是农村金融的核心和关键所在。

概括起来，农村金融的含义主要包含以下几点：第一，所指的经济活动是在农村的环境下进行的；第二，是以信用手段为主的；第三，是以资金为作用实体的；第四，是以货币形态呈现出来的。与普通金融相比，农村金融具有更强的关联风险，因为农村的户均贷款量和储蓄规模均很小，而且都缺乏合适的抵押物。另外，农村金融的市场也是非常分散的，存在很强的季节性；当然由于农村金融存在很多发展难题，所以也享受了很多国家补贴性的信贷支持。

需要注意的是，上述农村金融的观点着重商业银行对农村支持发展，而本书是金融服务粮食生产研究，农村金融是金融的组成部分，金融的范畴远大于农村金融，这主要基于现代经济迅速发展，经济各组成部分相互联系紧密，如期货、证券、互联网金融也对粮食生产产生了诸多影响，所以，本书后续章节的金融对粮食生产的服务是从大金融视角展开分析的。

#### 2. 粮食生产

粮食生产是一个非常简单却又有内涵的名词。简单地说，粮食生产就是指某个地区，在一定时期内，在一定的技术水平下，投入一定的生产要素进行粮食生产的一些活动过程。

粮食生产具有三大特点：第一是地域性，即概念中所说的某一地区。不同的农作物，其生长发育所需的自然条件不同，加之不同地区的自然条件也存在很大的差别，造就了粮食生产的地域性。因此，粮食生产需要因地制宜。第二是季节性，粮食生产不仅讲究地域，更讲究气候的适宜、光照的时间、降雨的多少等，所以是随着季节的变化而变化的。因此，粮食生产要求因时制宜。第三是周期性，周期性可以说是地域性和季节性的结果。正是由于在不同的地区、不同的季节，粮食生产的品种、方式都不一样，随着季节轮回改变就形成了粮食生产的周期性，所以粮食生产必须不误农时。

根据不同的分类方式粮食生产可以分为很多种类，如密集型生产和粗放型生产、自己生产和商品生产等。粮食也可以分为几大种类，如夏粮、秋粮、主要粮食等。每一种类别涉及很多粮食品种，每种粮食的生产又涉及季节、天气、投资、政策等各方面的影响。传统的粮食生产都是手工生产，现在随着技术的进步，粮食生产也逐渐机械化，在解放劳动力的同时也提高了生产率。另外，随着科技的发展，种子、农药、化肥的质量也都越来越好，所以粮食产量也不断增加。所以粮食生产的概念虽然看起来简单，实际上要提高粮食生产的产量却又涉及方方面面，因此需要进行深入研究[①]。

① 王翔．湖北省农村金融发展对粮食生产支持的实证研究［D］．荆州：长江大学，2017.

# 第二章 银行业服务粮食生产的机理、模式及案例研究

银行业在我国占有重要地位，银行业融资比重占我国融资约 70% 的比重，我国是间接融资大国；同时，粮食安全是关系国计民生的重大战略性问题，粮食生产是国民经济的命脉，因此，银行业服务粮食生产是一个重要课题。

粮食作为大宗商品，在种植、收储、物流、加工、销售等生产环节均需大量外部融资，以补充固定资产投资和流动资金缺口。而银行业作为我国金融体系的核心，是服务粮食生产的融资需求的主渠道。因此，进一步增强粮食生产获得银行服务尤其是融资支持的可得性和易得性，拓展银行业服务粮食生产的深度和广度，不仅是加强金融服务实体经济能力的要求，也是粮食供给侧结构性改革和国家粮食安全战略的重要支撑。

然而，我国粮食生产传统上具有季节周期性强、抵押担保条件弱、风险波动大等特点，导致银行业对粮食生产领域的融资额少、授信难度大、审批条件高，成为金融支持实体经济的薄弱环节。2013 年以来，我国粮食价格面临下滑趋势，为保护种粮农民利益，国家不断提高托市收购价格，进一步引发粮食收购量大幅增长，最终造成国内粮食生产呈现出“高产量、高库存、高进口”的“三高”局面。2015 年以来，国家深入推进以“三去一降一补”为核心的农业供给侧结构性改革，力求解决当前粮食生产领域的不均衡、不充分问题，这些均离不开银行的金融服务和信贷融

资支持。

在此背景下，本章首先系统分析我国银行业服务粮食生产取得的成绩和创新举措，提出当前面临的信贷投向结构非均衡、授信条件不匹配、抵押担保机制不健全、信贷资源供给不足、融资成本高等难题。其次论述银行服务粮食生产的融资特征和过程机理，提出原因主要在于粮食种植环节的多种风险叠加、收储环节的信贷服务不适应市场化趋势、物流环节的抵押担保条件较弱、加工环节的低盈利性等。最后从银行服务粮食生产的模式创新和案例借鉴的角度，研究了商业银行、政策性银行、担保公司等金融机构如何更好地适应内外部环境的复杂变化，主动利用现代信息技术和互联网科技，不断创新金融供给模式、放宽融资条件、拓宽抵押担保方式，从而增强粮食融资的可得性和易得性，更好地实现金融服务粮食产业转型升级和长效发展，保障国家粮食安全战略目标。

## 一、银行业服务粮食生产的现状

### （一）银行业服务粮食生产的力度持续增强

近年来，我国银行业对粮食生产领域的融资支持服务大大增强，有效支撑了粮食连年增产和国家粮食安全。

一方面，受益于粮食收储体制改革红利、普惠金融与金融扶贫政策扶植等，我国各级各类银行对农、林、牧、副、渔业的信贷融资支持力度持续增强。如表 2-1 所示，2010—2016 年我国银行业发放的农业领域信贷额增长了 71%。作为粮食产业的根基，农业种植环节的融资支持体系得到进一步夯实。

**表 2-1　2010—2016 年我国银行业发放农业领域人民币信贷额及结构**

| 年份 | 2010 | 2011 | 2012 | 2013 | 2014 | 2015 | 2016 |
|---|---|---|---|---|---|---|---|
| 信贷总额 / 亿元 | 6550.06 | 7068.08 | 7245.71 | 8647.60 | 10041.25 | 10387.19 | 11193 |
| 大型企业占比 /% | 12.86 | 12.97 | 19.78 | 21.21 | 25.19 | 26.19 | 27.53 |
| 中型企业占比 /% | 21.66 | 21.61 | 35.12 | 37.95 | 34.82 | 33.02 | 31.36 |
| 小型企业占比 /% | 58.48 | 58.89 | 38.07 | 33.08 | 32.24 | 32.83 | 32.32 |
| 微型企业占比 /% | 7.00 | 6.53 | 7.03 | 7.76 | 7.74 | 7.96 | 8.79 |

资料来源:《中国金融年鉴》编辑部 . 中国金融年鉴［M］. 北京：中国金融出版社，2016：359-361.

另一方面，中国农业发展银行作为“三农”领域的政策性银行，近年来，其贷款额、营业利润等主要经济指标均快速增长，充分体现了银行业服务粮食生产的力度提升。如表 2-2 所示，2008—2016 年，农发行的支粮贷款额由 12069 亿元上升到 39809 亿元，增长了 3.3 倍，年均增速达到 11%[①]。尤其是 2008 年金融危机以来，农发行在实现支粮贷款规模快速增长的同时，经营效益也大大提高，营业利润由 2008 年的 27.1 亿元上升为 2014 年最高时的 206.31 亿元，人均利润提升了 6.3 倍，实现了金融服务增强与粮食产业经济发展的“双赢”。

但是，也应当看到，自 2014 年以来，由于粮食生产面临的“高产量、高库存、高进口”问题等，农发行的利润总额、人均利润、单位贷款利润率均出现下滑趋势。这意味着银行业在寻求粮食领域融资额等业务量扩张的同时，亟须加快粮食业务模式改革创新，研究行业规律，加强风控体系建设，不断开拓粮食领域金融业务的新增长点和盈利点。

① 中国农业发展银行 . 中国农业发展银行统计年鉴（2017）［M］. 北京：中国统计出版社，2018：42.

表 2-2 2008—2016 年中国农业发展银行支粮贷款发展情况

| 年份 | 2008 | 2009 | 2010 | 2011 | 2012 | 2013 | 2014 | 2015 | 2016 |
|---|---|---|---|---|---|---|---|---|---|
| 发放贷款 / 亿元 | 12069 | 14365 | 16418 | 18311 | 21178 | 24231 | 27516 | 33472 | 39809 |
| 营业利润 / 亿元 | 27.10 | 32.77 | 50.24 | 92.16 | 180.61 | 189.08 | 206.31 | 201.92 | 188.58 |
| 人员总数 / 人 | 49294 | 49717 | 50786 | 51425 | 52033 | 52238 | 51251 | 51309 | 51879 |
| 人均利润（万元 / 人） | 5.50 | 6.59 | 9.89 | 17.92 | 34.71 | 36.20 | 40.25 | 39.35 | 36.35 |
| 单位贷款利润率 /% | 0.22 | 0.23 | 0.31 | 0.50 | 0.85 | 0.78 | 0.75 | 0.60 | 0.47 |

资料来源：中国金融年鉴编辑部 . 中国金融统计年鉴（2016）[M]. 北京：中国金融出版社，2017：42.

## （二）银行业服务粮食生产的结构趋于分化

从银行业服务粮食生产的企业类型结构来看，国有、大中型粮食企业是主要受益者，民营、小微型粮食企业所获信贷支持较少，并呈现不断弱化趋势。银行金融资源分配的非均衡性进一步加剧了粮食行业的“马太效应”。从表 2-1 中可以看出，大中型企业所获信贷份额由 2010 年的 34.52%，上升到了 2016 年的 58.89%；而小微企业、个体种植户所获信贷份额由 2010 年的 65.48%，下降到了 2016 年的 41.11%。这说明近年来银行业的信贷资源更倾向于效益好、担保足、抗风险能力强的大中型企业，而广大小微型企业却面临越来越严峻的信贷融资难题。例如，中信银行在其内部《信贷业务手册》中的行业投向指引中提出：粮油企业具有合同规模和交易资金量大、季节性变化明显的特点，目前国内粮油市场与国际市场的关系日趋紧密，受气候、播种面积等因素的影响，粮油价格波动频繁，相关粮油企业的经营效益变化较大。因此，应对粮油类企业应采取谨慎支持的授信策略。对于在粮食领域具备垄断优势、已列入总行级重点客户名单的国家级特大型企业，可适度加大授信力度；对于位于粮食主产区、年销售收入在 10 亿元以上，负债率控制在 85% 以下，得到地方政府重点扶持的省级大型贸易企业，可继续给予授信支持；对于抗风险能力弱、经营规模较小、在区域或产品方面均无明显优势的中小型粮食企业，应积极关注风险并予以减退。

从银行业服务粮食生产的区域结构来看，当前粮食信贷融资的主要投放地区集中在 13 个粮食主产区，粮食主销区和产销基本平衡区在粮食收储物流融资中所占份额较少。粮食主产区是指地理、土壤、气候、技术等条件适合种植某些粮食作物，具有一定的资源优势、技术优势和经济效益等比较优势的粮食重点生产区，主要包括辽宁、河北、山东、吉林、内蒙古、江西、湖南、四川、河南、湖北、江苏、安徽、黑龙江等 13 个农业大省。粮食主销区人多地少，粮食自给率低，属于粮食消费区，主要集中在东南沿海和大城市，包括北京、天津、上海、浙江、福建、广东、海南等 7 个省份。其余省份为粮食产销基本平衡区。

具体来看，近年来南方各粮食主产区获得银行融资支持的增幅普遍高于北方传统粮食产区。从图 2-1 中可以看出，2016 年农发行在 13 个粮食主产区发放的贷款额占到总贷款余额的 60% 左右。2000—2016 年，南方地区如安徽、江苏、湖南、江西等获得的信贷额增长较快，而黑龙江、吉林、辽宁、河南等北方传统产粮大省获得农发行信贷融资额的增速相对较低。这不仅说明南方一些粮食主产区企业的市场适应能力较强、经营效益较好、信贷风险较小，更容易获得银行等金融机构的青睐和支持，同时也反映了我国粮食生产的区域结构开始向南部省份倾斜。

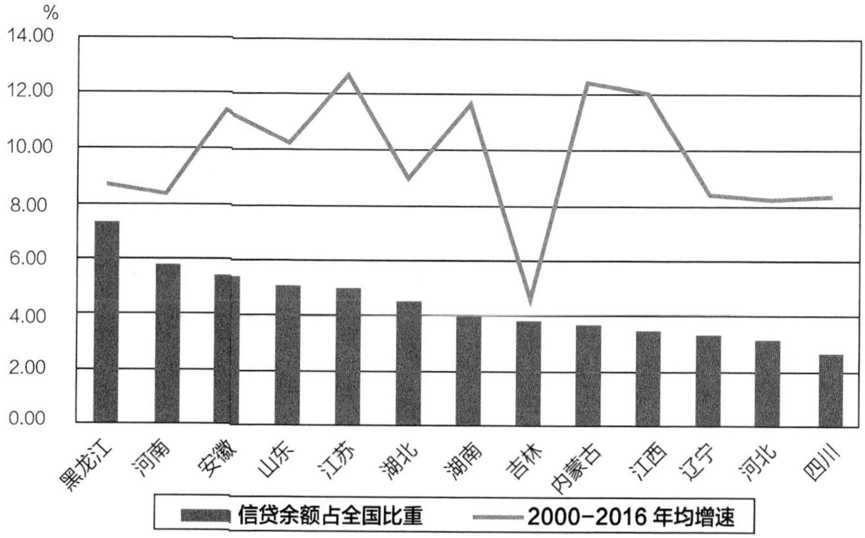


**图 2-1　2016 年农发行在 13 个粮食主产区的信贷余额及增速比较**

资料来源：中国农业发展银行．中国农业发展银行统计年鉴（2017）[M]．中国统计出版社，2017：124.

## （三）银行业服务粮食生产的供给渠道多元化

中国农业发展银行是我国“三农”领域的政策性银行、粮棉油信贷业务的“主办行”，长期以来依靠国家政策支持、深入基层的直接服务、以及资金优势，承担了大部分政策性收储业务的金融服务。近年来，以中国农业银行、邮政储蓄银行、农村信用社为主的商业银行开始广泛涉入商业性收储业务、粮食产业化业务、粮棉油产销业务等领域，为粮食生产提供了不可或缺的多元化金融服务。

例如，根据广东省粮食局的统计调查，2016 年广东省粮食收购资金来源呈现出多元性的新变化[①]。首先，农发行贷款是地方储备粮收储轮换资金

① 邓伟珍，等．关于广东省粮食收购资金筹集情况的调查报告［J］. 中国粮食经济，2018（5）：65-67.

的主要来源，仍充分发挥着粮棉油信贷“主办行”的作用。其次，商业银行提供的短期融资成为缓解企业资金周转困难的有效补充。例如，东莞市部分粮食企业与当地邮政储蓄银行合作，将承储的政府储备粮保管费补贴作为价值依据，向银行申请获得质押贷款，抵押率达 90%。还有一些规模较大、信用评级高的粮食企业，通过与下游经销商和大型超市建立长期稳定的合作关系，在银行办理了应收账款质押贷款。最后，政府和国企担保为企业解决收购资金贷款提供有益帮助。例如，农发行广东分行与广东省农业信贷担保有限责任公司、广东省融资再担保有限公司、广州市融资担保中心有限责任公司等国有及国有控股的担保公司合作，探索开展对粮食企业的粮食收购担保融资业务。

再如，2016 年，国家将东北三省和内蒙古的玉米临时收储政策调整为“市场化收购”加“生产者补贴”的新机制，四省（区）根据玉米种植情况统筹安排，每亩平均补贴 150 ~ 200 元。这是粮食收储领域多元化、市场化的重大改革，使得往年的临时储备玉米收购资金从全部由农发行提供，转变为农发行和商业银行共同开展玉米收购信贷业务。在“市场化收购 + 生产者补贴”机制下，商业银行开展粮食营销贷款业务具备了更为广阔的市场条件和政策基础，市场化收购为商业银行开展商业性粮食信贷提供了业务空间，补贴制度改革为银政合作打通了可行路径。

虽然银行服务粮食生产的供给渠道出现多元化趋势，但是应当看到，粮食生产的特殊性、重要性、政策性决定了粮食金融服务长期中还将以农发行为核心。各类商业银行和担保机构发挥补空缺、拓市场、扩链条的作用，以多元化供给渠道满足粮食经营主体差异性和融资需求多样化趋势。从表 2-3 中广东省各类融资渠道的融资成本对比可以看出，农发行的政策性信用贷款的信贷额最大、成本最低，一般为基准利率上浮 5% 以内，仍是银行业服务粮食生产的"中流砥柱"。但是农发行发放贷款的门槛高，民营企业很难获得信用贷款。商业银行虽然门槛较低，但是抵质押贷款成本通常是基准利率上浮 30% 左右，大部分民营企业因规模限制，抵押物少，资金需求量大，除支付贷款利息外，还需支付 2% ~ 3% 的担保费。总之，政策性银行和商业银行的优势互补、错位发展、交叉竞争，形成了多元化的粮食融资供给渠道，有利于从金融服务上进一步保障粮食产业转型升级与粮食安全战略。

**表 2-3　2016 年广东省粮食收储资金的主要融资渠道特征**

| 融资方式 | 融资规模 / 亿元 | 融资成本 | 优缺点 |
|---|---|---|---|
| 农发行信用贷款 | 211 | 4.35% | 利率低，但门槛高 |
| 商业银行抵质押贷款 | 23 | 6%~8% 左右 | 需抵质押物，贷款比例低 |
| 担保贷款 | — | 8% 左右 | 需要政府背景，融资成本较高 |
| 社会借贷 | 2.7 | 10%~12% | 融资快速便捷，但成本高 |
| 自有资金 | 143 | — | 成本低，但受限于企业盈利能力 |

## （四）银行业服务粮食生产的融资模式不断创新

在政策性业务方面，中国农业发展银行作为粮棉油收储融资的主办行，近年来不断创新信贷模式，放宽贷款利率、用途、期限与审批权限，全方位支持粮食收储企业现代化建设和粮食产业转型升级。一是建立政府性质的信用保证基金或担保机构，通过推广"政府基金增信贷""信用保证保险贷""产业融合搭桥贷"等模式，解决粮食信贷的抵押担保难题。抵押担保方式也广泛采取仓单质押、存货质押、应收账款质押等。市场化条件下的收购资金贷款属于带有政策性质的商业性信贷，使得农发行和其他金融机构面临保收购与防风险的两难问题。例如，农发行为了防范玉米市场化收购的系统性信贷风险，在我国玉米的主产区——东北地区推出了玉米收购贷款信用保证基金[①]。基金由当地政府适当出资、引导符合条件的粮食企业共同出资设立，缴存在农发行账户，为粮食企业筹集市场化收购资金增信，提升了企业的融资能力和信贷可得性，降低了融资成本。一方面，企业入围基金后，只缴纳保证金就可以获得玉米收购贷款；贷款归还后，保证金全额退出，信用保证基金免费为企业提供担保服务。另一方面，信用保证基金对贷款企业利率执行基准利率，允许基金项下贷款周转使用，提高资金使用效率，这极大地降低了企业的资金使用成本。二是拓宽信贷传统政策性金融业务的服务对象和领域。例如，农发行山东省分行积极拓宽粮食仓储设施贷款的用途和期限，由仅能支持粮食仓储设施，扩展到支持粮食物流园区、智慧粮库、粮食交易平台等粮食流通体系建设，期限由 3 ～ 5 年延长至 5 ～ 10 年。三是将贷款审批权限下放，激发基层网店的工作积极性，更好地服务粮食产业融资。例如，农发行山东省分行将过去粮食收购贷款由省级分行审批，改为 5000 万元以下的粮食收购贷款可由二级分行直接审批，缩短了办贷流程，取得了较好成效。

在商业性业务方面，各家商业银行业不断创新粮食信贷领域的融资合作机制，近年来，尝试将银行之外的政府、保险、担保公司、农业合作社等囊括在内，共同破解金融机构对粮食信贷“不敢贷、不愿贷”难题。在政府性风险基金方面，商业银行以企业自身经营收入为第一还款来源，创新性地以产业发展基金或风险补偿基金作为第二还款来源。银行按照基金的一定倍数投放贷款，政府和银行共同加强资金监管，出现损失由基金全额或按照一定比例代偿；不能全额代偿的，由农业保险机构落实相应的风险补偿措施。在银行与政府、保险机构联动方面，如黑龙江省积极探索实

① 陆宇航 . 中国农业发展银行助力粮食收储制度改革［J］. 粮食科技与经济，2018，43（2）：17.

施了"政银保"合作涉粮贷款，即由合作银行向符合条件的涉粮对象发放贷款，合作保险机构负责为银行贷款提供保险产品，政府财政出资设立贷款风险补偿金为银行贷款提供风险补偿，形成了政府、银行、保险三方风险共担的创新机制。在银行与农业合作社联动融资方面，如浙江粮食集团与建设银行签署总规模50亿元的战略合作协议，解决粮食生产所需资金，实现的关键在于以自身的9大粮库为节点，以绿农瑞丰农业服务公司粮源基地为建设载体，以土地流转经营权抵押、绿农瑞丰农业服务公司担保等方式拓宽了信贷渠道。2016年，建设银行通过绿农瑞丰农业平台累计为各级合作社发放贷款共计8320万元，惠及服务合作社25家，合作社农户达到1289户。

## 二、银行业服务粮食生产中存在的问题

### （一）银行业服务粮食生产的利率定价普遍过高

由于粮食生产具有天然的弱质性和高风险特点，粮食企业自身的盈利能力和经营稳定性比较欠缺，融资风险与普通行业相比具有较大差异性和非定量预测性，导致银行业对开展商业性粮食信贷业务的积极性和主动性不足，利率定价普遍较高，使得粮食信贷长期处于供小于求的稀缺状况。

银行在开展粮食领域信贷等业务时往往需要进行大量、详细的贷前尽职调查、贷中跟踪调查，每单位信贷额度上花费的信息收集成本、管理成本、人工费用远远高于其他业务。因此，即使放贷，银行、信用社等金融机构也倾向于调高对粮食企业的授信利率，通常会在基准利率的基础上上浮30%左右。银行如果对一般种粮户、个体农户授信，利率自然更高，如黑龙江省农信社向农户放贷的利率最高可上浮到基准利率的230%，远高

于商业银行向城市居民放贷利率的上浮标准30%～50%①。而当前我国中小粮食物流企业和粮食加工企业的平均利润率大约为3%。粮食种植业的利润情况更为严峻。如表2–4所示，近年来我国粮食种植业的利润水平快速下滑，亩均利润由2008年最高时的186.4元，下降为2015年的19.6元，2016年甚至包括玉米和小麦等在内的各主粮品种普遍亏损，使得政府不得不加快改革粮食收储体制。因此，如果没有政策扶植和优惠，中小粮食企业和一般粮食种植户普遍负担不起高额信贷成本，只能放弃银行金融服务，转而依赖于稀少的自有资金或更加高风险的民间融资渠道。

**表2–4　2008—2016年我国粮食种植每亩平均利润**　单位：元/亩

| | 2008 | 2009 | 2010 | 2011 | 2012 | 2013 | 2014 | 2015 | 2016 |
|---|---|---|---|---|---|---|---|---|---|
| 粮食平均净利润 | 186.4 | 162.4 | 227.2 | 250.8 | 168.4 | 72.9 | 124.8 | 19.6 | –80.3 |
| 稻谷净利润 | 235.6 | 217.6 | 309.8 | 371.3 | 285.7 | 154.8 | 204.8 | 175.4 | 142 |
| 小麦净利润 | 164.5 | 125.5 | 132.2 | 117.9 | 21.3 | –12.8 | 87.8 | 17.4 | –82.2 |
| 玉米净利润 | 159.2 | 144.2 | 239.7 | 263.1 | 197.7 | 77.5 | 81.8 | –134.2 | –299.7 |

资料来源：国家粮食局.2016中国粮食年鉴[M].北京：中国社会出版社，2017：487.

## （二）银行业服务粮食生产的信用评级制度与信贷体制不完善

信用等级评定是银行审批、管理贷款的重要技术环节，可以为正规金融信贷风险评价提供重要依据，缓解信用风险，减轻银行审批压力。我国已由人民银行征信中心牵头建立了企业和个人信用信息基础数据库，且实现了跨区域、跨领域联网。在此基础上，各家银行均根据自身业务经验和客户经营特点制定了自己的评级体系和规程，但是粮食业对国民经济的基础性作用较强，企业信用特征、风险预测性和资金周转均具有特殊性。如果银行没有针对粮食行业建立专门的信用档案，没有一套技术上专用性的

① 杨磊.黑龙江省农村金融产品创新发展研究[D].哈尔滨：东北农业大学，2018.

信用评级体系和评价方法，而是套用一般工商业的信贷评级体系，必然会降低粮食类融资的可得性，导致银行惜贷或提高授信条件，最终影响粮食生产和国家粮食安全。

实际上，当前我国银行业对发放粮食领域商业贷款的客户评级、财务因素与非财务因素的硬性规定相对较高，如果按照正规的信贷审批机制和审核要素，相当部分中小粮食企业很难通过审核获得授信。例如，农发行对因自主经营需要申请粮仓设施贷款的借款人要求项目资本金比例不低于30%，最近年度资产负债率不高于80%，借款人信用等级在A级（含）以上，最近两个年度连续盈利，销售利润率不低于10%等。按照这种条件，一般只有大型粮食龙头企业才能获得农发行授信。因此，只有加强研究粮食金融服务的资金运作特点，从技术上完善粮食金融的风险评价和控制流程，才能进一步增强粮食生产获取银行金融支持的可得性和易得性，促进粮食产业长效平稳发展。

### （三）银行业服务粮食生产的网点少、效率低

当前我国各类银行业金融机构设立的服务粮食生产的基层网点数普遍较少，投入的人员与资金相对不足，服务粮食生产的能力和其他行业相比有较大欠缺。首先，四大国有商业银行和股份制银行大多为上市公司，在严格的准备金约束和资本市场激励机制下，必然强化资金的回报率，因此在经营定位上很难倾向于成本高、风险大、利润率低的粮食生产领域。事实上，商业银行发放粮食贷款的不良率已经从2013年的2.27%持续上升到2016年的3.75%，远高于2016年我国不良率整体水平的1.7%[①]。近年来，包括中国农业银行在内的主流商业银行已经逐步从农村地区缩减甚至撤并

① 《中国金融年鉴》编辑部．中国金融年鉴2017［M］．北京：中国金融出版社，2017：359.

基层网点，直接影响到金融服务粮食生产的可得性和便利性。其次，中国农业发展银行作为粮食信贷的主力军，其金融产品主要服务于国资（控股）企业和政策性收储领域，对民营粮油加工企业、种粮大户、农业合作社的支持力度有限。再次，中国邮政储蓄银行、农村信用社、新型农村金融机构虽然在乡镇基层拥有网点数量和人员优势，也在加大对粮食生产领域的各项投入力度，但受限于成立较晚、业务种类少、资产规模小、资本金不足，当前服务粮食生产的力度仍有待提升。最后，粮食信贷担保的风险补偿机制并不成熟，导致粮食信贷担保机制不健全，商业性担保公司往往也不愿涉足粮食生产领域。而各地专门服务粮食生产的政策性担保公司尚有待进一步整合、理顺、完善，以适应粮食供给侧结构性要求。

另外，当前银行业办理涉粮业务的结算手段普遍落后、服务效率相对较低。银行等金融机构在办理涉粮业务时多是以现金结算方式为主，缺乏网上银行和移动端服务等现代结算服务手段，基于互联网渠道的转账结算系统利用较少，更缺乏自动柜员机、多媒体终端机等自动化业务办理渠道，金融服务普遍无法满足粮食企业通过线上融资和结算的需求。因此，银行提供粮食领域金融服务的离柜率远远低于一般工商业业务，增加了人员成本与维护成本，增多了服务环节，大大降低了金融机构的运作效率，也降低了粮食企业接受金融服务的客户体验。

### （四）银行的抵押担保机制不适应当前粮食生产的特点

银行在为粮食生产提供融资服务时，为防范信贷风险，普遍要求借款粮食企业提供抵押担保措施，有时甚至必须有政府背景的担保公司方可担保，还要求反担保，使得粮食企业的融资门槛和成本不断提升。而粮食企业的资金占用量大、周转时间长，而且企业一般地处偏远、固定资产不足、抵押物评估较为困难，普遍面临抵押物缺乏的难题。银行对抵押担保条件的高要求且缺乏灵活性，与粮食企业自身抵押担保条件不足的矛盾近年来越发突出，导致粮食企业获取银行融资支持的力度小、成本高、银行融资的可得性难以提高。

从银行面向粮食种植户提供的融资服务来看，担保方式仍然主要是信用担保、农机具抵押、五户联保等。作为农户自有生产要素中最具抵押价值的土地，虽然自新一轮土地“三权分置”改革和确权工作启动以来，农村承包土地经营权的抵质押在法律上已不存在障碍，但是在抵押品评估、登记、拍卖、流转等具体操作环节上，银行的实施难度依然较大。如何进一步创新和推进农地经营权抵押担保，仍是未来各地各类银行开展粮食信贷融资实践工作中的重点和难点。

从银行面向粮食储运加工企业的信贷业务来看，一方面，粮食商品的抵押价值受到市场需求、自然灾害和储藏条件的影响较大，对其价值的动态评估和浮动质押不仅依赖于仓储实时监控系统的建立，以及大数据等信息化技术的运用，而且也取决于粮食供应链中核心企业的市场整合能力，以及上、下游企业间合作关系的稳定性。另一方面，粮食商品的市场价格波动较大，往往需要粮食经营主体购买产品保险或含有保价条款的产品销售合同，其价值才较为稳定，其未来收益才具备抵质押条件，然而这样又无形中抬高了粮食企业在银行的融资成本。

### （五）中国农业发展银行服务粮食生产的条件限制和准入门槛较高

中国农业发展银行是直属国务院领导的我国唯一的一家农业政策性银行，以国家信用为基础筹集资金，承担农业政策性金融业务。农发行在粮食融资领域的业务主要包括粮棉油收购、储备、调销贷款，粮食仓储设施改造贷款，粮棉油加工企业和农业产业化龙头企业贷款，农业小企业贷款等。作为一家政策性银行，农发行的宗旨在于全力服务国家粮食安全、全力服务脱贫攻坚、全力服务农业现代化、全力服务城乡发展等。因此，农发行对服务对象、融资条件、资金用途等均有着较高的特殊要求。但是这也导致了农发行在开展粮食市场化业务、参与商业领域竞争、为中小民营主体提供金融服务时存在被动和不足。

第一，农发行在粮食领域融资业务的主要服务对象仍是国有、国有控股或政府指定的企业，普遍要求企业有政府背景或政策支持。例如，其政策性储备粮油贷款业务的对象主要是中国储备粮管理总公司及其直属企业，以及其他根据国家有关政策规定承贷的企业，且必须满足如下严格要求：一是经过政府及有关部门批准的，具备担任政策性粮食储备、调控、轮换资格的企业，并且具有相关认定文件；二是对于承贷粮食企业贷款的利息费用、可能发生的损失，政府相应的补贴已落实；三是在国家及省级粮食局主导下，农业发展银行负责监管支配国有粮食企业（集团）系统的粮棉储备专项资金，并实行封闭运行。

第二，农发行规定粮食仓储设施改造贷款业务的服务对象也应符合下列严格条件：一是借款人必须是国有、国有控股或政府指定的企业。二是政府、政府有关部门或企业上级部门下达正式的建仓任务文件，以及对企业进行补贴的正式文件。三是粮食仓储设施贷款用途符合国家的产业、区域、环保、土地、资源利用等相关政策法规要求，完成项目相关审批、备案程序。

第三，农发行在发放粮食领域商业性质贷款时，对其用途、客户信用评级、财务状况等条件要求较高。例如，农发行对因自主经营需要申请粮食仓储设施贷款的借款人设定的条件包括：一是项目资本金比例不低于30%。二是最近年度资产负债率不高于80%。三是借款人信用等级在A级（含）以上；申请短期贷款的，企业的信用评级为A-级（含）以上，申请中期流动资金贷款的，借款人信用等级应在A+级（含）以上；申请固定资产贷款的，项目资本金不低于农发行规定标准。四是最近两个年度连续盈利，获得该行贷款后资产负债率不高于 60%，销售利润率不低于 10%，流动性比率不低于 130% 等。按照上述条件，一般只有在当地较有实力的粮食或农业龙头企业才可获得农发行的商业贷款，导致很多农发行基层支行缺乏动力去开拓商业性金融业务。

第四，农发行对粮棉油信贷资金的使用途径要求过严、过细，与当前粮食全产业链融合发展的大趋势不相适应。当前农发行对粮食信贷的资金用途有明确限定，要求"钱随粮走"，对于资金运转过程进行全程监控和反向保障，并且粮食企业获得的各类信贷资金之间不能混合使用。而当前粮棉油经营主体在不断向产业链的加工、销售等环节拓展延伸，粮棉油融资业务的混合化、集团化、规模化的趋势会越来越明显，这必然要求农发行在信贷资金用途上作出相应的改革创新。

第五，农发行对客户的开户条件存在限制，往往要求贷款企业在农发行开立基本存款账户。例如，粮食仓储设施贷款业务必须且只能在农发行开立基本存款账户，并在该账户下开立储备资金存款户、企业财务资金存款户、企业应付利息存款户。即使非政策性业务的涉农企业贷款也要求客户原则上在农发行开立基本存款账户，客户在其他银行开户必须经农发行同意和人民银行批准。

受经济下行压力和国家粮食政策等影响，2016 年以来，农发行对粮食收储、加工、贸易企业的放贷额度均出现了缩减，导致大批粮油企业遭遇"贷款难"，陷入融资困境。例如，湖南省粮食局 2016 年上报资料显示，由于农发行抽贷，益阳市原先在农发行贷款的民营大米加工企业中，60% 处于半停产状况，个别企业面临破产困境。其中国家级龙头企业口口香米业已破产，粒粒晶粮食购销公司处于停产，省级龙头企业只有佳佳米业等

3家正常经营。另外，衡阳市祁东县的28家大米生产企业中，只有湖南金泰米业公司在农发行贷款3000万元。

## 三、银行业服务粮食生产的机理

本节首先分析粮食生产的融资特征和融资服务的过程机理，特别介绍了农发行收储融资业务的封闭运行机制；进而细分粮食产业链的种植、收储、物流、加工等环节，系统研究各产业链环节的融资供求规律与风险特征机理；重点从银行融资服务机理的角度，分析如何在现行国家政策下引导银行业更好地服务于粮食生产，实现两者的良性循环发展，全力实现粮食产业转型升级和国家粮食安全。

### （一）银行业服务粮食生产的行业特点与风险特征

粮食生产有其特殊的产品属性，天然会导致商业银行等金融机构不愿过多涉足该行业，只能更依赖政策性银行、财政部门等的政策性融资扶植。第一是粮食融资的地域性。不同地区自然条件的差别较大，决定了粮食生产的生产模式、资金周转规律、融资方式和信贷风险都有很大区域差异，必须因地利宜。第二是粮食融资的季节性。粮食生产必须顺应季节规律，满足特定的气候、光照、降水条件，决定了粮食生产中不可控的自然规律作用较大，人为主观能动性的影响力较小，所以粮食融资的巨灾风险等较为突出[①]。第三是粮食融资的固定周期性。农业生产随着季节轮回形成了固定的播种、施肥、结果、收获、物流、销售等生产周期，相应的，资金的收支、运转、融资需求也具有周期性特点，即播种期需要融入资

① 王翔．湖北省农村金融发展对粮食生产支持的实证研究［D］．荆州：长江大学，2017.

金，然后依靠收获期、销售期的收入偿还本息，基本上无法通过人为力量改变这种固定周期。第四是粮食生产与金融服务的低盈利性。粮食作为单价低、数量多的大宗商品，其技术含量与市场进入门槛也较低，市场需求弹性较小，因此，单位商品盈利不高且不稳定，粮食生产的利润和还贷资金来源主要靠销售量的巨额积累，而不依靠产品单价和利润率的提升。因此，由于粮食生产具有地域性、周期性、低盈利性等特征，一方面离不开银行等金融机构的融资支持；另一方面粮食金融服务也必须得到优惠政策扶持，受到融资价格约束和金融风险管控。

由于粮食生产具有上述特殊行业性质，银行业在服务粮食生产时也面临较多特殊风险。一是自然风险。由于粮食生产中自然风险的非可预测性和巨额灾害性，银行融资服务需与政府、担保公司、保险机构的灾难保险和灾难救助等措施配套实施，创新探索各类“保险 + 信贷”产品。二是市场价格风险。当前玉米、大豆的“市场化收购”加“生产者补贴”的定价机制正处于起步阶段，预期市场价格波动幅度和频率都会很大，银行授信部门需要实时监控和预测重要农产品的国内外市场行情，将价格波动以一定权重引入风控模型，制定价格波动预警防范机制和风险缓释机制①。三是政策性风险。当前粮食收储制度改革正处于试点试行阶段，粮食价格形成机制也在不断优化，国家对具体粮食品种的改革政策尚未明确，因此，银行开展粮食生产融资服务时面临较大的政策风险。

另外，银行业为粮食生产提供的融资服务具有战略性、公益性、民生性，往往需要政策扶植和宏观监管，而不能放任自由。粮食生产关系国民经济命脉，如果任由银行等金融资本在粮食领域过度扩张和集中，在流动

---

① 李润平．商业银行开展粮食营销贷款的研究［J］．农村金融研究，2018（6）：56-60.

性过剩的情况下，容易导致粮食产品价格波动，造成农民“卖粮难”，甚至影响国家粮食安全。粮食生产领域的金融投机和炒作盛行，会引发农户决策信号失真、粮商投机囤炒、消费者恐慌、非商业（Non-commercial）投机者进入等情况。这样，当粮食相对价格不断上升时，会吸引经济体将大量资本投入农产品市场，进一步使得投机泡沫持续膨胀、产品价格异常飙升。而在高杠杆风险累积和泡沫化破裂时，形势又会发生扭转，农业的投资（投机）资本迅速游离、农产品价格急速下降，使得农产品市场急剧波动，而影响粮食安全、金融稳定和国计民生。

### （二）银行业服务粮食生产的过程机理分析

银行业服务粮食生产的过程机理是指为实现“满足不同粮食经营主体的多元化金融产品需求”这一特定功能，在农发行、商业银行、信用社等粮食金融服务主体中开展融资担保方式等方面的金融产品创新，提供多样化的政策性或市场化金融产品，服务各种规模或所有制类型的粮食经营主体，使得银行等金融机构和粮食产业在现实环境下相互联系、相互促进、共赢发展的运行规则和原理，最终实现金融更好服务实体经济的目标。

如图 2-2 所示，从金融供给方来看，服务粮食生产的银行业机构以中国农业发展银行为“龙头”，以农业银行和中国邮政储蓄银行为“两翼”，新型农村金融主体和民间借贷机构提供多样化分层服务。从金融服务的需求方来看，近年来粮食生产主体出现多样化趋势，尤其是民营性质、小微型粮食经营主体逐渐增多。按照产业链环节，粮食生产主体主要可分为种植环节的种粮大户、农业合作社、一般农户等；收储环节的中储粮、地方国有收储企业、民营收储企业等；以及性质多样、种类繁杂、规模不一的粮食物流企业、粮食加工企业和粮食营销企业等。需要注意的是，在当前粮食全产业链融合趋势下，已经很难将一些大型粮食企业归属于某一产业环节，将某一个产业环节界定于某一个企业的核心竞争力或依托发展重心更为关键。

金融服务的供需结构并不是均衡分布或简单的对应关系。其中，中国农业发展银行主要服务对象是国有粮食收储企业以及一些地方粮食产业化龙头企业，是粮食金融的主流渠道；国有与股份制银行主要服务的是大中型粮食加工与粮食营销企业，是近年来发展较快的商业融资领域；各地农村信用社、村镇银行等农村金融机构主要服务的是种粮大户、农业合作社，以及小微型粮食收储加工企业；同时，越来越多的各类担保机构与民间借贷机构正成为粮食融资的有益补充，可以降低、分散粮食金融风险。这种市场供求主体多样化、供需渠道交叉型的粮食融资市场既具有政策性特征，又兼具市场竞争性，形成了当前我国银行业服务粮食生产的丰富而繁杂的供求关系网络。

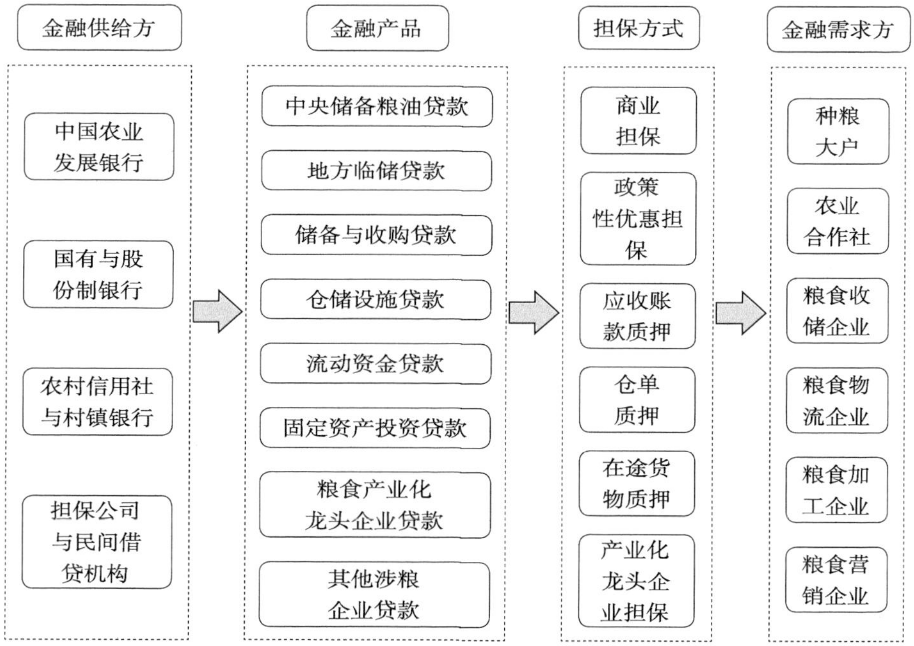


**图 2-2　银行业服务粮食生产的过程机理**

如图 2–2 所示，银行业服务粮食生产的金融产品越来越丰富和具备针对性，抵押担保方式也在不断创新，可以更好地满足粮食经营主体的多样化融资需求。在金融产品方面，各类金融机构服务方向各有侧重、相互配合。农发行主要提供中央与地方粮棉油储备贷款、仓储设施改造贷款等政策性业务；国有与股份制银行主要为各类粮食企业提供流动资金融资与固定资产投资融资；产业化龙头企业信贷的收益率和风险控制情况较好，是金融机构竞争的重点；农户小额贷款主要提供者是农村金融机构与民间金融机构。在担保方式上，除传统的商业性抵质押、保证担保和政策性担保外，近年来，各家银行利用物流、仓储信息化建设和智能设施的改进，广泛采用大数据手段，不断创新担保模式。一方面是探索应收账款、仓单、在途货物等浮动质押贷款模式；另一方面是围绕核心粮食企业、产业化龙头企业发展供应链融资模式，为中小粮食企业提供了新型融资途径。

### （三）中国农业发展银行的粮棉油收储贷款封闭运行机制

服务粮食生产、保障国家粮食安全是中国农业发展银行作为农业政策性银行的核心使命。我国对粮棉油收购资金实行封闭运行管理，并将管理职能赋予农发行，作为其各项业务经营的核心和建行基础。

粮棉油收购资金封闭运行管理可以概括为“收多少粮，发多少贷款；卖多少粮，收多少本息”。从资金的循环流程来看，粮棉油收购资金贷款封闭运行包括四个方面的含义：一是收购资金价款范围仅限于粮棉油收购、调销、储备等购销活动，非此范围不得发放收购资金贷款；二是贷款主体仅为农发行及其分支机构，也就是说，收购资金运行只能在农发行系统内运行，因此粮棉购销企业必须而且只能在农发行开设账户；三是购贷销还、库贷挂钩、信贷资金运动与粮棉油商品运动方向一致；四是信贷资金的盈利性要通过商品运动来实现。

在具体实践中，政策性粮棉油收储资金贷款封闭运行的基本原则包括三个方面：一是封闭运行，专款专用。封闭运行就是要使政策性信贷资金不会流出到农发行以外的金融机构。专款专用要求收购资金贷款只能用于在农发行开立基本账户的购销企业收购、调销和储备等业务的合理需要。各级农发行不能违反政策规定超范围发放收购贷款，购销企业要坚持贷款用途，不能将贷款挪作他用于非收购、调销和储备业务。二是体内循环。只要企业收购粮棉油商品，农发行就应当按规定提供贷款支持；贷款一经参与收购就必须有相应的库存物资作保证；一旦粮棉油销售，贷款就失去相应的物质载体，农发行就必须及时收回所占用的贷款。这一原则意味着收购资金贷款只能与粮棉油商品相联系，否则，无论是农发行超范围发放收购资金贷款，还是粮棉油企业将贷款挪作他用，都属于违规。三是购贷销还，价值统一。从微观上要求任何一笔收购贷款的发放与企业进行收购的粮食商品价值保持一致，信贷资金的流入量和回流量保持一致。这意味着收 1 斤粮食只能给 1 斤粮食的贷款，不能多给；而销售 1 斤粮食必须收回 1 斤粮食的贷款，不能少收。

## （四）银行业服务粮食生产的信贷风险管理机制

银行业开展粮食领域融资业务不仅要遵循一般的信贷管理制度和风险控制程序，各项授信业务流程和规程还要适应粮食生产的特殊规律。总体上要严格实行贷款前台和后台分开的审贷分离制度，建立“三位一体”的信贷业务审批流程：贷款营销部门负债贷前审查，贷审会对贷前审查材料进行审议，最后由有权审批人作出最后审批，并由一线前台业务部分负责贷后现场与非现场检查义务。具体贷款审批流程和风险管理制度主要包括：

第一，实行审贷分离制度。按照银行的信贷风险管理组织架构，客户部门负责贷前的调查，负责调查材料的真实性，调查评估的人员承担调查失误和评估失准的责任。信贷管理部门负责审查贷款过程的细节，对贷款报批材料的完整性和合规性负有审核责任。风险管理部门审查贷款在担保等方面是否合规，负责检查担保材料的合法性，复测贷款风险度，提出意见，按规定权限报批。贷款业务部门负责贷后检查，对借款人执行借款合同情况及借款人的经营情况进行追踪调查和承担责任。

第二，实行分级审批。银行对粮食信贷业务实行授权制管理的贷款分级审批制度。审贷委员会审议表决应当遵循集体审议、明确发表意见、多数同意通过的原则。下级行对上级行授权范围内的贷款类型、贷款额度有审批权，对超出授权额度的贷款类型和额度的要层层上报上级行进行审批。

第三，实行贷款审查委员会成员集体审议制度。贷款审查委员会（简称“贷审会”）严格按照贷款审议原则进行审议：成员集体进行审议，会上成员明确审议意见，采用全员记名投票方式表决，少数服从多数原则，对上会材料进行民主审议。贷审会中行长具有一票否决权，但没有一票通过权，对贷审会表决未通过或复议的贷款不能变更审议结果。被审贷委员会两次否决的项目，半年内不得提交再审。

第四，贷款客户评级是对贷款客户在一定时期内偿债能力和偿债意愿进行定量和定性分析。银行应根据借款人的人员素质、经济实力、资金情况、履约记录、经营效益和发展前景等因素，评定借款人的信用等级，作为决定授信与否、授信金额、条件、定价的基本依据。银行对粮食经营主体的评级遵循“分类管理、严格程序、分级评审、动态监管”的原则。例如，农发行的信贷风险分类管理办法在贷款风险五级分类的基础上，再次细分为十二级，即五类十二级。信贷人员每个月都要对所管理贷款进行一次分类，以便更好地掌握贷款的风险等级动向[①]。

### （五）银行服务粮食种植业面临的多重风险特征

粮食种植业具有特殊的自然属性和低盈利、高风险特点，导致商业银行在传统上不愿过多涉足，而往往需要政策性银行、财政部门等加以扶植。第一是粮食种植的地域性，由于不同地区粮食生产的自然条件千差万别，其盈利模式、资金运作、风险管理都有很大的区域差异。第二是粮食种植的季节性，粮食种植必须顺应季节规律，满足特定的气候、光照、降水条件，决定了粮食种植面临的自然风险较大，不可预测性较强[②]。第三是粮食种植的低盈利性，粮食业的技术含量和市场准入门槛较低，市场需求的弹性较小，导致产品利润率低且不稳定，还贷资金来源主要靠销售量大。据国家粮食局统计，我国粮食种植的每亩平均利润率由 2011 年的 250.8 元，持续下降到 2017 年的 –12.5 元，尤其是玉米每亩净亏损达到近 300 元[③]。

当前我国粮食价格形成机制和收储体制改革正处于试点阶段，玉米、大豆的“市场化收购”加“生产者补贴”机制改革初见成效，有待进一步推广，但国家对具体粮食品种的改革政策取向尚未明确。由于政策导向的不确定性和国际国内市场风险的多重叠加，预期未来粮食市场的价格波动频幅会明显加大，进而传导为金融风险。

总之，银行的粮食融资业务在种植环节面临自然因素、内外部市场波动、行业政策改革等多重风险，如果没有配套建好粮食价格波动预警机制

---

① 罗轩 . 中国农业发展银行支农发展对策研究［D］. 杨凌：西北农林科技大学，2016.

② 王翔 . 湖北省农村金融发展对粮食生产支持的实证研究［D］. 荆州：长江大学，2017.

③ 国家粮食局 .2016 中国粮食年鉴［M］. 北京：中国社会出版社，2017：487.

和金融风险缓释机制，必然导致银行业对粮食种植采取惜贷、少贷对策。

## （六）银行服务粮食收储业的融资供需结构性矛盾

随着近年来粮食市场化改革的深入，我国粮食收储市场呈现出多元化趋势，原来“一枝独大”的国有粮食收储企业逐渐被运营灵活、市场敏锐度高的民营企业挤占了相当一部分市场份额。无论是国有还是民营粮食收储企业，当前均存在融资需求结构与银行资金供给不相适应的问题。大部分粮食收储企业由于固定资产少、流动资金多、抵押担保弱、利润率低、季节性强、抗风险能力差等原因，很难达到银行的风险控制条件和授信审批要求。尤其是民营粮食收储企业得到银行融资支持的力度更加不足，是当前金融服务实体经济、服务三农领域中的突出“痛点”。截至 2018 年 8 月，全国粮棉油贷款余额为 18412 亿元，其中面向国有粮食企业的政策指令性贷款为 17315 亿元，占比为 94%，主要面向民营企业的政策指导性和自营性贷款 1097 亿元，仅占 5.9%[①]。

一方面，国有或国资控股粮食收储企业虽然享有绝大部分农发行的政策性金融支持，却普遍存在体制机制僵化、经营方式滞后、不适应粮食市场多变和竞争激烈的行情转变的问题。在这种环境下，农发行传统的政策性粮棉油信贷模式难以适应粮食经营主体多元化和粮食收储市场化的新形势，也面临利差窄、存款少、效益差等问题，而且责任重、风险大、追责严，基层行普遍存在只要不出“卖粮难”问题，能少做就少做的心理，主动作为动力不足。

另一方面，民营粮食收储企业虽然数量多、机制灵活，但是普遍规模效益较差、投资周期长、经营稳定性不足，因此，对银行来说金融风险难

① 程冀阔 . 发展粮油市场化业务的信贷策略［J］. 农业发展与金融，2018（10）：17–20.

以测度，在信用评价、抵押担保条件、财务指标、行业地位等方面均难以达到商业银行的风险控制条件和授信标准。为避免粮食产品质量与价值下降，避免存货贬值，中小粮食企业迫切需要银行资金加大原粮收购力度和仓储设施改造。由于仓储设施建设一次性投入资金较多、固定费用较高、短期利润回报率低等特点，从金融支持路径上，粮食企业更倾向于股权融资与银行中长期项目贷款。而当前商业银行提供给粮企的多是一年以内的短期流动资金贷款，这与中小粮企的仓储技术改造需求不相适应。农发行虽然能够提供大额、长期融资支持，但是其对民营、中小收储企业的审批较严、流程烦琐、放款时间长，大部分贷款都需要从县支行发起，经过前后台审批再层层上报。政策性贷款的低效率和结构矛盾会直接影响民营粮企的融资决策，进而也使农发行流失了潜在优质客户。

### （七）银行服务粮食物流业的融资缺口及其原因机理

粮食属于大宗商品，物流及配送环节的成本费用占比较高，对流动资金的需求较大。据统计，当前我国东北、华北等 13 个粮食主产省区的粮食产量已占全国的 75% 以上。由于近些年我国经济发展重心与人口流动方向集中在东南部的长三角、珠三角等区域，每年“北粮南运”的公、铁、水路流通费用占比达到粮食总成本的 30%[①]。粮食物流企业不仅资金需求大，而且轻资产特征明显，普遍存在抵押担保条件弱的缺陷。如果银行等金融机构无法实时监控和评估粮食物质的动态周转，粮食物流企业就很难满足传统的银行信贷融资条件，导致当前粮食流通产业普遍面临银行融资难、抵押难、融资贵的困扰。

粮食物流企业需要的多是短期流动资金贷款，资金需求的数额大、周

① 周志达．“北粮南运”在途质押融资模式探析［J］. 黑龙江金融，2017（11）：33–35.

期性及季节性强、时间相对集中，而信贷资金的回流与偿还却具有长期连续性。这样银行会面临较大的融资风险，必然要求粮食物流企业提供存货质押、仓单质押、供应链融资等担保措施。但是大多数粮食企业在远程智能化粮食仓储设施、物流控制系统和互联网大数据等方面建设不足，还无法对在途物资的价值稳定性进行动态监管。如果金融机构无法实时监控粮食资产的价值状况与粮食物流的经营风险，必然会对发放粮食物流信贷缺乏积极性，导致粮食物流企业普遍面临抵押难、融资难的困扰。

事实上，针对原粮的收储、物流领域的融资抵押要求，近年来我国银行业在不断加强，贷款利率业逐渐上涨，造成粮食经营主体的融资成本过高、融资困难。从 2015 年起，地方储备粮任务大幅增加，亟须银行为粮食收储运基础设施建设提供资金扶持，改善仓储设施，确保储粮安全。

### （八）银行服务粮油加工业的融资难题及其原因机理

粮食加工业是指通过处理将原粮转化成半成品粮、成品粮，或者将半成品粮转化成成品粮的经营活动。我国粮食加工产业主要包括水稻、小麦、玉米三大主粮及杂粮，薯豆类的加工产业。粮食加工业是联结农业种植与粮食销售的中间节点，是提高粮食附加值和利润率的根本途径，也是粮食产业提质增效的必由之路。

首先，我国粮食加工企业虽然数量多，但大都规模小、设备简、抗风险能力弱，本身就属于利润微薄的行业。再加上其普遍存在固定资产比重小、难以提供足额抵押物的弱点，在银行信用评价体系中不占优势，较难获得商业银行的充足融资支持。近年来，我国粮食市场的高产量、高价格、高库存导致粮食加工企业的原材料成本居高不下，利润空间被不断压缩，开工率普遍不足。据统计，2014 年我国粮食加工企业数量高达 19366 个，但大多为中小企业，平均利润仅为 328 万元，农副产品加工业的成本费用利润率仅为 5.39%[①]，远低于制造业和服务业的平均利润率水平。另据粮食主产区黑龙江省统计，其省内粮食加工企业利润率基本处于亏损与微利运行之间，水稻加工企业的平均利润率为 1%，食用植物油加工企业的平均利润率为 2.44%，玉米加工企业甚至亏损总额达到 2.28 亿元[②]。从银行业的融资支持来看，当前中国农业发展银行基本上不向民营粮食加工企业贷款，就是贷款，抵押条件也相当高；而商业银行不仅在缩贷，而且要求的抵押担保条件过高，中小粮食加工企业普遍无法满足，处于融资困境。

其次，粮食加工企业在银行融资的成本过高，利率水平偏贵。中小粮食企业通过传统的银行抵押贷款方式融资，贷款年利率通常为 7% ～ 10%。如若缺乏有效抵押物，需要通过担保保证方式融资，担保公司一般还要收取 1.5% 左右的担保费和 10% 左右的担保金，额外附加费用较高。如若寻求民间融资支持，不但融资成本会攀升到年利率 10% 以上，甚至还会面临法律保护难题。

最后，粮食加工企业面临诸多经营风险，在不利的情况下会演变为融资银行的信贷风险和不良金融资产。粮食加工企业主要的无形资产是品牌专利权，近年来，由于知识产权保护不足，经常受到侵袭，假冒伪劣粮食产品甚至会影响到企业生存。尤其是中小型粮企的品牌优势不明显，生产规模有限，又面临国内粮食收储和销售价格的上涨趋势，一旦经营不善，很容易导致贷款无法及时足额偿还，连累放贷银行。

---

① 国家粮食局 .2014 中国粮食年鉴［M］. 北京：中国社会出版社，2015：276.

② 柳英棣，姜一楠 . 金融支持黑龙江省粮食加工产业发展的路径选择［J］. 经济研究导刊，2016（32）：126-129.

## 四、银行业服务粮食生产的模式

### （一）中国农业发展银行作为政策性银行的粮食信贷模式

粮食生产的种植、收储、运输、深加工、销售等产业链环节均需要银行融资的大力支持，但是商业银行的市场化、营利性、风险控制要求使其难以针对主体分散、投资周期长、风险难以测度的粮食领域广泛开展信贷融资业务。根据农业政策性金融理论，政府应建立政策性金融机构，用低成本的融资手段、低利率的贷款产品、宽口径的授信条件以支持粮食生产，体现国家对“三农”产业的政策性扶植。鉴于此，1994 年我国成立了中国农业发展银行，作为政策性银行以完善农村与农业金融服务体系，更好地贯彻落实国家粮食安全政策，促进粮食产业和农村经济快速发展。

中国农业发展银行专门经营“三农”领域的政策性货币信用业务，主要承担国家粮棉油储备、托市粮收购、农副产品合同收购、农业开发等业务中的政策性贷款。当前，中国农业发展银行已经形成了以支持国家粮棉购销储业务为主体、以支持农业产业化经营和农业农村基础设施建设为两翼的业务发展格局，初步建立了现代银行框架。农发行的机构设置实行总行—分行—支行制，总行设在北京。目前，农发行系统共有 31 个省级分行、339 个二级分行和 1816 个县域营业机构，员工 5 万多人，服务网络遍布中国大部分地区。农发行的信贷模式特征可以概括为政府主导、封闭运营、政策扶持；其主要信贷品种包括粮棉油储备、收购、调销贷款，农业生产资料贷款，农业产业化龙头企业贷款，农业小企业贷款，农村基础设施建设贷款，农业综合开发贷款，城镇建设贷款，农村流通体系建设贷款等。

但是，在粮食购销市场全面开放和粮食收储体制改革逐步深入的背景下，当前“三农”领域金融市场竞争加剧、服务对象分化、政策性业务弱化，农发行的传统粮棉油信贷业务也面临诸多突出问题，主要体现在[①]：

一是在结算手段方面，农发行尚未解决网银、银行卡结算手段，更没有手机银行等移动支付结算工具，已经明显落后于发展需要，被客户长期诟病。农发行金融服务的结算流程烦琐、限制多，不适应客户资金结算需要，反而影响了客户存款意愿，不利于存款留存。

二是在放贷效率方面，农发行对粮食市场化购销业务的客户，在审批权限、审批额度、办贷流程等方面，没有系统、具体、快捷的客户甄别技术和差别化信贷政策。而粮食生产客户的特点是市场“商机”时效性强，优质客户融资更看重的是效率，冗长的评级授信和信贷审批流程会造成农发行客户资源流失。

三是在员工素质方面，相对于粮棉油市场的复杂形势，农发行的信贷员工的业务素质出现不适应情况。现有部分基层人员的专业素质较低，特别对现代信贷管理中的互联网网络应用、管理系统、大数据分析等操作不熟悉。信贷人员能力不足，有很多信贷员看不懂企业财务报表，不懂信贷风险管理理论和操作技能，控制风险能力明显不足。

针对上述不足与挑战，农发行亟须转变经营模式以适应市场变革，主要应在以下几个方面发力：

一是打破单一产品边界，提供产供销一体化的综合性粮食信贷产品和服务，大力支持粮食全产业链建设。农发行应以其长期积累的粮棉油领域专业化银行服务、高级人才、丰富经验，为粮食收储、加工、物流、销售等全产业链融合发展提供综合性的金融服务，甚至为政府粮食产业政策提

① 推进市场化条件下粮棉油信贷业务发展——访农发行总行粮棉油部总经理欧阳平［J］. 农业发展与金融，2018（8）：18–20.

供参谋及指导。

二是抓住粮食市场化改革的机遇，丰富服务对象，积极开拓多元化客户群体，避免中储粮一股独大局面。粮食市场由过去的政策主导转向市场主导是必然趋势，农发行在政策性粮食收储业务中和各地农业产业化龙头企业建立了密切的业务联系。在粮食收储市场化背景下，一方面，农发行应紧抓优质客户资源优势，积极支持中储粮、中粮等央企；另一方面，农发行在民营粮食企业、粮油加工龙头企业中开展政策性收储业务，择优支持地方高品质、高附加值的粮食骨干企业，开拓具有市场竞争力的骨干购销客户群体，继续巩固和发挥粮食融资主渠道作用。

三是强化粮食融资服务的科技支撑，提升客户体验。首先，利用互联网、云计算、大数据等金融科技成果，提升信息技术在客户营销服务、信用分析决策、投融资顾问等方面的应用水平。其次，集聚数据资源，提升结算效率。统一选择一家互联网科技巨头进行合作，创新结算模式，突破 5×8 小时的结算限制，实现线上 7×24 小时移动互联结算服务①。最后，提升仓储设施的远程监控系统与智能化水平，实现粮食库存和经营现场随时随地远程智能监测，甚至实现智能机器人进行辅助监管，借此拓宽供应链融资渠道，达到银企共享共赢。

### （二）“银行 + 核心企业 + 合作企业”的粮食供应链融资模式

银行面向粮食生产领域的金融服务不能仅针对某一特定生产环节，而是要顺应粮食全产业链融合趋势，与粮食产业链的上下游延伸环节相结合，与粮食全产业链核心企业合作，提供基于货权及现金流控制的整体供应链融资方案，才能提高农民、中小粮食企业的融资可得性和易得性。

① 杨晓东 . 巩固粮食信贷主办行地位［J］. 农业发展与金融，2018（7）：50–52.

开展粮食供应链融资，有利于防控信贷风险，解决中小企业融资难、担保难的问题。银行提供粮食供应链融资服务的关键是要从大型粮食收储加工企业或粮食交易中心等为核心企业，由核心企业为产业链条上的中小企业、农业合作社、经销商等合作企业提供担保或增信。例如，以应收核心企业账款为质押，库存存放在核心企业仓库或由核心企业掌控，粮食销售后，核心企业以货款直接偿还农发行贷款，实现对资金流、信息流、物资流的有效控制和闭环管理。

在供应链融资模式下，银行金融服务中信用评级的对象应不再仅局限于单一粮食企业自身，而是着眼于粮食“购储运加销”一体化整体，信贷可得性大幅度提高。一方面，银行要大力推广“农村土地流转及规模经营贷款”等产品，推进粮食企业向上游延伸，与新型农业经营主体开展产销对接协作，建设原料基地；另一方面，银行金融服务要支持粮食企业向下游延伸，拓展物流、营销和服务增值环节。银行金融服务应助力粮食企业构建从田间到餐桌的全产业链，实现粮食企业利润提高与银行信贷资产质量提升的“双赢”。

例如，湖南金浩茶油公司利用“油茶生产企业＋农民＋当地政府＋金融机构”四方联合的有机合作模式，推行3：3：4的补贴政策；即农民自己出30%，国家补贴30%，银行贷款40%。这样一方面能够帮助当地农民就地置业、脱贫致富，实现“精准扶贫”的目标；另一方面也能稳定茶油企业的原材料供给，在有效提升原材料品质的同时降低生产成本，将更高品质、更低价格的食用油带给千家万户。

### （三）“银行＋粮食龙头企业＋农业合作社”的融资模式创新

银行业直接服务个体农户或小型粮食经营主体的单位成本较高、经营风险较大、业务利润率较低，因此，提供融资服务的动力普遍不足。银行业要发展粮油市场化融资业务，应广泛与粮食龙头企业、农业合作社、种粮大户进行合作，顺应粮食生产的机理，加强粮食全产业链融合，实现银行、企业、农户的“三赢”。在行业选择上，银行应支持做大做强粮食加工产业和主食产业化等关键环节。农发行的调研数据也显示，面向粮食加工产业的龙头企业的贷款不良率仅为0.14%，远低于小企业2.19%的不良率。重点支持龙头加工企业开展优质米、专用粉、全麦粉、薯类及其制品等绿色优质营养健康产品加工；支持有技术优势、管理优势的加工企业发展燃料乙醇、酿酒、生物医药等粮食深加工项目；围绕“中国好粮油”行动，积极支持产品质量好、消费者认可度高、市场占有率高、市场竞争力强的粮油加工企业创建品牌①。例如，2012—2017年，河南省共筹集商品粮大省奖励资金4.33亿元，先后分7批采取贷款贴息的方式对228个主食产业化和粮油深加工企业给予政策扶持，发挥了重要的示范引导作用。2016年，更是从商品粮大省奖励资金中安排粮油深加工企业扶持基金2亿元，并吸纳银行与社会资金3亿元，建立了5亿元的主食产业化和粮油深加工扶持基金，以进一步做大做强主食产业化和粮油深加工产业。

一方面，粮食龙头企业（加工企业）可以为种粮大户提供化肥款、农药款、种子款的贷款担保，并承担由此项贷款形成的利息；另一方面，粮食龙头企业与种粮大户签订订单合同，按市场价全额收购所产小麦，并实行利润的“二次分配”。这样，种粮大户可以不再为买种子、农药、化肥和粮食销售这些问题花费脑筋，占用时间，还能无息使用贷款，享受利润二次分配，龙头企业也能够按照生产需求统一购进良种、化肥、农药等农用物资，能够更有效地保障小麦的品质和产量，更进一步地带动农民增收。

① 推进市场化条件下粮棉油信贷业务发展——访农发行总行粮棉油部总经理欧阳平［J］. 农业发展与金融，2018（8）：18-20.

另外，商业银行可以和农业合作社、农业服务公司、农技合作社等种粮大户合作，创新抵押担保模式，以适应粮食生产的特殊规律。当前实践中广泛采取了合作社联保互保、社员农户联保互保、经营网点中心联保互保、企业担保互保等多种形式，为农业合作社成员提供小额贷款。这些小额贷款往往采取包括仓单、存单、各类使用权、农民住房等在内的多种抵押模式。例如，浙粮集团以与黑龙江绿农集团的企业战略重组、并购为契机，充分发挥绿农集团现有收储基地优势，以 9 大粮库为节点，以土地流转经营权抵押、由下属绿农瑞丰农业服务公司提供担保的形式，用好公司粮源基地建设载体，与建设银行签署了总授信规模达 50 亿元的战略合作协议。2016 年，建设银行通过绿农瑞丰农业平台累计发放贷款共计 8320 万元，2017 年更是完成贷款发放 1.2 亿元，惠及服务合作社 50 余家，合作农户达到 1289 户。

### （四）银行业服务粮食生产的担保体系创新

担保体系不健全是造成银行提供粮食融资服务欠缺的重要原因。要解决银行服务粮食生产的融资可得性和易得性，必须多渠道建立健全担保体系。

第一，在国家层面建立专门的粮食信贷担保机制，集中力量化解粮食信贷领域“融资难”“融资贵”问题。2016 年 5 月，经国务院批准，由财政部会同农业部、银监会组建了国家农业信贷担保联盟有限责任公司。该公司由财政部与全国各省级农业信贷担保机构出资，拟分三年注入资本金 150 亿元，初步建立从中央到县域的农业信贷担保体系。其业务开展主要聚焦“农业担保”，重点为家庭农场、种植大户、农民专业合作社、农业社会化组织等适度规模经营主体提供 10 万～ 200 万元的担保。

第二，在省级层面成立专门服务粮食融资的政策性担保机构，发挥其在大额中长期粮食贷款中的保底作用以及乘数效应。财政状况良好的地区，可由地方政府出资成立政策性融资担保公司，采取微利、可持续的经营原则，对有融资需求的粮食企业提供融资担保服务，保障粮食产业转型升级和粮食安全目标①。财政实力一般的地区，可以由政府出资入股资质状况较好的融资担保公司，委托该融资担保公司向政府筛选的粮食收储、物流或加工企业提供优惠服务。截至 2017 年 4 月，全国共有 33 个省（自治区、直辖市、计划单列市）完成组建省级农业信贷担保公司并初步开始运行，全国农业信贷担保体系已完成注资 446.88 亿元②。

第三，各级各类政策性担保公司探索通过再担保、联合担保、由财政部门对代偿损失核定风险补偿资金等办法转移担保公司自身的业务风险。可采用“银行 + 担保 + 粮企”的形式，以财政涉农资金投入为主、社会融资为辅，通过互保、再担保、联合担保、“担保 + 保险”等手段创新担保产品，健全风险控制和分散机制。政策性担保公司还可针对粮食企业的金融需求特征，制定出可行性强的担保费优惠政策，由政府组织挑选优质企业提供担保费补贴，降低粮食企业负担，提高小微经营主体的信贷可得性和满意度。例如，由保险机构、省级财政、中央财政三方出资成立“巨灾风险基金”，成立国家层面的农业再保险公司等，专门防范粮食生产经受大灾时对粮食生产主体、金融机构的非预期损失进行赔付。再如，陕西省财政每年拿出 2 亿元专项资金用于引导和重点支持健康粮油产业发展，同时设立规模 100 亿元的粮油产业发展专项基金，作为引导基金，撬动银行与社会资本投入粮食产业集群发展。

---

① 曹燕子 . 河南省家庭农场正规金融信贷效果研究［D］. 杨凌：西北农林科技大学，2018.

② 李润平 . 商业银行开展粮食营销贷款的研究［J］. 农村金融研究，2018（6）：56–60.

第四，银行等金融机构进一步扩大信贷业务的担保范围，允许与民营粮食企业合作关系较为密切的中储粮、中粮、地方国有粮食企业、农业产业化龙头企业为其提供担保。这些担保资质更高的核心企业在应收应付款往来、粮食产销流通等环节与中小民营粮企关系密切，也具有提供担保的可能性和意愿，可以有效改善民营粮食的担保融资困境。

### （五）银行业服务粮食生产的抵质押途径创新

粮食企业具有轻资产特点，除仓储设施外，存货、应收账款等流动资产占其总资产的比重较高，因此，普遍面临抵押物缺乏的困境。在现阶段，银行可以通过与粮食电子商务平台、物流公司、担保公司的广泛合作，提供应收账款保理业务、存货质押业务、预付保兑业务、企业信用担保和运输担保业务等方面的创新性抵质押服务，解决粮食生产中的抵质押难题。

第一，银行可以对有一定品牌知名度及地理环境标识、具有智能化仓储能力的粮食企业开展仓单质押、存货或无形资产质押，一方面提高客户信用等级，扩大授信额度；另一方面以此促进粮食企业树立品牌、规范发展、做大做强。在实践中，对于大型粮食加工企业，大多可实行仓单质押；对于中小型、有品牌知名度的初级粮食加工企业普遍实行存货质押的担保方式，给予增信支持。以存货质押为例，在粮食企业同商业银行协定的标准下，粮食收购期间可由银企双方共同测量粮食体积、容积率并计算粮食入库重量；同时，由当地的质量技术监督局出具质量检测报告，双方协定后到当地县级以上工商局办理粮食质押，并为库存粮食购买银行要求的商业保险，将银行的贷后监控风险降到最低。最后，通过存货质押形式盘活粮食企业现金流，既满足粮食生产“去库存”的要求，又满足粮食生产的融资需求。

第二，银行可以尝试与电商平台合作，开展订单质押贷款业务。粮食产业信息化的发展方向之一即通过电子商务平台，开展成品粮油销售、物流及信息服务，创建“电子商务＋现代物流配送”的成品粮油流通模式。银行必须确保资金用途，并控制经营风险，对有成品粮电商平台的粮食加工企业进行严格的筛选及监管。采用银行交易资金监管方式，保障资金安全。同时，引导粮食加工企业主动与金融、电商、物流企业对接，探索建设多功能的专业粮油电子商务平台。

第三，银行可以应收账款质押贷款及保理业务系统性服务粮食产业链融资。应收账款质押贷款是指借款企业以其销售形成的应收账款作为质押，向银行申请授信。保理是指卖方与保理商间存在一种契约关系，根据该契约，卖方将其现在或将来基于其与买方订立的货物销售或服务合同所产生的应收账款转让给保理商。如果销售方在上游出现还款难的情况，客户将承担向银行弥补损失的责任。上游销售方作为融资人，通过应收账款融资解决可能出现的资金缺口，处于下游的客户为债务企业承担反担保责任。应收账款质押可保理业务可以有效盘活粮食加工企业的资产，缓解企业的资金压力。

第四，银行可以将股权质押贷款推广到粮食企业。由粮食企业选择将股权质押给银行，并办理股权出质登记，银行凭股权的市场价值和抵押率发放质押贷款。粮食企业抵押股权既不影响企业的资产运营和日常经营，又盘活了企业资金，大大提升了银行对企业放贷的成功率。但是这种模式对于质权人的风险较难把控，在一定极端情况下会危及企业所有权和经营权的稳定性，因此，建议该类贷款先从政策性商业银行开始推行。

### （六）银行业服务粮食生产的信贷管理模式创新

银行要加强服务粮食生产的质量与效率，必须重视自身信贷管理模式的创新，根据粮食生产特色不断改进“贷款三查”制度、分级审批制度与信用评级制度等。模式创新主要体现在：

第一，在贷前调查阶段要多途径、宽口径收集粮食企业信用信息，以作出全面的风险判断和融资决策。一是可以与贷款企业的管理层、股东、上下游关联企业进行沟通，掌握第一手资料。二是可以征询中国人民银行征信系统以及社会服务机构的贷款企业信用记录。三是在银行内部构建针对粮食企业的信用评级体系，对企业的财务状况与发展前景、管理层品德及职业素养等非财务指标进行定量分析，通过内部信用评级、测算风险度等技术程序对贷款企业的还款能力进行综合研判。

第二，改进贷款审查工作制度。重点审核粮食企业是否具有相关政府批准文件以及指令文件，是否具有代储代收政策性粮食的资格，企业经营规模是否大，企业经营效益、资信是否良好，是否具有政策性粮食收储计划中规定的收存仓容等。

第三，强化贷后监管工作。首先，银行要加强对粮食库存的动态监管，实时、频繁地掌握粮食企业的库存情况，以确保物资完整。防范贷款企业任意动用库存粮食，按照“钱随粮走，购贷销还”的原则，保证第一还款来源的完整性。其次，银行要对粮食企业的信贷资金是否挤占、挪用、他用的情况进行严格的监督，必须保证贷款企业实行专款专用机制。最后，当出现粮食市场急剧波动等情况时，以提高委托收购资金以及自有资金比例等措施来防范风险。

第四，银行要树立风险监管理念。避免业务盲目发展、客户准入不严、监管流于形式、风险处置不力、内部管理过松带来的不良贷款。在综合考察粮食企业诚信状况、家庭农场经营规模、经营年限、经营内容、收入水平、示范等级、三品一标等申请条件的基础上，制定专门的粮食企业信用等级评价标准，按照守信受益、失信受惩的原则对粮食企业的信用评级实施动态管理。建立诚信档案，简化手续，降低银行与粮食企业之间的信息不对称，将更多的中小粮企纳入正规金融授信服务。

第五，在粮食融资业务中进一步推进电子化、信息化和互联网化办贷过程，提高粮食信贷业务的离柜率。银行要对现有的信息系统进行充分的利用，并不断改造和更新电子化信息系统和办贷流程系统，对办贷过程中的数据和资料进行电子化的处理，减少材料资料的反复报送流程，对信贷业务的流程形成一种刚性的控制。在授信额度内的信贷申请，可以简化手续，随用随贷，缩短审批流程。为粮食企业客户提供更为便捷的非现金与网银结算业务，树立银企互信理念，着力做好客户维护工作。进一步提供保险、理财等中间业务来提升金融服务层次，提高粮食企业客户的满意度和体验度①。

### （七）农地经营权抵押贷款的现实困境与应对模式

为解决粮食生产中农户与农业合作社的信贷融资难题，必须全面推行农村承包土地经营权抵押贷款，探索扩大农业农村贷款抵押标的物范围，提高农业经营主体在银行融资渠道中的信贷可得性与易得性。“三权分置”改革和农村土地确权工作为农村承包土地赋予了独立的权能和抵押资质，农地经营权抵押贷款成为解决粮食融资难题的突破口和重点。土地经营权抵押贷款有利于实现金融机构与农业大户、家庭农场、农业合作社等经营实体的有效对接，既拓宽了银行业在粮食领域的业务范围，又解决了农户由于缺少有效抵押担保无法获得贷款的问题，促进了新型农业经营主体发展壮大和土地适度规模经营。

2016 年，国务院出台了依法稳妥规范推进农村“两权”抵押贷款试

① 海棠．中国农业发展银行内蒙古 S 支行粮食信贷业务问题及对策研究［D］．呼和浩特：内蒙古大学，2018.

点的文件。随后人民银行会同相关部门联合印发“暂行办法”，从贷款对象、贷款管理、风险补偿、配套支持措施、试点监测评估多方面，对金融机构、试点地区和相关部门推进落实“两权”抵押贷款试点明确了政策要求。但是经过几年试点，农村土地经营权抵押的推进仍然困难重重。

从法律效力上来看，按照土地性质或土地承包经营权的取得方式，当前农村土地承包经营权抵押贷款面临三种情况：一是家庭承包经营取得的土地承包经营权，不得抵押。依据最高人民法院关于土地承包纠纷的相关司法解释:“承包方以其土地承包经营权进行抵押或者抵偿债务的，应当认定无效。对因此造成的损失，当事人有过错的，应当承担相应的民事责任。”二是通过招标等方式取得的承包经营权，可以抵押。依据《农村土地承包法释义》第四十九条的规定:“通过招标、拍卖、公开协商等方式承包农村土地，经依法登记取得土地承包经营权证或者林权证等证书的，其土地承包经营权可以依法采取转让、出租、入股、抵押或者其他方式流转。”三是农村集体经营性建设用地的使用权，可以抵押。农村集体经营性建设用地是指存量农村集体建设用地中，土地利用总体规划和城乡规划确定为工矿仓储、商服等经营性用途的土地。依据2016年颁布的《农村集体经营性建设用地使用权抵押贷款管理暂行办法》，符合规划用途管制，依法取得的前提下，以出让、租赁、作价出资（入股）方式入市的和具备入市条件的农村集体经营性建设用地使用权可以办理抵押贷款。2019年2月13日，银保监会与自然资源部联合发文，将《农村集体经营性建设用地使用权抵押贷款管理暂行办法》有效期延长至2019年12月31日。

从银行信贷业务实践来看，当前农村土地承包经营权抵押贷款工作的难点主要在于：第一，抵押物的确权和合理估值困难。当前各省的农村土地确权和颁证工作正在推进，其间确权的内容多次扩大，包括土地所有权、承包经营权、宅基地使用权、建设用地使用权、农房确权。但是各省的确权和上报数据的进度普遍较慢，工作困难较大，有待进一步推进。对农地抵押物进行估值时，应允许银行一线信贷人员充分考虑地域间土地区位差异和粮食作物价值规律，借助社会专门评估机构出具的报告，扩大农地贷款授信范围。第二，合适的抵押率和利率难题。由于粮食贷款的高风险属性，抵押物处置成本高、价值波动大，在确定抵押率时参考银行现行授信条款不太合适，银行审批实践中普遍采取了抵押率下降、利率上浮的对策。第三，抵押物的流转、变现比较困难。由于缺乏全国统一的农村产权交易市场，银行与地方司法部门均很难解决因违约带来的农地处置问题。

针对上述问题，银行业的解决途径和努力方向主要有：第一，引入具有公信力的第三方评估机构，如会计师事务所或者专业评估机构，更多地介入土地经营权的价值评估中，可以使评估更具效力，解决银行不敢贷的问题。第二，按照土地流转的剩余期限、土地面积和每亩流转单交易价认定抵押物价值，按照商业抵押的70%确定抵押率发放贷款。例如，100亩地在二轮承包流转时间剩余10年的情况下，租金是500元1亩1年，那么100亩地价值50万元，抵押贷款能够发放35万元左右。第三，要让农地抵押贷款工作顺利开展下去，必须解决违约后的权利处置难题。规范的全国统一土地经营权流转和交易平台建设势在必行。目前这种平台已经诞生，但是试点范围比较小，局限在一个县或者一个乡，交易不活跃。未来的方向是形成一个规范的全国的交易平台，从而解决抵押物流转变现的问题。也有部分学者提出在土地交易中心再度拍卖经营权的办法，或者成立土地银行实现第三方受偿的办法，也可以尝试德国、美国等农业发达国家的农地资产证券化的办法，以提高农地资产的流动性[①]。

## 五、银行业服务粮食生产的案例

### （一）农发行转向政策性与商业化并重的专业金融服务

中国农业发展银行作为粮棉油领域金融服务的主办行和政策性银行，近年来逐渐认识到单纯依靠政策性收储实现业务增长的模式已不可持续，只靠收储业务也难以满足国家粮食安全的需要，从而不断寻求粮食金融服务模式的转变。2012 年，农发行正式成立投资部，拟进军直接投资和资产证券化等领域。2013 年，农发行确立了以支持国家粮棉购销储业务为主体、以支持农业产业化经营和农业农村基础设施建设为两翼的业务发展格局，初步建立起了现代银行框架。农发行经营模式改革的战略思路是主动走向市场，适应市场，把握商机，积极推进粮油信贷业务由政策性业务为主向政策性和商业化业务并重的转变，按照政策性与商业性分类指导的原则，提升业务领域和质量。

在金融管理模式和信贷制度方面，农发行的“政策性信贷”服务主要是以财政保障为基础，结合量化标准确定风险偏好；“商业性信贷”完全适用定量的方式，采取风险度的计量，根据经验及历史数据设定银行开展业务所愿承受的最大损失。完成了一定期间的数据积累后，通过计算违约概率和预期损失，确定全行整体的风险承受能力。为提高经营稳健性，设定目标资本充足率，使资本约束的要求逐步在总行、省级分行、二级分行的范围得到贯彻执行。

① 杨磊.黑龙江省农村金融产品创新发展研究［D］.哈尔滨：东北农业大学，2018.

在业务范围拓展方面，农发行的商业化金融服务正在由粮棉油购销储领域向上下游环节延伸，全面支持粮食全产业链发展。一是大力服务粮食生产环节。将专业种粮大户、家庭农场、专业合作社纳入农发行直接或间接支持对象，满足种粮资金需要，创新信贷模式；通过龙头企业或平台承贷、支农转贷、扶贫批发等方式予以支持，落实有效抵押担保，采取随借随还的管理方式。二是深入服务粮食物流加工环节。信贷支持粮食产业链向产前、产中、产后延伸，通过供应、物流、加工、进出口、产销衔接等方式向产业链上下游延伸，实现产供销一体化、种养加“一条龙”式发展。形成全品种全产品链的贷款企业布局和信贷支持模式。三是进一步拓展供应链支持模式。围绕粮油产业链核心企业，为其供应商和客户提供供应链融资。

### （二）新粮粮油交易中心的“商业银行＋第三方电商平台”粮食融资案例

新疆新粮粮油交易中心有限公司（以下简称粮油交易中心）是新粮集团的直属企业，是经自治区人民政府批准设立，受自治区国资委监督，自治区金融办、自治区粮食局监管，服务于粮油行业产业链的专业粮油电子交易平台，也是新疆首家专业服务于粮油行业上中下游企业的大宗商品电子交易中心。

粮油交易中心作为服务新疆粮油及农副产品企业的电子交易平台，以致力于满足油脂及农副产品加工会员企业的需求为使命。新疆棉籽加工企业、油脂企业普遍存在融资的需求，传统的质押仓单融资模式需要将质押货物移至固定监管库内注册成仓单后再进行质押融资。融资申请企业需要承担运输额外成本，会稀释粮油行业本来就微薄的利润。

为使会员企业降低融资成本，减轻负担，控制额外开支，切实解决粮油企业的融资难、成本高的问题，粮油交易中心本着服务会员客户和金融机构的出发点，与农行、中信银行、地方商业银行等银行牵线搭桥，创新性地提出了“第三方智能化移动监管融资”模式并付诸实施。在该模式下，粮油交易中心在仓单质押融资中，对仓单监管、风险控制、应急处置进行精准化管理，可以保证资金及质押仓单安全，为企业和金融机构最大限度地提供保障、便利和服务，为粮油企业建立有效信用保障体系夯实基础。粮油交易中心在银行融资环节致力于构建第三方监管的安全体系，为新疆大宗粮油商品的现货交易提供金融和供应链管理于一体的全程融资支持。粮油交易中心以电子交易为基础，开发了大宗商品交易的智能化移动监管库管理系统，包括电子交易系统、仓储监管系统、物流系统、远程视频监控中心、银行端口接入系统及数据服务器交换系统；并通过建设远程仓储监控系统对仓库运营实施双重监控，杜绝本地仓储系统的因故失灵与库管与安保人员的疏忽带来的安全风险。

截至 2017 年 5 月，粮油交易中心为会员提供的第三方智能化移动监管创新融资服务，已获中国农业银行新疆维吾尔自治区分行及兵团分行关于《非标准仓单质押信贷业务保管人资格准入》的批复，同时还与中国中信银行、哈密银行等其他 9 家银行及金融机构实现业务合作。粮油交易中心已在新疆阿克苏、库尔勒、昌吉、玛纳斯、阿勒泰等地区建设完成了五个第三方标准化智能移动监管库，实现第三方监管仓单质押棉籽、棉粕等农副产品超 7 万吨，已协助会员单位实现融资总额超过 2 亿元，已在疆内粮油及农副产品加工行业内形成了良好的口碑和影响力。

第三方粮食电商平台的核心优势在于其增信服务，可以联合金融部门建立风险控制机制，有效规避经营资金市场风险，确保交易资金的安全，并为 B2B 平台上下游企业会员在粮食交易过程中提供更为便捷、高效的金融服务。当前，新粮粮油交易中心的“互联网 + 第三方电商平台”粮食融资服务仍存在线下交易向线上交易转化速度慢、客户习惯需要培养、银行支持力度低、融资条件高等不足。但是，新粮粮油交易中心在自治区国资委、金融办、粮食局及集团各级领导的支持下，已经阶段性地实现了初期发展目标，第三方智能化移动监管创新融资服务必将一步步发展完善，成为粮食企业融资的一条高效渠道。

### （三）查干湖大米产业联盟的“集团 + 银行 + 联盟企业”粮食融资案例

松原粮食集团有限公司成立于 2012 年 6 月，注册资本 1.2 亿元。当前集团的固定资产接近 5 亿元，下属全资子公司 6 家，控股子公司 12 家，直属粮库 5 个，专业合作社 26 个，加盟企业 32 家，仓储能力 120 万吨，年加工能力 100 万吨。松粮集团旗下的“查干湖大米”已被省政府命名为吉林省大米标志品牌。

资本是经济的血液，更是中小粮食企业的命脉。松原市域内大多数稻米加工企业为民营企业，在发展过程中普遍存在资金短缺和贷款难、贷款贵的问题。针对当地稻米行业企业存在的这一窘境，松粮集团作为产业化龙头企业，以“查干湖”品牌为统领，组建了“查干湖大米产业联盟”。在此联盟的框架内，松粮集团提出了“1+1+N”金融服务模式，即“集团 + 银行 + 联盟企业”的粮食融资服务模式。这个模式就是要把粮食的金融属性充分挖掘出来，提升粮食的金融价值。粮食在该产业联盟中并不单纯被视为粮食，而是被视为金融的载体。粮食通过金融放大体量，金融通过粮食创造效益。在具体操作中，集团为联盟企业作担保主体，银行以原粮为质押品向联盟企业发放贷款。在银行资金的使用上，坚持“资金封闭运行，原粮集中管理”的方式，每个企业的原粮收购贷款资金直接通过

"一卡通"发放给稻农，确保农民及时收到现金收益，也确保专款专用，规避资金风险。在原粮管理方面，坚持集中管理、分期出库，既保障了原粮的及时供应，又有效实现了资金分期回笼。近3年来，该产业联盟通过多种渠道，累计为联盟企业筹集资金近10亿元，有效撬动了近30亿元的原粮周转量，切实为联盟企业输入了"血液"和活力。

查干湖大米产业联盟中的融资企业在"1+1+N"金融模式中，年贷款利率只有6%，而且随贷随还、随还随贷。经过实际测算，联盟企业每千万元贷款节约资金30万～40万元。目前，产业联盟加盟企业已经覆盖松原、白城两个地区，加盟户数达到22户，年加工能力100万吨。松粮集团对联盟企业实行"双品牌"策略，订单内和够标准的原粮，使用"查干湖大米"品牌；其他使用原有品牌，确保了"查干湖大米"的标准和品质。

### （四）辽粮集团依托东北粮网的"互联网＋物流"粮食融资案例

辽宁省粮食集团有限公司（以下简称辽粮集团）注册资本7249万元，是集粮食储存、中转、贸易及玉米出口等业务于一体的国有独资的省级农业产业化重点龙头企业。辽粮集团的主要职能是承担部分省级储备粮油承储任务和国家临储粮收储任务，以及开展粮油购销和玉米出口业务，并受省政府委托负责省内粮油品种余缺的调剂。

近年来，辽粮集团按照产学研"双向联合体"模式，与沈阳师范大学联合实施了"东北粮食现货电商交易及物流服务平台"（以下简称东北粮网）项目。东北粮网包括线上大宗粮食现货电商交易及物流服务平台、线下物流支撑体系两部分建设内容。其中，沈阳师范大学负责线上粮食现货电商交易及物流服务平台系统设计与开发。该平台系统以大宗粮食交易过程的信息化建设为核心，建立了一整套粮食电子交易的过程监督、资金监管和服务跟踪机制，实现了粮食流通领域的“七化”目标，即业务规范化、产业链条化、信誉担保化、质量认证化、买卖公平化、监管透明化和会员满意度最大化。辽粮集团负责线下物流支撑体系建设，主要以省内10个粮食物流节点企业及其他物流企业为依托，逐步整合线下铁路、公路、港口、船舶等资源，建立低成本、高效率、有保障的全省粮食物流支撑体系。利用项目建设，“东北粮网”被打造成为东北最大的粮食电商及物流综合服务平台，通过线上交易与线下流通，有效解决了粮食流通各个环节的“瓶颈”制约，有利于打通“北粮南运”的物流通道，逐步实现粮食“买东北，卖全国”。

东北粮网不仅立足于粮食现货撮合交易与物流服务，而且进一步谋划和构建了粮食供应链金融服务体系。东北粮网通过与银行、保险、担保公司及物流公司的广泛合作，提供应收账款保理业务、库存货押业务、预付保兑业务、企业信用担保和运输担保业务等方面的金融服务。东北粮网充分利用平台的资信优势，为B2B平台上下游企业会员在粮食交易过程中提供金融服务，满足其经营过程中的资金需求。同时，东北粮网联合多家金融部门建立了粮食行业金融风险控制机制，帮助银行有效规避信贷融资服务的违约风险和市场风险，并确保交易资金的安全。

# 第三章
# 证券业服务粮食生产的机理、模式及案例研究

金融业在我国通常是指银行业、证券业和保险业，证券业在我国尽管发展时间不长，但随着企业上市日益成为企业融资的普通手段，同时股票牵涉千家万户，股票与经济密切相关，股票号称经济的“晴雨表”，这就使得证券业服务粮食生产成为不可忽视的课题。

## 一、证券业服务粮食生产的成绩及存在的问题

### （一）粮食类上市公司

2017 年 1 月 3 日，国家发展改革委、国家粮食局发布的《粮油加工业“十三五”发展规划》提出，积极拓宽企业直接融资渠道，支持企业通过发行短期融资券等非金融企业债务融资工具筹集资金，支持符合条件的龙头企业上市融资和发行企业债券、公司债。

2017 年 9 月 8 日，国务院办公厅印发《关于加快推进农业供给侧结构性改革大力发展粮食产业经济的意见》（以下简称《意见》）提出，支持粮食企业通过发行短期融资券等金融企业债务融资工具筹集资金，支持符合条件的粮食企业上市融资或在新三板挂牌，以及发行公司债券、企业债券和并购重组等。

我国粮食类上市公司逐渐向精细化和规模化转变，行业整合速度加

快，龙头企业的竞争优势逐渐凸显出来。从长远来看，国家对于粮食类上市公司的扶持力度会只增不减，同时，通过产业结构的内部调整，行业的集中度将会有大幅度的提升，产业链内部各个环节的盈利状况会得到进一步改善①。近年来的一系列优惠和扶持政策的出台，保证了粮食类上市公司稳定性的发展。

### 1. 取得的成绩

（1）粮食类主板上市公司

目前在国内 A 股主板市场上市的粮食种植业公司有 12 家。湖南、山东、安徽、海南、北京各有 1 家上市公司，甘肃 2 家，黑龙江 2 家，新疆 3 家。粮食主产区的上市公司 5 家，占粮食种植类上市公司总数的 41.67%。市值最大的是隆平高科，总市值为 212.3 亿元；最小的是香梨股份。总股本 102.11 亿股，总市值 677.24 亿元。上市时间超过 20 年的有 2 家，超过 10 年的有 8 家，超过 7 年有 2 家（见表 3–1）。

**表 3–1　粮食种植业主板上市公司基本情况**

（数据截至 2019 年 2 月 26 日）

| 公司简称 | 证券代码 | 所属省份 | 总股本 / 亿股 | 总市值 / 亿元 | 上市时间 |
|---|---|---|---|---|---|
| 隆平高科 | 000998 | 湖南省 | 13.17 | 212.3 | 2000 |
| 登海种业 | 002041 | 山东省 | 8.8 | 54.3 | 2005 |
| 荃银高科 | 300087 | 安徽省 | 4.303 | 33.69 | 2010 |
| 神农基因 | 300189 | 海南省 | 10.24 | 32.67 | 2011 |
| 农发种业 | 600313 | 北京市 | 10.82 | 29.54 | 2001 |
| 亚盛集团 | 600108 | 甘肃省 | 19.47 | 60.16 | 1997 |
| 敦煌种业 | 600354 | 甘肃省 | 5.278 | 22.38 | 2004 |

① 李国英．“互联网 +”背景下我国现代农业产业链及商业模式解构［J］. 农村经济，2015（9）：29–33.

续表

| 公司简称 | 证券代码 | 所属省份 | 总股本 / 亿股 | 总市值 / 亿元 | 上市时间 |
|---|---|---|---|---|---|
| 万向德农 | 600371 | 黑龙江省 | 2.251 | 17.06 | 2002 |
| 北大荒 | 600598 | 黑龙江省 | 17.78 | 159.8 | 2002 |
| 新农开发 | 600359 | 新疆维吾尔自治区 | 3.815 | 17.47 | 1999 |
| 香梨股份 | 600506 | 新疆维吾尔自治区 | 1.477 | 16.16 | 2001 |
| 新赛股份 | 600540 | 新疆维吾尔自治区 | 4.709 | 21.71 | 2004 |

资料来源：国泰安 csmar 数据库。

（2）粮食加工类上市公司

近年来，粮食加工企业取得了长足发展，以中小企业居多。目前在国内 A 股主板市场上市的粮食加工类公司有 24 家。甘肃省、西藏自治区、江苏省、安徽省、湖北省各有 1 家上市公司，河南省、四川省、北京市、广东省、新疆维吾尔自治区、辽宁省各 2 家，山东省 3 家，湖南省最多，有 4 家上市公司，充分体现了粮食产量和交通便利的区位优势。粮食主产区的上市公司 16 家，占粮食加工类上市公司总数的 66.67%。市值排名前三的分别是：海天味业 2117 亿元，新希望 442.3 亿元，顺鑫农业 242.5 亿元。市值最小的是万福生科，为 18.26 亿元。总股本 200.28 亿股，总市值 4385.99 亿元。上市时间超过 20 年的有 9 家，超过 10 年的有 7 家，超过 5 年有 6 家（见表 3–2）。

**表 3–2　粮食加工业主板市场上市公司基本情况**

（数据截至 2019 年 2 月 26 日）

| 公司简称 | 证券代码 | 所属省份 | 总股本 / 亿股 | 总市值 / 亿元 | 上市时间 |
|---|---|---|---|---|---|
| 克明面业 | 002661 | 湖南省 | 1.12 | 45.24 | 2012 |
| 金健米业 | 600598 | 湖南省 | 6.42 | 20.09 | 1998 |
| 万福生科 | 300268 | 湖南省 | 1. 34 | 18.26 | 2011 |
| 加加食品 | 002650 | 湖南省 | 11.52 | 43.55 | 2012 |
| 西王食品 | 000639 | 山东省 | 4.55 | 65.46 | 1996 |

续表

| 公司简称 | 证券代码 | 所属省份 | 总股本 / 亿股 | 总市值 / 亿元 | 上市时间 |
|---|---|---|---|---|---|
| 保龄宝 | 002286 | 山东省 | 3.69 | 24.11 | 2009 |
| 双塔食品 | 002481 | 山东省 | 12. 63 | 41.4 | 2010 |
| 莲花健康 | 600186 | 河南省 | 10. 62 | 21.56 | 1998 |
| 三全食品 | 002216 | 河南省 | 8.04 | 60.16 | 2008 |
| 新希望 | 000876 | 四川省 | 20.84 | 442.3 | 1998 |
| 千禾味业 | 603027 | 四川省 | 1.6 | 62.36 | 2015 |
| 顺鑫农业 | 000860 | 北京市 | 5. 71 | 242.5 | 1998 |
| 大北农 | 002385 | 北京市 | 27.34 | 169.3 | 2010 |
| 东凌国际 | 000893 | 广东省 | 7. 57 | 36.26 | 1998 |
| 海天味业 | 603288 | 广东省 | 27.06 | 2117 | 2014 |
| 中粮糖业 | 600737 | 新疆维吾尔自治区 | 20.52 | 20.52 | 1996 |
| 冠农股份 | 600251 | 新疆维吾尔自治区 | 7. 852 | 43.87 | 2003 |
| 天宝股份 | 002220 | 辽宁省 | 5. 47 | 22.84 | 2008 |
| 桃李面包 | 603866 | 辽宁省 | 4.5 | 254.1 | 2015 |
| 敦煌种业 | 600354 | 甘肃省 | 5.28 | 22.38 | 2004 |
| 梅花生物 | 600873 | 西藏自治区 | 31.08 | 152.3 | 1995 |
| 恒顺醋业 | 600305 | 江苏省 | 3. 01 | 92.46 | 2001 |
| 中粮生化 | 000930 | 安徽省 | 18.48 | 143 | 1999 |
| 安琪酵母 | 600298 | 湖北省 | 8.24 | 224.97 | 2000 |

资料来源：国泰安 csmar 数据库。

（3）粮食种植类新三板挂牌公司

新三板是全国性的非上市股份有限公司股权交易平台，主要针对的是中小微型企业。推动优质企业挂牌新三板，是粮食企业经济结构调整和粮食产业转型升级的现实需要。粮食企业在收储、加工等环节易出现融资难问题，借助资本市场融资，可以使粮食企业做大做强。因此，挂牌新三板，有利于敲开粮食产业的融资大门、增强粮食产业的股份流动性、发现企业真实价值；有利于沉淀转板能量、推进粮食产业的现代企业建设、实施股权激励制度、提升企业品牌价值。

目前在新三板市场上市的粮食种植类公司有28家。吉林、甘肃、宁夏、北京、河北、山东、湖南、重庆、安徽、上海、浙江各有1家上市公司，河南、内蒙古各有2家，黑龙江、福建、广东3家，江苏最多，有4家上市公司。粮食主产区的上市公司16家，占粮食加工类上市公司总数的57.14%。市值排名前三的分别是：万辰生物13.82亿元，黑尊生物7.065亿元，凯凯农科6.442亿元。市值最小的是亚夫农业，0.2亿元（停牌企业未计算在内）。总股本12.4542亿股，总从业人员4532人（见表3-3）。

2018年半年度报告显示，粮食种植行业新三板上市公司营业总收入排名前三的企业是：乔府大院、凯凯农科、万辰生物。第一的乔府大院，营业总收入达2.38亿元，同比增长7.78%；第二的凯凯农科，营业总收入为1.88亿元，同比增长17.39%；第三的万辰生物，营业总收入为1.3亿元，同比增长9.12%。

**表3-3 新三板上市公司基本情况**

（数据截止到2019年2月28日）

| 公司简称 | 证券代码 | 所属省份 | 总股本/亿股 | 总市值/亿元 | 员工人数/个 |
|---|---|---|---|---|---|
| 乔家大院 | 833798 | 黑龙江省 | 0.7699 | 停牌 | 218 |
| 五米常香 | 834872 | 黑龙江省 | 0.2981 | 0.8942 | 34 |
| 中顺农业 | 834840 | 黑龙江省 | 0.2 | 停牌 | 48 |
| 黑尊生物 | 834983 | 吉林省 | 0.9813 | 7.065 | 440 |
| 宏源农牧 | 832893 | 内蒙古自治区 | 0.4841 | 1.191 | 197 |
| 呼垦薯业 | 832926 | 内蒙古自治区 | 0.3161 | 0.7902 | 19 |
| 凯凯农科 | 872748 | 甘肃省 | 0.7255 | 6.442 | 122 |
| 悦丰农科 | 837682 | 宁夏回族自治区 | 0.4494 | 1.842 | 98 |
| 方圆平安 | 838557 | 北京市 | 0.43 | 停牌 | 195 |
| 双承生物 | 839815 | 河北省 | 0.135 | 0.675 | 105 |
| 金博士 | 838549 | 河南省 | 1.032 | 3.096 | 143 |

续表

| 公司简称 | 证券代码 | 所属省份 | 总股本 / 亿股 | 总市值 / 亿元 | 员工人数 / 个 |
|---|---|---|---|---|---|
| 天邦菌业 | 835163 | 河南省 | 0.1 | 0.4250 | 92 |
| ST 农凯 | 835025 | 山东省 | 0.4342 | 停牌 | 20 |
| 浏阳河 | 832672 | 湖南省 | 0.57 | 3.523 | 309 |
| 熊猫雷笋 | 839720 | 重庆省 | 0.2796 | 0.7969 | 97 |
| 徽生源 | 872377 | 安徽省 | 0.2668 | 1.761 | 46 |
| 天谷生物 | 837485 | 上海市 | 0.415 | 1.174 | 48 |
| 万辰生物 | 833260 | 福建省 | 1.151 | 13.82 | 962 |
| 正茸科技 | 872803 | 福建省 | 0.2 | 停牌 | 75 |
| 绿州农业 | 872436 | 福建省 | 0.12 | 停牌 | 48 |
| 美奥种业 | 838036 | 浙江省 | 0.353 | 停牌 | 63 |
| 一号农场 | 870986 | 江苏省 | 0.455 | 停牌 | 121 |
| 三盛鑫 | 835678 | 江苏省 | 0.6 | 停牌 | 160 |
| 亚夫农业 | 832732 | 江苏省 | 0.2 | 0.2 | 11 |
| 香如生物 | 839241 | 江苏省 | 0.3629 | 停牌 | 740 |
| 顺兴股份 | 838760 | 广东省 | 0.3068 | 停牌 | 27 |
| 利农种业 | 872212 | 广东省 | 0.3525 | 1.234 | 54 |
| 穗源科技 | 834235 | 广东省 | 0.466 | 0.466 | 40 |

资料来源：国泰安 csmar 数据库。

### 2. 上市粮食企业存在的问题

（1）主板上市粮食公司

第一，粮食类上市公司的规模偏小。

相对于其他行业的上市公司，粮食种植类的上市公司数量少，粮食加工行业公司规模偏低，截至 2018 年年底，粮食种植类的平均股本 8.5 亿股，平均市值 56.4 亿元；粮食加工类的平均股本 12.5175 亿股，平均市值 182.7 亿元，远远低于其他行业的平均水平。粮食种植类的上市公司总市值大于 100 亿元的只有隆平高科和北大荒两家，粮食加工类的上市公司总市值大于 200 亿元的只有新希望、顺鑫农业、桃李面包、安琪酵母 4 家，总市值大于 1000 亿元的只有海天味业 1 家，粮食类上市公司的每股净资产、资产负债率等指标也低于其他行业的平均水平。

规模偏小的原因：其一，粮食生产经营活动的周期较长，自然风险和市场风险都比较大，同时还要协调农户、生产基地以及农业生产服务部门等方面的关系，这就大大增加了粮食类上市公司运作与管理的难度[①]。其二，粮食类上市公司有相当一部分是由农业个体户发展壮大成为“龙头企业”后进入资本市场的，有着明显的“家族式管理”的特征，小农经济意识仍然十分浓厚，在引进战略投资者、证券市场融资运作方面仍缺乏积极性，市场环境发生变化或企业运营受阻时，一些企业很容易被淘汰而彻底退出资本市场。其三，粮食加工企业大多是劳动密集型企业，且分布分散，缺乏规模生产和资源共享。

第二，粮食类上市公司成长性不足。

粮食类上市公司净利率三年平均中值为 3.87%，净资产收益率三年平均中值为 5.18%，基本每股收益增长率中值为 3.33%。数据表明，农业类上市公司盈利能力不强，经营业绩增长性不高，不具有高成长性及高获利性。

成长性不足的原因：①我国人均耕地少，粮食种植业生产规模小、生产成本高。②粮食作物的生产周期长，产品需求弹性小；粮食种植业的品种和市场结构趋同。③市场竞争激烈，产品价格持续低迷，利润率不断降低，农民收入增长缓慢。④粮食企业和初加工技术水平低、粮食深精加工不足、缺乏技术创新能力，粮食二次以上的深加工、精加工整体不足。在粮食加工行业方面，行业壁垒低，生产企业众多，市场供大于求，市场竞争激烈，产品毛利率均较低，行业类企业主要依靠扩大规模、降低生产成本产生效益，行业增长性不高。⑤缺乏品牌价值的建设。由于消费结构的

---

① 胡海川 . 我国农业类上市公司信息披露问题研究［D］. 呼和浩特：内蒙古农业大学，2014.

升级，人们对高品质的粮食及粮食加工产品的需求量不断增大，然而粮食类企业的品牌辨识度低、产品质量不高，无法提升企业的经济效益。

第三，非经常性损益及优惠所得税政策对公司利润影响较大。

12 家粮食种植类、24 家粮食加工类上市公司基本上都享受所得税减免的优惠政策，有些还享受其他税收优惠政策。同时，由于农业类上市公司普遍主营利润率不高，为了实现公司经营业绩的稳定和增长，上市公司往往通过委托理财来增加投资收益收入，再加上农业生产具有一定补贴。因此上市公司业绩中，非经常性损益（包括投资收益与补贴收入）对公司净利润的贡献往往较大。

（2）新三板挂牌粮食公司

上市挂牌的 28 家公司中，其中有 11 家因为各种原因长时间停牌，没有任何交易。平均股本 4448 万股，平均从业人员 162 人。天邦菌业股本最小，只有 1000 万股；亚夫农业人数最少，只有 11 人。28 家公司整体规模较小。结合挂牌公司的基本经营情况和全国转股系统的调研反馈，目前新三板挂牌粮食公司主要存在以下问题①：

第一，现金收付问题。日常经营过程中现金收付比例占比过大是农业类尤其是粮食产业挂牌企业的常见问题。一方面，大量现金交易可能无法确保挂牌公司收入的真实性、准确性和完整性；另一方面，存在使用现金交易而未开具发票可能导致的税收缴纳问题。

因此，粮食企业要注意：保证合同签订、发票开具与取得、款项结算方式等销售流程、相关流转税及所得税的计提与缴纳情况的合规性，保证收入（采购）的真实性和完整性、税收缴纳的合法合规性，以及内部控制

① 博实资本 . 农业企业挂牌新三板常见问题汇总［Z/OL］.［2015-06-02］. http://blog.sina.com.cn/s/blog_ebc7277c0102vjpp.html.

措施的有效性，规范现金交易及其措施。

第二，个人客户和供应商问题。新三板挂牌粮食企业受其发展规模、所处地理位置、交易习惯等因素影响，一般均存在个人客户和供应商情形。与单位客户和供应商相比，个人客户和供应商在采购/供应能力、经营规模、规范经营情况等方面存在一定不足，一方面可能产生大量现金交易问题，另一方面可能无法确保挂牌公司收入的真实性、准确性和完整性[②]。

粮食企业在经营过程中需要注意：针对个人客户的合同签订、发票开具与取得、结算方式等，企业销售循环相关的内部控制制度及执行的有效性；企业与个人供应商的合同签订情况以及与采购循环相关的内控制度要完善。

第三，租赁土地瑕疵问题。土地是粮食企业开展生产经营最重要的生产资料，如何合法取得土地使用权是粮食企业合法生产经营的重要考量因素。目前，《中华人民共和国土地管理法》及实施条例、《中华人民共和国农村土地承包法》《农村土地承包经营权流转管理办法》《基本农田保护条例》等法律及地方性法规、规章或政策，对我国农村集体建设用地使用权、农村集体农用地使用权及农村集体未利用地（指荒山、荒沟、荒滩、荒坡等“四荒”土地）使用权的流转原则、流转方式、流转期限、审批程序予以明确规定。同时，对于其他地表资源（如草原使用权、林地使用权、海域使用权、滩涂使用权及水面养殖权）等也有相应的《草原法》《森林法》《海域管理法》《渔业法》等法律法规予以明确规定。

部分挂牌企业存在如下问题：使用的土地的性质和用途违法违规；土地承包、租赁关系不合法，有效性存疑；存在承包、租赁事项无效的风险，存在无法转为国有土地和取得新的使用权证的风险，存在公司集体土地被收回的风险。

第四，临时用工问题。受粮食企业生产季节性特点、部分劳动环节技术含量低等因素影响，部分挂牌公司报告期内存在雇用临时工的情形。如临时用工比例较大，则存在人员流动性较高以及可能产生劳动争议的风险。

第五，社保和公积金问题。粮食类企业未为全部员工缴纳社保和公积金的情况较为突出，存在不完全符合国家关于劳动和社会保障相关法律法规的风险。

第六，委托外协生产问题。不同农业企业所处产业链条位置不同，部分粮食企业存在将加工环节委托外协生产的情形。委托外协生产虽可提高生产效率，但也面临的潜在关联交易、形成重大依赖、定价不公允、质量不符合标准等风险。

第七，过分依赖非经常性损益（政府补贴）问题。受国家产业政策影响，大部分粮食企业报告期内均获得了一定的政府补贴。在盈利状况不佳的情况下，企业对政府补贴形成的非经常性损益产生重大依赖，并引发挂牌公司能否持续经营的质疑。

### （二）农地证券化

没有土地资源的支撑，粮食产业就成为“无源之水”，党的十九大规划了新时代“三农”发展的宏伟蓝图，为“三农”发展指明了方向。加大土地流转的力度、在广大农村推行农地证券化是粮食产业发展的必经之路。

#### 1. 农地证券化的概念

以土地承包经营权或由此产生的未来收益为担保发行证券，在不丧失承包权的前提下，转换为资本市场可流通的金融产品的过程，其本质是一种农地流转方式的金融创新[①]。

农地证券化模式从两个层次分类（见图 3–1）。农地证券化的第一阶段，或者说“准农地证券化”阶段，农地证券化有使用权入股、地票或土地信托三种模式，目的是解决土地规模经营问题。农地证券化的第二阶段，或者说“标准农地证券化”阶段，农地证券化根据抵押物不同，可分成农村土地抵押债权证券化、农村土地项目融资证券化两种模式，目的是引领社会资金合理流动和解决农业企业融资、人地依附关系问题。

**图 3–1　农村土地证券化的两个阶段**

### 2. 土地证券化的形式

（1）土地使用权入股

使用权入股是指承包人将土地使用权量化为股份用于出资，实行土地股份合作经营，并取得相应的经济利益。使用权入股在实践中可分成土地入股和股份合作形式，二者的差别在于农户入股后是否继续从事农业生产[②]。

使用权入股可以追溯到 1987 年广东南海农村土地股份合作试验。农村土地股份合作是指在家庭承包经营基础上，农民群众按照依法自愿有偿

① 李停 . 农地证券化、劳动力转移与城乡收入分配［J］. 中国土地科学，2016，30（6）：52–61.

② 李停 . 我国土地信托模式的选择与实践［J］华南农业大学学报（社会科学版），2017，16（4）：34–44.

的原则，以土地承包经营权入股联合经营并共享收益的农业合作形式。

2008年10月召开的党的十七届三中全会提出："在明确现有土地承包关系要保持稳定并长久不变的同时，按照依法自愿有偿原则，允许农民以转包、出租、互换、转让、股份合作等形式流转土地承包经营权，发展多种形式的适度规模经营。"

2017年2月9日，中央一号文件——《关于深入推进农业供给侧结构性改革 加快培育农业农村发展新动能的若干意见》提出，鼓励发展股份合作，引导农户自愿以土地经营权等入股龙头企业和农民合作社，采取"保底收益＋按股分红"等方式从而帮助农民实现致富。

2017年12月24日，农业农村部、国家发展改革委、财政部等六大部门联合下发了《关于开展土地经营权入股发展农业产业化经营试点的指导意见》，旨在进一步在全国推广"土地入股"。

2010年，首个土地股份合作社在四川省崇州市隆兴镇黎坝村成立，截至2017年全村已有87%的农户入社，合作社实现经营利润16.5万元，农民亩均分红近650元①。

土地股份合作社的主要形式有两种：一是仅以土地经营权入股。农户将土地承包经营权入股，由合作社统一对外出租，取得的收益按股分配。由于只有土地股，土地承包经营权不需要折价。二是以土地承包经营权折价后与资金、技术等生产要素共同参股。土地承包经营权作价的原则一般是按近三年的平均亩净收益与剩余承包期的乘积。土地入股范围主要有两类：一是以行政村为范围、以村或组为单位成立土地股份合作社，以村为单位组建的有的还在各组设立分社。二是跨行政村组建土地股份合作社，

① 李梅，郭少雅．植根乡村沃土 探寻振兴之道——农业农村部2018年百乡万户调查活动综述［J］. 农村工作通讯，2018（9）：28-31.

即打破村、组界限组建合作社，吸收邻近村农民土地入股。

截至 2017 年年底，全国土地经营权流转面积达到 5.12 亿亩，流转率为 37%，流转合同签订率达到 68.3%。其中，全国以入股形式流转土地的达到 0.3 亿亩，占流转总面积的 5.8%。

（2）地票

地票是指包括农村宅基地及其附属设施用地、乡镇企业用地、农村公共设施和农村公益事业用地等农村集体建设用地，经过复垦并经过土地管理部门严格验收后所产生的指标。企业购得的地票，可以纳入新增建设用地计划，增加相同数量的城镇建设用地。

2008 年 12 日，重庆农村土地交易所正式挂牌成立，标志着中国的地票交易制度诞生，这是土地管理制度的改革，也是农村土地使用权流转的创新。截至 2018 年 6 月，重庆市累计交易地票 25.9 万亩、505 亿元，成交均价稳定在 19 万元 / 亩左右。耕地占补平衡指标 3.8 万亩、9.93 亿元，承包经营权、林权、四荒地使用权等土地实物产权流转交易 35.7 万亩、20.8 亿元，农村产权抵押融资交易鉴证 17 宗 1.56 万亩、0.68 亿元。

2016 年 12 月 20 日，郑州推出“复垦券”，郑州市内五区和郑东新区、郑州经开区、郑州高新区成为首批复垦券试验田，涉及土地 6148.59 亩[①]。复垦券是指在符合条件的易地搬迁贫困县，农村宅基地及其他农村集体建设用地在拆旧复垦为耕地，扣除自身安置用地后节余的农村建设用地指标，即城乡建设用地增减挂钩节余指标。复垦券是重庆地票的河南版本。河南成为继重庆之后全国第二个推出地票制度来破解城镇建设用地指标困局的省份，其中，复垦券又分为 A 券和 B 券。易地扶贫搬迁贫困户和同步

① 呼东方，张建国 . 重庆地票：农村集体建设用地制度改革的破冰之举［J］. 新西部，2018（28）：45-49.

搬迁户农村宅基地及相应的其他农村集体建设用地拆旧复垦产生的复垦券称为宅基地 A 类复垦券，简称 A 券；其他农村宅基地及农村建设用地拆旧复垦产生的复垦券称为宅基地 B 类复垦券，简称 B 券。

从 2018 年 8 月 20 日起，郑州市内五区、郑东新区、经开区和高新区出让的商品住宅用地，以及新郑市、荥阳市、中牟县出让成交价高于 600 万元 / 亩的商品住宅用地，除安置房外，全部纳入复垦券使用范围。这意味着，所有参与上述区域住宅用地竞买的房地产企业，今后全部要预留一部分费用购买复垦券，才能最终完成建房所需土地的竞买。

（3）土地信托化

土地信托化是指农民作为委托人以承包期内的合法财产——承包经营权为信托资产，与受托人建立信托关系。受托人将不同委托人的分散土地集中经营，解决规模经营问题，还可以将受让的承包期内农地经营权进行抵押、担保，为农业生产间接融资。一旦证券市场和农地产权交易市场发育成熟，还可以将承包经营权的未来收益作为担保发行债券，在二级市场出售，实现农业生产直接融资。土地信托能兼顾公平和效率，实现市场机制和公有制的完美兼容，使农地产权货币化、资本化，是将农民从土地束缚中解放出来的重要制度设计①。

早在 2001 年，浙江绍兴就开始土地信托试点，并认为土地信托是指土地信托服务组织接受土地承包者的委托，在坚持土地所有权和承包权不变的前提下，按照土地使用权市场化要求，通过运用一定的方法，实施必要的程序，将其拥有的土地使用权在一定期限内依法、有偿转让给其他单位或个人的行为。土地信托是深化农村土地经营机制的必然要求，是促进土地使用权规范有序流转的必由之路，时称“绍兴模式”。随后，我国信

① 陈敦 . 土地信托与农地“三权分置”改革［J］. 东方法学，2017（1）：79-88.

托机构和广大农村开始探索试点土地信托，形成了几个具有代表性的土地信托模式，比如，湖南省益阳市沅江市草尾镇的“草尾模式”、福建省沙县的“沙县模式”。

上述模式的共同特征都是以政府为主导的信托行为，并不是完全规范的土地信托。而真正意义上的农村土地信托是以商业信托公司的介入为标志。2013 年 10 月，中信信托与安徽省宿州市埇桥区政府合作，正式成立了国内第一单农村土地信托计划——“中信 · 农村土地承包经营权集合信托了计划 1301 期”。在 2013 年 11 月 7 日，北京信托亦成立了土地流转信托“无锡阳山镇桃园村项目”。在随后的一年多时间里，中信信托、北京信托、兴业信托、中建投信托等信托公司共计成立了 13 单农村土地信托项目，涉及农村土地达数十万亩。

（4）标准农地证券化

标准农地证券化是农村土地证券化的第二阶段，也是标准农地证券化。是指在土地规模化、集约化利用的基础上，通过结构性安排，将一定期限内土地的未来收益转化成可以流通的证券的过程。通过证券化，将原本缺乏流动性、不易拆分的农村土地变成了可以拆分的小额可交易证券，增强了资源的流动性①。

标准农地证券化的参与主体有：

原始权益人：原始权益人为土地证券化的起始方，是最终资金的需求方。农村土地资产证券化过程中的原始权益人一般为农民、农地股份的合作人，或其他有关农业的经济组织等。

SPV（特殊目的机构）：在资产证券化中设立破产隔离机制，是其整个流程中的核心部分。SPV 的主要功能是将原始权益人所转移的资产与其

① 鲍杰 . 中国农村土地证券化问题研究［D］. 武汉：华中科技大学，2016.

所拥有的其他资产之间，实现有效的风险隔离，降低投资者所承担的风险，使其具有吸引大量投资者进行投资的优势。SPV 是一个独立的机构，具有独立的法律地位，独立于其他任何证券化过程中所涉及的当事人或机构，有自己独立的经济地位和业务经营范围[①]。

信用增级机构：实施发行证券资产信用等级提高的机构。它通过信用等级的提高，可以提升相关证券的发行价格，降低发行的风险，是有助于证券发行与上市的媒介机构。

信用评级机构：主要是对发行的土地资产证券、发行人的信用进行专业的审核与评估。信用评级的结果应可靠、合理，具有权威性，可以为投资者在投资时提供参考依据。

证券承销商：专门负责证券发行与证券销售的金融机构，一般是综合性的证券公司。

投资者：在市场上购买农村土地资产支持证券的个人或组织机构，为最终证券的实际持有人。

服务机构和受托管理人：服务机构，主要是资金的保管机构，主要作用是代理收支资产证券化过程中所产生的现金流；特殊目的机构向受托管理人托管证券化的土地资产，保管现金流账户，并对未分配的现金流进行管理和投资[②]。

农村土地证券化将会对传统意义上的资产证券化理论有所突破，但在实践中还存在一些障碍。农村土地证券化的顺利实施需要理论上的创新，制度、法律、政策等保障以及实践的积累。

---

① 张富娟 . 我国农村土地资产证券化模式研究［J］. 经营与管理，2018（7）：99-102.

② 张富娟 . 我国农村土地资产证券化模式研究［J］. 经营与管理，2018（7）：99-102.

### 3. 存在的问题

（1）农地使用权入股的问题

第一，土地承包经营权入股的正当性争议。《物权法》第一百二十八条规定：“土地承包经营权人依照农村土地承包法的规定，有权将土地承包经营权采取转包、互换、转让等方式流转。”《农村土地承包法》第三十六条规定：“承包方可以自主决定依法采取出租（转包）、入股或者其他方式向他人流转土地经营权，并向发包方备案。”全国以入股形式流转土地的达到3000万亩，土地入股农业专业合作社在实践中逐步得到认可。但对于农地使用权入股这种形式一直存在反对意见。反对者认为成立农民专业合作社的主要目的不是要农民用土地入股合作社实行集体生产，农业生产还必须应以家庭经营为基础。反对的深层次原因在于，我国农村人多地少、分布不均，社会保障功能被赋予在农村承包地上。在广大农村农地流转实践中确实存在难以逃避的法律风险，产生难以控制的社会保障问题：当农业合作社经营不善、破产清算时，土地承包经营权是公司的登记资产，势必成为破产财产的一部分，破产清算会让农民失去赖以生存的土地，生活保障难以为继。

第二，改变入股土地的农业用途时有发生。《中华人民共和国农村土地承包法》第三十八条规定土地承包经营权流转“不得改变土地所有权的性质和土地的农业用途”。《刑法》第三百四十二条规定，违反土地管理法规，非法占用耕地、林地等农用地，改变被占用土地用途，数量较大，造成耕地、林地等农用地大量毁坏的，处5年以下有期徒刑或者拘役，并处或者单处罚金。对此，最高人民法院分别就耕地、林地、草地作出司法解释。其中：非法占用林地、造成林地的原有植被或林业种植条件严重毁坏或者严重污染，并达到一定数量标准的，构成非法占用农用（林）地罪。

由此可见，法律严令不得改变流转土地用途。但现实中，作为承租方的企业和专业合作社，对流转过来的土地并未全部作为农业生产和种植，而是在经济利益和资本运作中，改变或者变相地改变了入股流转土地的用途。或者是流转而来的农村土地变相进行房地产开发。或者入股农地不种粮，改成其他经济作物。这种改变入股土地的农业用途，最终导致实际耕地数量减少，威胁耕地红线，违背土地承包经营权的入股初衷，严重影响了国家的粮食安全。

（2）地票的问题

第一，农民和政府的委托—代理关系中存在的问题。以重庆地票为例，作为地票所有人的农民和政府之间存着在一种实质上的委托—代理关系。农民并未直接参与到地票交易整体流程中，地票交易委托权被委托给政府。而作为整体交易发起人和规则制定者的政府在接受委托之后行使代理职责，以农村土地交易所的形式组织并参与地票交易，并在交易顺利完成之后，扣除必要成本，将交易所得资金返还给农民，最终结束这种委托—代理关系①。作为委托方，农民只会从自身经济利益出发，追求地票增值收益的多少及分配情况。但因为人数众多却不集中、利益诉求不够统一有利，必定属于交易中的弱势群体。另外，政府会从经济主体角度出发，追求土地出让金最大化，政府关注点在于地票所含的指标总量，而将土地成交价格和地票增值收益放于次要位置。因此，政府与农民之间便会在最主要的地票利润问题上产生方向性矛盾。

第二，制度的长效性存疑。以河南的“复垦券”为例，通过“复垦券”的流通，能够平衡城市土地交易的冷热程度。持券入场相当于给招拍

① 王玮．重庆地票交易存在的主要问题及对策［J］．知识经济，2018（5）：61-65.

挂市场增加了一道“防火墙”，能够防范此前“资金宽裕就可随意拿地王”现象的出现。并不是所有郑州的土地都需要“复垦券”，只在异地扶贫与旧城改造上有“复垦券”要求。这并不是主流，而是为了解决历史遗留问题的临时性做法，从长远来说，它甚至会助长土地收入的灰色部分。

（3）土地信托的问题

第一，相关法律法规不健全。目前，我国尚未出台专门适用于农村土地信托的相关法律法规，目前的《信托法》《农村土地承包经营权流转办法》《物权法》等涉及信托业务的相关法律法规大多属于宏观层面的规范性文件，缺少微观方面的可操作性。对于农村土地信托尚未有针对性的约束和规范，致使农村土地信托项目在运营、监督以及终结等各个环节缺乏具体的法律约束，不利于农村土地信托的健康发展①。

第二，委托人与受益人的设计不利于农民权益保护。现有的信托项目中，委托人包括农民专业合作社、区政府、乡（镇）政府或者村委会，以及集体资产经营管理中心。多数信托项目是自益信托，因此，委托人即受益人②。例如“中信·安徽宿州项目”的受益人即区政府，而农民获得收益则要通过对信托收益的再分配程序。有的项目将提供土地的农户设定为优先级受益人，众多信托项目实践中尚不存在以农户为委托人的情况。在所谓“二次代理”关系中，农户被认为是承受信托行为法律后果的被代理人，然而，让农户突破其与村委会签订的《委托转包合同》、村委会与镇政府签订的《委托管理协议》以及镇政府与区政府签订的《委托管理协议》，去主张其在区政府与信托公司签订的《信托合同》中的权利，实属

① 吕洪波，刘佳. 我国农村土地信托发展困境及对策［J］. 农业经济，2018（1）：112–113.

② 陈敦，张航. 农村土地信托流转的现状分析与未来展望［J］. 国家行政学院学报，2015（5）：94–98.

困难。

## （三）绿色债券

粮食产业的发展离不开金融政策支持，绿色债券是金融支持的有效补充。2019 年 2 月 11 日，央行等五部委日前联合印发《关于金融服务乡村振兴的指导意见》（以下简称《意见》），《意见》明确指出，要完善“三农”绿色金融产品和服务体系。完善绿色信贷体系，鼓励银行业金融机构加快创新“三农”绿色金融产品和服务，通过发行绿色金融债券等方式，筹集资金用于支持污染防治、清洁能源、节水、生态保护、绿色农业等绿色领域，助力打好污染防治攻坚战。加强绿色债券后续监督管理，确保资金专款专用。

### 1. 相关政策

2015 年 9 月 21 日，中共中央、国务院印发了《生态文明体制改革总体方案》，首次明确了“建立绿色金融体系”的顶层设计，明确了绿色金融体系，要深入研究商业银行机构发行绿色债券以及企业发行绿色债券，围绕国内绿色债券市场发展制订一系列发展计划。

2015 年 11 月 4 日，《国民经济和社会发展第十三个五年规划的建议》提出了“发展绿色金融”；2015 年 11 与 19 日，《关于积极发挥新消费引领作用加快培育形成新供给新动力的指导意见》强调“建立绿色金融体系”。中国人民银行于 2015 年年底对外发布了绿色债券方面的公告以及《绿色债券支持项目目录（2015 年版）》（以下简称《目录》），其中明确规定了绿色债券覆盖的项目，并对债券在发行期间、运作期间具体的操作加以规定。《目录》中关于“6.2 生态农牧渔业”明确作了界定：①符合 GB/T19630 中国有机产品国家标准；②符合农业部环境质量标准和农药、肥料、兽药、饲料及饲料添加剂、食品添加剂、动物卫生等 7 项通用准则性标准，及45项产品质量标准，产品标注符合农业部《绿色食品标志管理办法》。与此同时，国家发展改革委也对外发布了《绿色债券发行指引》，主要针对绿色债券市场上债券的发行范围、审批流程等方面予以明确规定。

2016年的3月，上海证券交易所正式对外公布并推行《关于开展绿色公司债券业务试点的通知》，随后该通知也在深圳证券交易所对外公布并推行，其中明确围绕绿色债券业务范围、具体发行规则、具体运作规则等多方面予以规定。

## 2. 绿色债券现状

2015年7月16日，新疆金风科技股份有限公司在香港联交所发行了中国首只绿色债券，并由国际专业第三方机构DNVGL进行了认证。2015年10月13日，中国农业银行在伦敦证券交易所成功发行总规模10亿美元的3期双币种绿色金融债，成为我国金融机构在海外市场发行的首支绿色债券。2016年1月27日，浦发银行在银行间市场成功发行200亿元绿色金融债，成为我国债券市场首支“贴标”绿色金融债。截至2018年，全国共有103个主体发行了128只绿色债券，累计发行金额2203.53亿元，较2017年增加6.6%。主体数量方面，相比2017年的83家增加了20家，同比增长24.10%；债项数量方面，同比增加了13只，增长11.30%[①]。

绿色金融债券是我国绿色债券市场的主力。2018年，我国共有31家金融机构发行38只绿色金融债券，占全年绿色债券项目数量的33.0%，发行总规模1289.20亿元，占我国绿色债券市场发行总规模的58.5%[②]（见表3-4）。绿色金融债券的主要用途是为银行的绿色信贷提供资金支持，银行后续将独立承担融资企业的绿色项目审核工作。非金融企业绿色债券

①② 顾鹏.2018年绿色债券市场稳步增长［J］.环境经济，2019（Z1）：48-51.

的发行规模比重仍相对较小，2018 年发行总规模占比为 41.49%。绿色非金融债券对应的募投项目通常比较明确，即企业按计划进行的绿色项目建设或运营，其对资金有实际需求。

表 3-4　2018 年度绿色债券发行情况汇总

| 种类 | 债券数量 / 只 | 主体数量 / 家 | 发行规模 / 亿元 | 占比 /% | 发行规模同比增长 /% |
|---|---|---|---|---|---|
| 绿色金融债券 | 38 | 31 | 1289.20 | 58.51 | 4.47 |
| 绿色债务融资工具 | 18 | 16 | 182.80 | 8.30 | 64.68 |
| 绿色公司债券 | 33 | 26 | 376.49 | 117.08 | 60.79 |
| 绿色企业债券 | 21 | 17 | 213.70 | 9.70 | –31.42 |
| 绿色资产支持证券 | 18 | 17 | 141.34 | 6.41 | –3.23 |
| 合计 | 128 | 107 | 2203.53 | 100 | 6.56 |

资料来源：《中债资信 2018 年绿色债券年度总结》。

2018 年度非金融企业绿色债券资金主要投向了清洁能源类、清洁交通类和污染防治类项目，占比达到了 74.34%（见表 3–5）。

表 3–5　2018 年度非金融企业绿色债券资金投向

| 项目分类 | 金额 / 亿元 | 占比 /% |
|---|---|---|
| 节能 | 77.95 | 8.53 |
| 污染防治 | 144.60 | 15.81 |
| 资源节约与循环利用 | 74.65 | 8.16 |
| 清洁交通 | 231.47 | 25.32 |
| 清洁能源 | 303.63 | 33.21 |
| 生态保护和适应气候变化 | 26.00 | 2.84 |
| 受限于信息披露范围而无法确定 | 56.03 | 6.13 |
| 合计 | 914.33 | 100 |

资料来源：《中债资信 2018 年绿色债券年度总结》。

从 2015 年绿色债券诞生以来，大多数绿色债券募集资金用于水务相关工程、节能工程、公共交通建设等绿色项目，用于绿色粮食的项目少，资金规模小。

### 3. 绿色债券存在的问题

（1）绿色项目认定不清晰

目前国际绿色债券市场上唯一认同的是绿色债券标准，其中明确地诠释了项目范围以及类别，而绿色债券标准是对国际绿色债券市场相关准则规定予以进一步细化的体系。我国当前出现了两个标准，一个是中国金融学会绿色金融专业委员会出台的《绿色债券支持项目目录》；另一个是国家发展改革委发布的《绿色债券发行指引》，不同机构制定的标准是不一致的，出现了同一市场两套标准的格局。同时，目前已发行绿色债券或以获核准发行绿色债券的银行以及企业一般很难获得地方财政担保和增信支持，导致绿色债券发行主体仍以市场化和自身的力量推进，尚未形成政策激励与市场力量的合力。

（2）绿色债券缺乏统一的评估认证质量要求

我国目前的评估主要是依靠评级机构、会计师事务所来承担，评估的专业性及评级的质量有待提高。国家发展改革委的《绿色债券发行指引》中并未提及认证、评估，未对绿色债券发行的认证机构准入条件和资质有具体的规定和要求，也没有成熟的独立的第三方认证机构。

（3）绿色债券存续期间信息披露不足

《中国证监会关于支持绿色债券发展的指导意见》规定：绿色公司债券存续期间，发行人应当按照相关规则规定或约定披露绿色公司债券募集资金使用情况、绿色产业项目进展情况和环境效益等内容”。完善的信息披露是市场化机制监督其绿色属性的关键，我国绿色债券在公开披露文件中的表述存在着不充分问题，仅界定了资金投放、用途问题，对绿色债券发行后的信息披露未作明确规定，不能使债券发行前的认证披露和发行后的持续信息披露形成闭环。《绿色债券发行指引》中也并没有对信息披露方面加以过多要求。

## 二、证券业服务粮食生产的机理

伴随现代经济的发展，资本市场对粮食经济的影响越来越大。伴随经济全球化的日益加深，公司债券、股票及其他金融衍生品等资本证券借助现代网络信息技术手段，流通速度进一步提升，在资本证券的流通运作过程中，银行、证券公司等金融机构是资本证券作用于粮食产业的重要传导机构。

有价证券通过影响投资决策进而最终影响粮食经济发展的传导机制主要表现为以下方面：

### （一）托宾 q 效应

托宾的 q 理论提供了一种有关股票价格与投资支出相互关联的理论。托宾 q 理论是有效解释虚拟经济发展向实体经济传导的渠道之一。托宾（1969）提出了托宾 q 比率，该值为企业市场价值与其资产重置成本的比率。托宾 q 比率常被用来作为衡量公司业绩表现或公司成长性的重要指标，q 比率的高低会影响企业的投资意愿①。

如果股票价格上升，粮食企业的市场价值与其资产重置成本的比值将提高，即托宾 q 比率上升，粮食企业购置新厂房和设备的资本将低于企业的市场价值，这种情况下，企业可通过发行较少的股票而得到较多的资金，可用于购买新的厂房和设备，从而企业的投资支出增加，导致投资扩

① 扈文秀，王锦华，黄胤英．美联储量化宽松货币政策实施效果及对中国的启示——基于托宾 Q 理论的货币政策传导机制视角［J］．国际金融研究，2013（12）：4–13.

张，并进一步促进粮食企业的发展。相反，如果股票价格下降，粮食企业的市场价值与其资产的重置成本的比值下降，即托宾 q 比率降低，粮食企业将不会购买新的投资品。这种情况下导致粮食企业投资支出降低。

因此，托宾 q 效应中，传导渠道如下：粮食类股票价格↑——托宾 q 比率↑——投资↑——粮食产业产出↑。

## （二）非对称信息效应

非对称信息理论认为，通过间接融资渠道进行市场融资的过程中，因信息不对称会出现逆向选择和道德风险，从而会降低银行的贷款意愿，影响企业的投资支出，并进一步影响社会经济发展。该理论认为，解决这一问题的有效方法是提高企业净值或贷款担保的价值，以减少企业融资过程中的逆向选择和道德风险[①]。

以粮食企业的具体发展为例，企业净值增加，企业相关金融资产（股票或债券等）价格上升。一方面，净值的增加减轻了逆向选择问题；另一方面，企业较高的净值意味着所有者在企业中投入的资本较多，所有者从事风险投资的意愿将越低，进而减轻了道德风险问题。同时，较高的净值意味着贷款担保价值的提升、贷款收回的保障性提高、逆向选择概率降低。因此，粮食企业净值增加、其相关金融资产价格上升可减轻逆向选择和道德风险状况，强化银行信贷渠道，有利于提升企业融资能力，企业投资支出增加将进一步带动实体经济发展。

在非对称性信息作用下，有价证券发展影响粮食产业的传导渠道如图 3-2 所示。

① 周莹莹 . 虚拟经济对实体经济影响及与实体经济协调发展研究［D］. 徐州：中国矿业大学，2011.

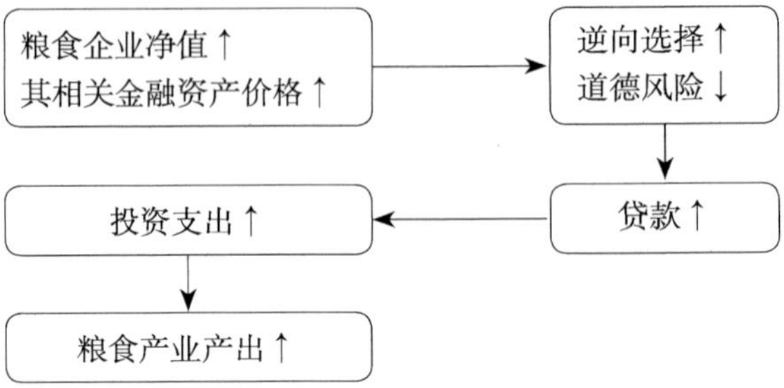


**图 3–2　有价证券发展影响粮食产业的传导渠道**

## （三）资产负债表效应

资产负债表效应是指金融资产价格变动会影响企业及银行的资产负债表状况，从而对企业的投资活动造成影响。金融资产价格大幅上涨，将使企业及银行的资产负债表状况好转，意味着企业的贷款担保价值及净资产提升、企业的还款能力增强，以及银行的不良资产比率降低，使得银行对债务人的信贷约束相应放松，将有利于降低企业的外部融资成本①。

因此，在金融资产价格上扬的情况下，粮食企业及银行的行为都将趋于乐观，造成信贷扩张、投资活动活跃，从而有利于推动粮食产业发展。在资产负债表效应下，有价证券发展通过影响投资，进一步影响粮食产业增长的传导路径如图 3–3 所示。

① 郭砚莉，汤吉军 . 金融危机的一种存量分析［J］. 重庆工商大学学报（西部论坛），2009，19（4）：44–50，72.

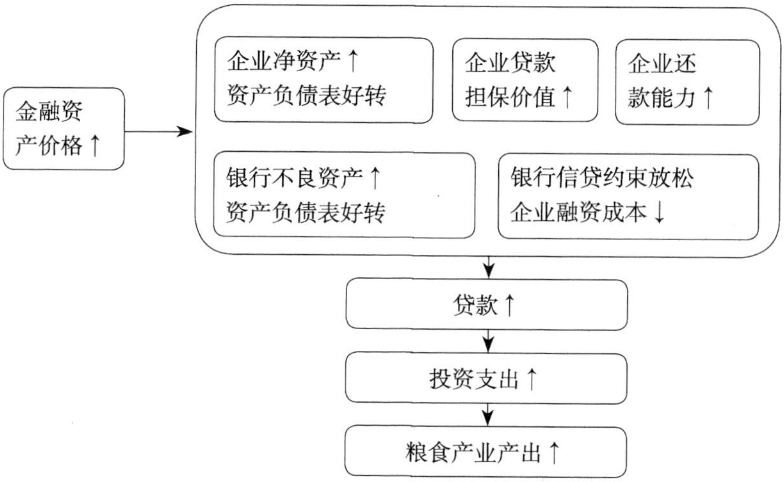


**图 3-3　资产负债表效应中虚拟经济影响实体经济的传导渠道**

## （四）金融加速器效应

Bernanke 等（1996）提出了金融加速器理论，该理论着眼于宏观经济波动的传导机制，阐述了信贷市场的不完美性导致的最初的反向冲击通过信贷市场状态的改变被加剧和传递的机理——金融加速器，揭示出信贷市场在“小冲击，大波动”现象中的重要作用。Bernanke 等认为，投资水平依赖于企业的资产负债表状况，较高的现金流量和资产净值对投资有直接或间接的正面影响，当企业遭受经济发展中的正向或负向冲击时，经由信贷市场的作用，这种冲击对经济的影响将被放大，该效应被称为金融加速器效应①。

在资本市场不断发展的条件下，金融加速器的作用更加明显。资本市场规模不断扩张，金融市场活跃，粮食企业财富预期上升，进而信贷的可获得性增强，外部融资需求上升，可进一步刺激消费和投资支出的增加，从而影响实体经济总产出增加。在此过程中，信贷市场、股票市场等的发

① 何德旭，张捷．经济周期与金融危机：金融加速器理论的现实解释［J］. 财经问题研究，2009（10）：65-70.

展可进一步放大对粮食产业的影响冲击。在经济周期的复苏与繁荣阶段，投资支出的增加有利于促进粮食产业的向好发展。在粮食产业良性发展环境下，企业利润提升，股价进一步上升，企业的净财富持续增加，财务状况逐渐改善，信贷担保的价值不断上升，从而有利于改善融资的逆向选择和道德风险状况，信贷约束放松，融资渠道进一步强化，更多的借款人通过融资可获得投资所需的资金，进一步促进粮食产业的增长与扩张。

## 三、证券业服务粮食生产的模式

### （一）农村土地抵押债权证券化模式

在农地抵押债权证券化模式中，农地的实际经营者以经营权为抵押担保，向金融机构贷款，从而获得资金。在证券化过程中，当债权和债务关系产生之后，抵押贷款的机构为确保自身的利益和安全，将债权转让给第三方，通过第三方发行证券①。

#### 1. 农村土地抵押债权证券化模式的具体做法

第一，政府对当地具有发展前途的农业项目进行评估和挑选，挑选能够规模化生产且相比于其他相同产品具有优势的产业产品。

第二，银行与政府进行合作，构建融资平台。

第三，农户以集体为单位，成立农民土地股份合作公司，与农业企业进行合作，并对彼此的权利和义务作出明确的界定。

第四，由与政府合作的担保机构向银行提供信用担保，农民土地股份合

① 于丽红，池丽旭，兰庆高．农村土地融资模式创新——农地经营权抵押贷款证券化探讨［J］．农村经济，2015（8）：47-51.

作公司用自身的股权作为抵押，向担保方提供反方向的担保，进行信用升级。

第五，银行将通过抵押贷款获得的资产权利转让给 SPV，SPV 将贷款资产进行整合、重组后，委托证券承销商发行，最后在资本市场上销售。

### 2. 农村土地抵押债权证券化模式的运作流程

农村土地抵押债权证券化模式的具体运作流程如图 3–4 所示。

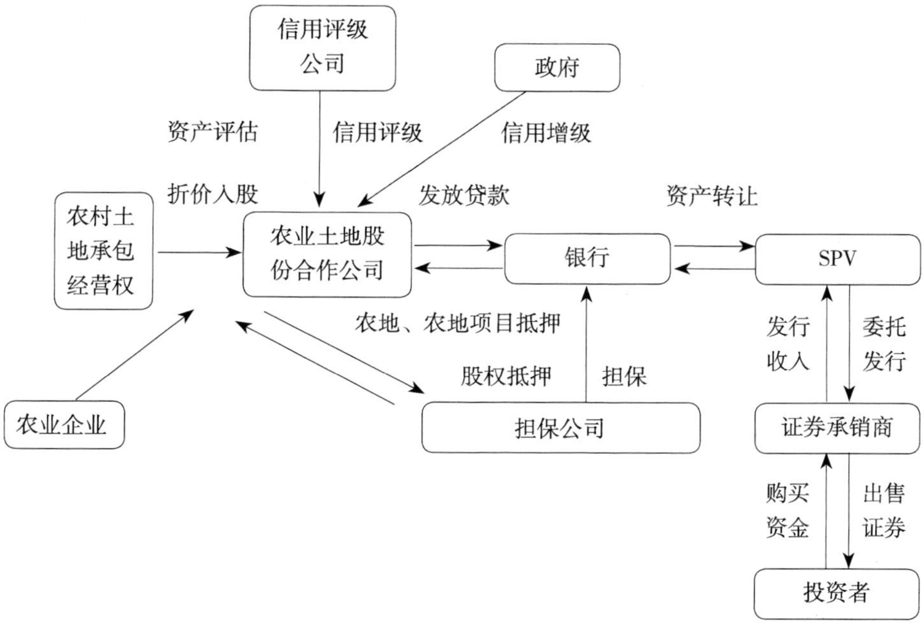


**图 3–4 农村土地资产抵押债权证券化模式流程**

但是，农村土地抵押债券模式也存在不足之处。运用这种模式实现证券化的前提是要有优质的农村土地经营项目，才能够吸引合作公司、担保公司、银行的加入。

## （二）农村土地项目融资证券化模式

农地土地项目融资的证券化模式，是指具有农地项目的涉农公司或农地项目的经营者，向市场发行以农地为支持的证券，以募集资金，用于农村土地项目开发和经营的过程[①]。

### 1. 农村土地项目融资证券化模式的具体做法

第一，农户或农村集体将自身所拥有的土地承包经营权，通过折价入股的方式，建立农村土地股份合作公司或农村专业的经济合作组织等。

第二，农村土地股份合作公司将土地资源进行整合、优化，进行统一的规划、经营、管理，并通过合同或规章制度，规定股权的分配、管理、设置、分红等。

第三，农村土地股份合作公司根据拥有的土地农业产业的特点和规模，寻找合适的涉农公司，与有农业业务的公司进行产业合作，并逐步形成农村土地股份企业。

第四，让合作的信用评级公司对土地资产实施评级工作，并对其资产进行评估。利用信用增级公司对证券化资产进行信用增级。农村土地股份公司委托证券承销商发行证券，在资本市场上进行销售[②]。

### 2. 农村土地项目融资证券化模式的运作流程

农村土地项目融资证券化模式的具体运作流程如图 3–5 所示。

① 杜志勇 . 土地经营权入股合作社类型化研究［J］. 黑龙江省政法管理干部学院学报，2015（4）：72–75.

② 张富娟 . 我国农村土地资产证券化模式研究［J］. 经营与管理，2018（7）：99–102.

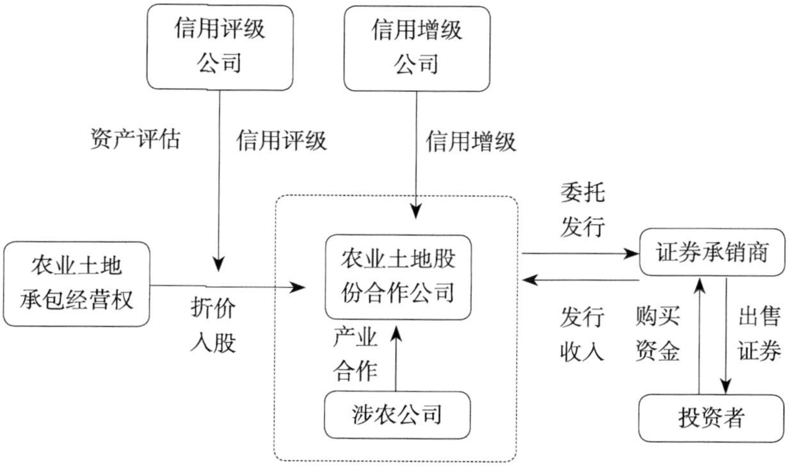


**图 3-5　农村土地项目融资证券化模式流程**

农村土地股份制使得农地的非农化增值收益得到了分享，加快了资本积累的速度和农村城镇化的发展，但仍存在以下问题：

第一，农民所持有的股份只能用来分红，不具有经营决策和监督管理权，会造成企业经营者滥用集体职权。

第二，农地股份公司对规模化农地的管理，可能会让一部分集体土地用于非农化建设。

第三，农村股份合作组织在我国的法律制度上没有明确的地位，不利于对农民利益的保护，从而影响参与企业在证券化过程中的长久发展。

## 四、证券业服务粮食生产案例

### （一）案例 1：中粮集团的混改与资本运作

中粮集团成立于 1949 年，经过六十余年的深耕，公司从最初的贸易公司发展成为全球领先的年经营量达到 1.5 亿吨的全产业链粮油食品巨头，业务涉及种植养殖、食品加工销售、生物质能源、物流储运、地产、金融等众多领域。面对世界经济一体化的发展态势，中粮集团不断加强与全球业务伙伴在农产品、粮油食品、番茄果蔬、饮料、酒业、糖业、饲料、肉食以及生物质能源、地产酒店、金融等领域的广泛合作。凭借其良好的经营业绩，中粮集团持续名列美国《财富》杂志全球企业500强，居中国食品工业百强之首。

公司实际控制人为国资委，控股比例100%。中粮集团共有五大业务板块：粮油糖棉、食品及包装、酒店地产、土畜品、金融，共计18+1家专业化平台公司。粮油糖棉板块旗下共有10家专业化平台公司，包括：中粮国际、中粮贸易、中粮糖业、中粮工科、中粮饲料、大中粮生化、中国纺织、中粮油脂、中粮粮谷、中粮营养健康研究院；食品及包装板块旗下共有6家专业化平台公司，包括：中粮肉食、中粮包装、我买网、蒙牛乳业、中可饮料、中粮酒业；酒店地产板块有1家专业化平台公司：中粮置地；土畜品板块有1家专业化平台公司：中国茶叶；金融板块有1家专业化平台公司：中粮资本。集团旗下拥有13家上市公司，其中包括9家港股上市公司：中国食品、中粮控股、蒙牛乳业、现代牧业、雅士利国际、中粮包装、大悦城地产、中粮肉食、福田实业，以及4家A股上市公司：中粮糖业、酒鬼酒、中粮地产、中粮生化。

2016年，中粮集团发布“十三五”战略规划，明确“一个主体，四个作用”的发展定位，聚焦粮油糖棉核心主业，在“十三五”末期，农粮产品的经营量突破2亿吨，将中粮集团发展为全球布局、全产业链的国际大粮商。

### 1. 瘦身健体，放权搞活，向国有资本投资运营公司转变

瘦身健体，优化精简总部。2014年中粮成为首批国资改革试点，2016年7月，中粮集团公布了首个国有资本投资公司改革试点方案，中粮改革试点工作正式启动。根据方案，集团将构建“集团总部资本层—专业化公

司（平台）资本层—生产单位执行层”三层架构，压缩管理层级，优化精简总部，坚持放权搞活，构建小总部、大业务体系。

从总部到子公司，大规模精简人员编制，仅总部每年可节约成本 1.38 亿元。加强公司治理，设计大风控体系。目前中粮集团党组已向 14 家专业化公司派驻了审计特派员，新任命的 13 名纪委书记全部到位，择优选拔 9 人分别担任 12 家专业化公司的专职股权董事。同时，纪委编制将增加 56%，审计编制增加 1 倍。

放权搞活，组建专业化公司平台。国资委出资人的权利归位到中粮集团，集团将组建 18+1 家专业化公司平台，将资产经营权、产供销人财物等五大经营权下放给专业化公司平台。专业化公司是资产运营的实体核心，而中粮集团转变成国有资本投资运营公司，角色定位是管资本。

2. 整合优质资源，提升国际化运营水平

积极推进国际国内资源整合。2014 年，中粮集团收购了全球农产品生产和贸易巨头来宝农业和尼德拉农业，拉开了国际国内业务整合的大幕，随后中国华孚并入中粮集团，极大地增强了公司核心主业油脂的竞争力，华孚旗下 A 股上市公司酒鬼酒成为子公司，2017 年 7 月中纺集团整体并入中粮集团，公司获得中纺旗下优质的油脂和棉纺资产，H 股上市公司福田实业成为附属子公司。

目前集团业务涉及 140 多个国家，营收 50% 以上来自海外业务，拥有全球仓储能力 3100 万吨，年加工能力 8950 万吨，港口中转能力 6500 万吨。集团已与 54 个“一带一路”沿线国家开展了农产品贸易，成为“一带一路”建设的主力军和骨干力量。

制定“一带一路”发展规划。2016 年中粮集团制定了“一带一路”发展规划，其中“一带一路”北线和中线以亿仓储物流布局为主，南线以农产品加工布局为主，实现“1355”指标，打造两通道三基地，推进“三条主线”布局。

### 3. 引入外部资本，混改加速

混改推进顺利，取得阶段性成果。2016年，中粮集团旗下4家专业化平台公司：中粮工科、中粮肉食、中粮包装、大悦城地产，通过引入外部资本推进混合所有制改革，共获得8位投资人103.58亿元的投资。2017年，圈定3家专业化公司混改，2018年全部实现混改。粮油糖棉等农产品贸易、加工粮油糖棉是核心业务，也是集团“十三五”规划聚焦主业。粮油糖棉板块运营主体包括中粮国际、中国粮油控股、中粮贸易、中粮糖业、中粮生化、福田实业等公司，主营油脂压榨、制糖、乙醇、粮食贸易流通、针织面料生产等业务，这五块业务各自产能体量均排名全国第一，在中粮“十三五”规划中，明确提出了要聚焦粮油糖棉核心主业。

### 4. 中粮国际：海外资产整合平台

中粮国际有限公司是中粮集团海外资产整合平台，由中粮集团和国际著名投资机构，由中投、厚朴基金、淡马锡、国际金融公司和渣打私募股权基金合资组建，旗下拥有中粮农业（原来宝农业）、尼德拉两大国际农产品加工和贸易巨头①。

## （二）案例2：首单土地流转信托因何搁浅

### 1. 导读：时隔160天，首单土地流转信托至今“引而未发”

2013年10月10日，中信信托公告称：“中信·农村土地承包经营权集合信托计划1301期”正式成立，这意味着国内首单土地流转信托正式

① 资料来源：中粮集团深度研究——全产业链粮商航母，http://www.767 stock.com/2017/ 05/09/23836.html。

落地。

转眼5个多月过去了，该信托运行状况如何？日前，上证报记者赶赴安徽省宿州·帝元现代农业循环经济产业示范区（以下简称示范区）探访，却发现示范区内后续的现代农业科技项目仍迟迟未启动。

按照原定方案，安徽帝元现代农业投资发展有限公司（以下简称帝元公司）将在安徽省宿州市埇桥区朱仙庄镇境内，打造种植业、养殖业、生物质能源、设施农业和农业科研五大板块，建设期限5年，计划总投资10.5亿元，规划流转土地1万～2万亩，其中1.1亿元资金由上述信托计划提供。

记者实地调查发现，示范区五大板块只有种植业顺利开展，其余项目均未启动。而尽管项目进展缓慢，当地村民仍普遍对土地流转持支持态度，有村民甚至向记者咨询下次租地的时刻表，并表示愿意把自家所有田地都租给示范区。

一直以来，金融服务的不对称和相对滞后成为制约农业经济发展的重要“瓶颈”，在此背景下，土地流转信托应运而生，业界预测，其将促进土地规模流转和现代农业真正发展发挥重要作用。

**2. 原因：如此重要的土地流转信托为何难以成行？其背后又有哪些因素掣肘？上证报记者通过实地采访，一层层揭开隐藏其深处的种种原因**

（1）示范园运营遭遇“瓶颈”

2011年下半年，安徽帝元生物科技有限公司通过招商引资落户埇桥区朱仙庄镇，并成立了帝元公司，意在打造包括种植业、养殖业、生物质能源、设施农业和农业科研五大板块的现代农业循环经济产业示范园。在埇桥区和朱仙庄镇政府的支持下，帝元公司分两批从朱仙庄镇下辖的朱庙村、塔桥村流转农业用地5411.42亩。

然而，记者实地走访后发现，原先五大板块的规划只有种植业得以顺利开展。帝元公司总经理张启明接受记者采访时称，其余四大板块中的养殖业、生物质能源都是示范园的核心项目，目前均已立项，但是却遇到土地性质、资金方面的“瓶颈”。

“种植业方面，我们的粮食生产与水环境保护示范工程项目从 2012 年开始到现在，一直正常运营，农田、水利、公路、桥梁这块已经投入了 3000 余万元（不包括流转土地费用），每年总销售收入 1200 万元。”张启明告诉记者。

“后续养殖业、生物质能源项目的节能评估、环境评估、专家论证和可行性报告均已通过，我们已经拿到了发改委下发的项目立项的文件，但是受到土地性质的制约，示范园里的土地都是耕地，根据我国相关规定，耕地只能种植农作物，我们后续的养殖业、生物质能源无法在耕地上开展，希望政府能帮助解决项目建设用地问题。”张启明说道。

带着这个问题，记者走访了朱仙庄镇政府，朱仙庄镇委副书记姜劲松表示，示范园耕地性质确实制约其后续项目发展，眼下比较可行的方案是土地置换，即通过复垦其他土地，在保证总耕地面积不变的基础上，把示范园的耕地置换成一般农用地，但是苦于没有指标。

“根据我国在 2008 年 10 月公布的《全国土地利用总体规划纲要（2006—2020 年）》，我国耕地保有量到 2020 年保持在 18.05 亿亩，这是政策红线。”姜劲松告诉记者，“复垦新增的耕地和置换减少的耕地都需要省国土资源部审批才行，现在后续很多工业项目等着上马，每年新增的土地置换指标很快就用完了”。

姜劲松坦言了解示范园的难处。“仅靠粮食丰产一个项目的产出要覆盖土地流转费用和维持企业运转费用，企业非常困难。我们去年就已经向省里申报指标，至今已过半年，依然没有得到批准。”

（2）融资难，资金链承压

记者调查发现，目前支撑示范园运转的主要靠帝元公司自有资金以及政府补贴。

根据宿州市金融办提供的《埇桥区农村土地流转信托计划开展情况》显示，截至 2013 年 11 月底，帝元公司自示范园项目启动后，已先后投入 7500 万元，建成 3000 多平方米的宿舍楼和综合楼、7000 多平米的玻璃连栋大棚、13 栋温室大棚等基础设施，示范园项目出现了资金短缺。此外，帝元公司已先后三次转给朱仙庄镇财政所土地租金 1476 万元。

张启明坦言，示范园成立至今投入已接近 1 亿元，但目前没有利润，公司只能继续追加投资。

“农业项目的特点就是投资大、见效慢，往往前几年没什么产出，只能不断追加投资，不过优势在于一旦见到效益后，收益非常稳定。”张启明告诉记者。

除了帝元公司自身大手笔投入之外，当地政府也给了不少补贴。姜劲松称，政府方面 2011 年至今，前后补贴接近 4000 万元。

“首先我们承担了 40% 的土地流转费用，还包括农业补贴，粮补、财政、基础配套设施都需要政府出资。”姜劲松告诉记者，“2012 年我们争取农业综合项目 1800 万元；另外，农业水利科技方面争取了一部分扶植资金，2011 年 10 月以来，扶持资金和区政府补贴要超过 1500 万元，如果加上农业综合项目，接近 4000 万元”。

张启明表示，示范园五大板块耗资庞大，帝元公司自身财力有限，也曾动过向银行融资的脑筋，但是却苦于没有银行认可的抵押物。

“银行贷款质押登记需要产权证，但是示范园的土地都是当地农民的，我们无法办理各种有效权证，所以说银行贷款这条路走不通。”张启明说道。

谈到农企融资，姜劲松叹了口气。“目前针对农企的融资平台太少了，商业银行对农企融资门槛设得很高，一般都要求抵押，但是农用地不能抵押，农村住房商业银行也看不上。”

“除了商业银行，现在农企融资更多的还是通过地方农村合作信用社、村镇银行。但此类金融机构受资产负债比限制，以小额资金贷款为主。”宿州市金融办相关人士表示，“农企或者尝试接触小贷公司等民间资金，但年化 18% 收益率只适合短期拆解，农企借贷的钱周期长、回报慢，不适合”。

（3）信托融资仍未到账

由于资金承压，帝元公司和中信信托进行联系，希望获得中信信托的资金支持。

经过中信信托、帝元公司和埇桥区政府三方共同酝酿，决定设立以农村土地使用权作为信托产品的合作项目，由埇桥区政府对分散的农户土地经营使用权进行归集后，将农村土地使用权作为信托财产委托给中信信托指定的第三方企业帝元公司经营管理。该项目于 2013 年 9 月签订协议，10 月 10 日正式对外发布。

鉴于流转土地承包经营权将于 2025 年 10 月到期，该信托计划设立将从 2013 年 9 月开始至 2025 年 9 月终止，信托期限为 12 年。

“中信信托的介入意味着原来帝元公司在示范园项目的地位发生了改变，帝元公司由投资方和土地使用权拥有企业，变为中信信托的服务运营商和项目投资方。”宿州市金融办相关人士告诉记者。

“埇桥区政府作为第一委托人参与信托项目，朱仙庄镇两个村的土地使用权流转给村委会，再由村委会流转给镇政府，镇政府再流转给区政府，区政府将 5400 多亩土地使用权委托给中信信托经营管理，定期获得土地租金和信托收益。中信信托作为受托人介入经营管理，已计划向示范园项目提供融资 1.1 亿元，年化利率 10%，推动示范园发展。”上述人士向记者详解了这笔融资过程。

不过，中信信托融资 1.1 亿元融资至今没有到账。张启明告诉记者，这笔资金本用以支持后续生物质能源、养殖业等项目开展，但是这些项目却因土地性质问题无法如期正常开展，故中信信托资金迟迟未能到位。

“中信信托的融资款项必须根据项目进度专款专用，后续项目开展前，我们也不希望使用这笔资金，毕竟要承担近 10% 的融资成本。”张启明说道。

中信信托相关人士接受上证报采访时也坦言，给予示范园的融资确实还未开始募集。

“信托资金的使用需要符合我们的放款条件，示范园后续项目还需相关政府部门批准才能开展，中信信托只会在项目开启需用资金的时点才会打款，已经有机构积极与我们咨询相关合作事宜，不过募资方式到底是集合信托还是单一信托仍无定论。”上述人士告诉记者，“一旦项目审批通过，在法律允许的范围内，中信信托就可以提供资金支持”。

### 3. 保底：出租土地农户收益有保障

由于土地流转信托计划是将分散于各农户的土地承包经营权集中整合，并视情况进行土地整理和农业设施建设投资，出租给专业农业经营公司、家庭农场或种粮大户，通过集约化经营提升农户的地租收益。因此，信托计划的成功取决于农户土地承包经营权信托财产的顺利交付和承租方未来经营情况良好足以保障和提升农户地租收益。

中信信托董事长蒲坚在《解放土地——新一轮土地信托化改革》一书中透露，“中信—农村土地承包经营权集合信托计划 1301 期”的风险控制措施，除了保证土地整体承租、审查农企经营能力外，一些条款的设立保证了当面临各种不利环境时农户的利益。

比如，帝元承诺，确保信托计划实际获得的租金收入不足以支付农户基本收益时，帝元应按中信信托要求向信托计划补足该等资金缺口；要求承租企业购买农业保险以对抗农业市场波动的市场风险，保证农地租金。

此外，该信托计划设置可提前终止等止损机制。“如出现重大不利情况（政策、经营等方面的原因）时，信托计划提前终止时，中信信托返还农户的土地承包经营权信托财产，将出租土地的权利和义务移交给农户。”

中信信托对帝元公司评估后认为：示范园项目正式运转后年平均利润约 1.63 亿元，预计所得税约为 4081.72 万元。

根据宿州市金融办 2013 年 12 月完成的《埇桥区农村土地流转信托计划开展情况》，示范园引入中信信托后，原定土地租金标准保持不变，只是给付方式有所调整。

原来帝元公司将土地租金转交给朱仙庄镇财政所，由镇政府分配给农户；今后帝元公司要将土地租金付给中信信托，由中信信托支付给区政府，再由区政府分配给农户。

同时，今后示范园经营收益，帝元公司直接投资部分可收取回报，通过招商引资还可以收取管理费，中信信托选定帝元公司作为运营商，还需按 50 元 / 亩 / 年支付管理费；示范园土地增值收益部分按照三七开分配，中信信托得 30%，埇桥区政府得 70%，埇桥区政府再将这部分增值收益全部分配给农户。

中信信托在获取贷款利差收益之外，也有可能获取增值收益（土地增值收益：因中信信托加强对土地整理、水利、道路等投入，提升土地功能和产出率而增加的土地租金等）。不过，记者从宿州市金融办相关人士处获悉，由于土地增值过程比较漫长，截至记者发稿，村民尚未收到这部分收益。

此外，目前中信信托、帝元公司和埇桥区政府未就风险分担作出具体约定，将在近期进行细化讨论。但原则上已确定对农村土地信托项目进行特殊处理，委托方不承担风险，无论经营状况如何，确保农民基本地租的给付。

#### 4. 后　续

（1）新一期土地流转启动暂无时间表

尽管示范园遭遇土地性质限制、资金紧张等问题，但张启明依然对示范园的未来充满信心。他相信，2014 年年底前，示范园五大板块中的设施农业、农业科技孵化器都将顺利启动。

"设施农业即'物联网 + 互联网 + 物流网'三网合一现代高效设施农业项目，主要体现为蔬菜瓜果大棚种植，用户可通过互联网远程监控我们大棚果蔬的种植全过程，满意的话可以在网上直接下订单，通过物流进行配送，实现'田头到餐桌'的消费模式。"张启明介绍称，"同时我们与以色列签订合作协议，以方将向我们提供技术和资金支持，今年 3 月以色列三名农业专家已经进入示范园参与管理"。

"现代农业科技孵化器项目，我们计划聘请农业方面专家提供技术支持，引进农业科技研发企业；设立农业科技成果交易平台；实现科技成果转化，知识产权交易。"张启明说道。

据其透露，示范园项目规划总投资约 10.5 亿元，其中养殖业计划投入

2.6 亿元，生物质能源投入 2.25 亿元，他表示，养殖业、生物质能源、三网合一设施农业是示范园的核心项目。

“养殖业方面我已经与正大集团签订合作协议，由帝元先期投入 1.5 亿元，搭建养殖平台，租给正大使用，养猪场规模约为 10 万头生猪，正大集团自产自销，我们按照投资回报的 13% 收取租金，估算下来每年接近 2000 万元的租金收入，后期再投入 1.1 亿元。”张启明说道。

“生物质能源是利用种植农作物的秸秆、养殖业的排泄物，通过生物质技术生产沼气供给地方发电，还可以生产天然气对外销售。”张启明告诉记者，“如果示范园五大板块全部启动，建成投产后每年的净利润为 4000 万～ 5000 万元”。

姜劲松也对示范园的未来表示乐观。“政府已申请世界银行贷款 1000 万美元，目前部分款项已经到位，再加上中信信托的融资，示范园资金问题可以得到有效解决。”

不过，谈及示范园第三期土地流转何时启动，张启明表示目前暂无时间表。“示范园规划启动占地面积 1 万～ 2 万亩耕地，建设期限为 5 年。目前第一期 3400 亩，第二期 2000 亩，后续是否继续流转要根据我们公司的经营需要，一旦解决了资金、土地性质问题，第三期应该能够顺利启动。”张启明说道。

（2）大部分村民对租金满意

记者采访后发现，村民的心情很矛盾。一方面他们对示范区的种植方式非常挑剔，认为远不如自己种得好，浪费了田地；但另一方面又在经济利益面前妥协。“家里有孩子的比较有优势，本来年轻人就不愿种地，可以出去打工，等于赚两份钱，经济还是有帮助的；就是一些上年纪的人比较苦闷，地租出去后，无法外出打工，你让他们干吗呢，生活少了一个盼头。”一位村民如是说。

“土地流转农民还是得实惠的。”姜劲松接受记者采访时说道，“种地本来也很辛苦，一年每亩地必须经过犁地、打药、锄草、施肥等劳作才换来 1500 元收入，况且愿意种地的年轻人也很少，他们现在乡镇打工一个月也有 2000 余元，到浙江、福建、广东省等地区收入更高”。

“示范区还能解决部分当地用工问题，其一年用工约 20 ~ 30 人，固定工资 1500 元 / 月，还有五险一金、过节费；农收时节会雇用几百人，一天 70 元 / 人。”姜劲松告诉记者，“自从 2011 年土地流转开始，村民的生活有了明显改善，去年很多村民盖起了二层小楼，今年过年好多外出打工的村民都开着车回来，牌照多来自周边邻省”。

**5. 思考：中美两例土地流转信托项目对比**

在中国，土地实行的是社会主义公有制，即全民所有制和劳动群众集体所有制。2014 年中央一号文件《关于全面深化农村改革加快推进农业现代化的若干意见》中指出：“稳定农村土地承包关系并保持长久不变，在坚持和完善最严格的耕地保护制度前提下，赋予农民对承包地占有、使用、收益、流转及承包经营权抵押、担保权能。在落实农村土地集体所有权的基础上，稳定农户承包权、放活土地经营权，允许承包土地的经营权向金融机构抵押融资。”

而在美国，土地以私有制为主，国有土地只占其中一小部分。美国法律保护私有土地所有权不受侵犯，各种所有制形式之间的土地可以自由买卖和出租，价格由市场供求关系决定。记者查询了相关资料，中国对土地信托的定义，大致上是指土地所有权人（委托人）为有效利用土地，提高不动产的开发与经营效率，而将土地信托予受托人，由受托人利用其专业的规划与管理能力，将开发经营的利润作为信托受益分配金交付给受益人。大部分的土地信托年限多在 30 ~ 50 年。

美国土地信托模式是指开发者（委托人）购买一块生地（raw land），再将该土地所有权信托给受托人，签订信托契约，受托人发行土地信托受益凭证，而由委托人销售该受益凭证给市场上的投资人，受益凭证代表对信托财产（土地所有权）的受益权，销售受益凭证所得资金用来改良土地，然后将土地出租给由该开发者组成的公司。受托人收取租金，负有给受益凭证持有人固定报酬的义务，并将剩余租金用来买回受益凭证。这一模式具有以下特点：通过资金的“集合”，解决了开发土地尤其是生地所需的巨额资金；为投资者提供了投资于利润丰厚的土地产业的机会，同时也降低了个体投资风险；投资人所拥有的受益凭证可以流动，具有较强的变现性。

（1）土地流转信托担起金融支持三农重任才是关键

2013 年 9 月，福建就曾公布《关于加快推进现代农业发展的若干意见》，提出要稳妥推进农村土地流转，并引导农村土地承包经营权有序流转。而早在此前，福建沙县已经实现了土地流转近 13 万亩，是全国土地流转率的三倍多。

而除福建外，海南、浙江、重庆等全国各地都尝试在不同角度试点土地流转创新模式。这些无疑都为信托提供了广阔的发展空间。

北京信托总经理王晓龙就曾表示：“土地信托没有使农民真正丧失土地，而是将农民从土地中真正解放出来。土地信托流转后，将加速农民向农业工人身份转化，有效推进城镇化进程。”

为此，北京信托早在 2012 年就对农村集体资产管理进行过积极的尝试和探索，推出了旨在服务于农村集体资产管理和农民财富管理的“富民系列”集合资金信托计划（查询信托产品）。

然而尽管在积极探索与尝试后，两款土地流转信托计划已经亮相，但在关乎风控的问题上，依然引发了诸多争议。

对此，社科院农村发展所所长张晓山在接受记者采访时坦承：虽然此前针对农村土地流转，在自愿依法有偿的前提之下，已经有了各种尝试，包括农民个人之间的互换、土地股份合作社、工商企业承租等。但无论是哪种形式，主要在于两个问题：一是如何保证土地使用效率的提高；二是如何确保农民权益不受侵害。

比如，“第一，土地流转是连片的，但农户是多样化的，是否能确保每家每户都是真实意愿，避免出现‘被流转’；第二，工商企业追求利润的，农田的用途可能会发生变化；第三，根据规定工商企业可以享受各种政策，会不会在获得优惠政策之后就走人”。张晓山说，最重要的一点——农地农用是必须要保证的。

而帅国让也指出，由于当前我国农村土地所有权和使用权处于分离状态，农业经营的高风险性与农民流转土地后要求持续、稳定的流转收益矛盾无法有效平衡、流转费用过低、容易损害农民利益等这些均成为土地信托以及整个土地流转工程的掣肘。

（2）亟待充实的风控能力

实际上，在记者的采访过程中，多位业内人士坦言，无论信托的拐点是否来临，转型都已经是各家信托公司必须面对的问题，正因如此，沐浴政策春风的资产证券化以及土地流转信托都成为信托公司趋之若鹜的新领域。

“对信托公司来说，通过土地流转信托，它们可以将土地使用权让渡出去，保留所有权，采用专业化经营、管理土地模式”。帅国让告诉记者，而在其中，“创新是贯穿土地流转信托最大的亮点”。

记者注意到，在 11 月 7 日北京信托推出的这款“北京信托 · 土地信托之无锡桃园村项目”中，其采用的是“土地合作社”+“专业合作社”的模式，也就是将拟进行信托的土地经营权确权到村民个人，再由村民以其土地经营权入股“土地合作社”，土地合作社则作为委托人以土地经营权在北京信托设立财产权信托。

而在此前中信信托推出的“中信·农村土地承包经营权集合信托计划1301期”中，则是引入第三方机构，涉及流转的5400亩土地面积，流转后土地拟建设现代农业循环经济产业示范园，由安徽帝元现代农业投资有限公司作为服务商。

然而就如同中信信托相关人士所说，这样的模式并不能盲目复制，因此，信托公司自身的创新与业务能力就显得格外重要。

但现实是，人才匮乏已经成了信托业务创新的制约。“据我所知，除了几家龙头的信托公司在这方面做得比较成熟，很多人还在探索学习的过程中，包括我自己。”一家匿名的信托公司风控人士告诉记者，“所以如果你问我关于土地流转信托如何将风险降到最合适的范围，我也需要研究后才能回答”。

而此前，在谈及公司对资产证券化的发展时，某券商投行部总经理就直言：“资产证券化的结构设计非常重要，但培养人才太慢，专业人才太少，所以一旦时机成熟，我们就会从做得好的机构里直接挖人”。

与此同时，创新业务的收益水平由于尚在探索阶段，对信托公司的吸引力也并非那么大。中信信托董秘张继胜在接受记者采访时就表示，“推出土地流转信托，不是为了寻求时点上的标志性意义，更多是出于履行央企的政治责任和社会责任，出发点在于落实中央部署，配合国家产业政策调整”。

资料来源：裴文斐．首单土地流转信托因何搁浅［J］．农村．农业．农民（A版），2014（4）：37-39.

# 第四章

# 保险业服务粮食生产的机理、模式及案例研究

在中国，种植业尤其是粮食作物的生产，直接影响到人们的生活，是国家稳定和发展的基础，因此，发展农业保险尤其是粮食作物保险，有利于保障粮食安全，对我国的国计民生具有特殊的重要意义。我国农民收入普遍较低，粮食作物保险作为对遭受自然灾害和意外事故所造成损失提供保障的一种事后补偿手段，通过在农村粮食生产上发挥现代保险的经济补偿、资金融通、社会管理三大功能，对稳定农业生产、保障粮食安全、促进农民增收、振兴农村经济起到了积极的促进作用。但不可否认，人们对其原理及领域还有诸多不明白的地方，因此，很有必要研究保险业服务粮食生产的机理、模式及案例。

## 一、保险业服务粮食生产的成绩及存在的问题

保险是一种转移和分担风险、分摊意外损失的方法，保险因风险的存在而产生，粮食生产过程中面临各种各样的风险，会对农户家庭和国家造成损失，保险是应对风险的一种有效的方法。

### （一）粮食生产过程中的风险

风险通常用来描述结果发生的不确定性，这种不确定性可反映经济活动的波动性，而且可能会给经济主体带来损失。粮食生产过程中必然面临各种

各样的风险，包括各类自然灾害带来的风险，也包括因消费需求变化、市场价格波动、技术、资本、政策、汇率变动和国内外市场等因素变动带来的风险。

1. 粮食生产中的风险来源

粮食生产过程中的风险主要来源于自然灾害导致的产量损失、商品市场价格波动带来的收益降低，以及技术推广与应用过程中的风险。

（1）自然灾害

农作物生长对自然过程、自然环境等自然因素具有强烈的敏感性和依赖性，因此粮食生产各个环节很容易受到自然条件的制约，自然界的各种灾害如洪涝、干旱、冰雹等都会给粮食生产造成损失，轻则减产、重则劳而无获，从而形成农业的自然风险。自然风险是指自然环境的不规则变化影响到农作物生长导致种植成本增加或者产量下降，使得农户收益偏离预期，产生灾害损失[①]。短期内，粮食生产过程中的自然风险主要表现为气象风险和生物风险，包括干旱、洪涝、寒潮、冰雹以及病虫害等，这些灾害会对造成农作物的生理损害，降低种植业的产量或质量。从长期来看，粮食生产过程中的风险主要包括地质灾害风险和生态风险，如地震、土地沙漠化和盐碱化、环境污染、水土流失以及温室效应等，与短期气象风险和生物风险相比，地质风险和生态风险发生的频率较低，或者在较长时间内才会显现影响，但是其一旦发生，必然会严重破坏粮食生产的基础设施和生态系统，其危害往往是毁灭性的，而且其不利影响是难以逆转的。

（2）市场价格波动

粮食作物生产的收益是由粮食产量和粮食价格两个方面共同决定的，自然灾害因素会导致粮食产量减少，进而减少农民收益。实际生产中，除

① 李士森．基于风险管控的种植业保险绩效评价研究［D］．北京：中国农业大学，2019.

了自然风险，农民还面临巨大的市场风险，使得农民即使在风调雨顺的丰收年份，粮食收入也可能减少。特别是在现阶段，我国粮食生产和销售越来越市场化，受供需条件、通货膨胀以及国际粮食市场的影响，这种市场风险越来越突出。

市场风险，也称价格风险，是指农产品价格与农业投入品价格可能出现不利变动，导致农业收入低于预期水平的可能性。农产品与农业投入品的价格主要是由市场供求关系决定的，农产品供给和需求的变化会集中反映在农产品价格变化上①。市场风险主要来自三个方面：第一，农户往往按照上年度的价格安排生产，播种后不可能根据市场情况调整种植策略，根据经济学中的“蛛网理论”，农作物市场价格将会出现周期性的波动。第二，粮食产品的需求价格弹性很小，使得粮食生产即使在没有发生自然灾害的丰收年份，也可能出现因粮食价格下降导致农民收入减少的情况，即所谓的“谷贱伤农”现象。第三，粮食作物生产过程中需要投入种子、化肥、农药、机械以及农业设施，这些生产要素在种植总成本中占有较大比重，其价格由市场决定，生产要素的价格波动也会引起农户粮食收益的波动，并且随着耕地、水资源和生态环境资源的紧张和价格的升高，农户粮食生产面临越来越高的市场风险。

（3）技术风险

在农业现代化进程中，粮食生产也越来越倾向于采用新生产技术以提高生产效率和产量，但是新技术的使用，也会给粮食生产造成损失风险，出现农业技术运用的实际收益与预期收益发生背离的可能性，即产生技术风险。

① 汪必旺．我国发展农产品收入保险的效果模拟研究［D］. 北京：中国农业科学院，2018.

技术风险的出现主要源于三个方面：首先，生产者利用新技术时由于知识和经验不足，有可能操作失误造成产量或质量降低，即使技术应用成功，消费者有可能并不接受（如转基因农作物），使得农产品无法销售；其次，新技术可能会造成粮食种植业更大的脆弱性，引发更大的自然风险，如高效杀虫剂的使用会影响到农作物种植的生态环境，使粮食生产面临更高的风险；最后，新技术在增加农作物产量的同时，由于“谷贱伤农”，会降低农产品的价格，使实际收入严重偏离预期收入，并且新技术的价格一般会比原有技术更高，会提高种植业生产的成本和产品的价格，一旦发生灾害，意味着农户面临更大的经济损失，增加了种植业的风险损失水平。

## 2. 粮食生产风险的类型

粮食生产经营的结果可细分为产量、价格、收入和收益（或称纯收入或利润）四种。因此，按照粮食生产经营的最终结果进行分类，粮食生产风险可以分产量风险、价格风险、收入风险和收益风险四类。

（1）产量风险

产量风险是指自然气候条件、自然灾害、动植物疾病或虫害等自然风险，以及其他一些不可控因素影响，导致粮食产量和品质不确定的风险。

（2）价格风险

价格风险是指在粮食生产和销售过程中，由于地租、化肥等种粮成本变动，或者粮食市场价格波动引致的风险。价格风险来源于投入品或产出品市场，因此可细分为产出品价格风险和投入品成本风险。

（3）收入风险

收入风险是指由于粮食作物年度内因单位面积产量降低、粮食价格下跌或者产量与价格共同变化而导致的收入损失。收入风险由产量风险、价格风险和产量—价格交叉风险组成。

（4）收益风险

收益是指纯收入和利润，与收入风险相比，收益风险不仅考虑产量和价格波动带来的风险，还将各类种粮成本变动因素考虑进来，包括种子、化肥、农药等直接物质成本和劳动力成本以及土地租金。

### 3. 粮食生产风险的特征

受农业经营环境以及粮食作物自身生理特质的影响，粮食生产风险除具有风险的一般特征外，还有本身的一些特殊性质，主要包括：

（1）高度的关联性

粮食生产风险的关联性既表现为地理空间上的关联性，又包括同一区域不同时期的关联性。从地理区间上来看，粮食生产的产量风险主要来自外在自然环境，由于一定区域范围内粮食生产面临的气候和地理条件很相似，一旦发生洪涝、干旱等自然灾害时，该区域范围内的粮食种植户极可能同时发生灾害损失。比如，一场洪涝灾害可以使几个省份同时遭受损失。从时间上来看，某些地区可能处于灾害多发区，因此在同一区域内，粮食生产的风险表现为时空上的关联性。由于粮食生产风险的高度相关性，使得即使是一些小型灾害，也会因为受损面积广泛、受损单位数量巨大而引起巨灾损失。

（2）广泛的伴生性

粮食生产中的风险往往具有广泛的伴生性，一种风险的发生可能会引发另一种风险，从而导致风险的扩大、损失增加。例如，洪涝灾害发生后往往因为高温高湿的天气引发病虫害灾害，台风灾害往往伴有暴雨灾害。再如，粮食生产周期较长，在此期间可能遭受多种自然灾害的侵害，每种灾害都会造成一定的损失，最终都体现到产量上，在各种灾害的综合作用下，很难对各类风险事故造成的损失进行精确区分。

高度关联性和广泛的伴生性使得粮食生产的风险不断放大，容易形成系统性风险和巨灾风险，相较于其他风险，粮食生产的风险管控难度加大，风险转移与分散更加困难。

（3）区域差异性

我国幅员辽阔，不同区域生产条件不同，面临的自然环境不同，粮食种植结构不同，因此，各区域之间粮食生产面临的风险类型、损失程度和发生频率也存在较大差异，如北方地区容易出现冻害，长江以及黄河中下游地区容易发生洪涝灾害，西北地区经常发生旱灾，而沿海地区则台风、赤潮等灾害发生频率较高。

农作物的生长周期较长，并且具有一定的自我修复能力，所以从灾害性事件发生到最终损失发生往往存在较长时差，甚至某些风险事故最终并不一定导致损失，反而可能迎来丰收。例如，黄豆的生长需要较多氮肥，当生长期遭受雷雨天气时，虽然容易形成洪涝灾害，但雷电形成的氮肥被黄豆吸收，可能会形成产量的增加；或者一个地区的灾害造成另一个地区的丰收。

## （二）粮食生产风险管控与粮食作物保险

### 1. 粮食生产风险的危害性及风险管控的必要性

如上文所述，在粮食种植与生产中经常面临许多不可避免的风险，如洪涝、霜冻、旱灾、病虫害等自然风险，以及其他因市场价格波动、粮食生产成本波动、农业政策变动等带来的经济风险、技术风险、制度风险等，这些风险的存在对粮食种植与生产的影响很大，严重影响着农业的可持续发展。从微观个体农户的角度来看，这些风险的存在使得其收入极不稳定，容易导致损失，对于依赖粮食收入生活的农民来说，这极可能使其陷入贫困之中，难以脱贫；从宏观经济层面上来看，各种风险尤其是自然灾害风险是国民经济面临的重要难题，如果不采取有效的风险管控措施预防与规避这些风险，可能会危及国家粮食安全，影响社会安定。

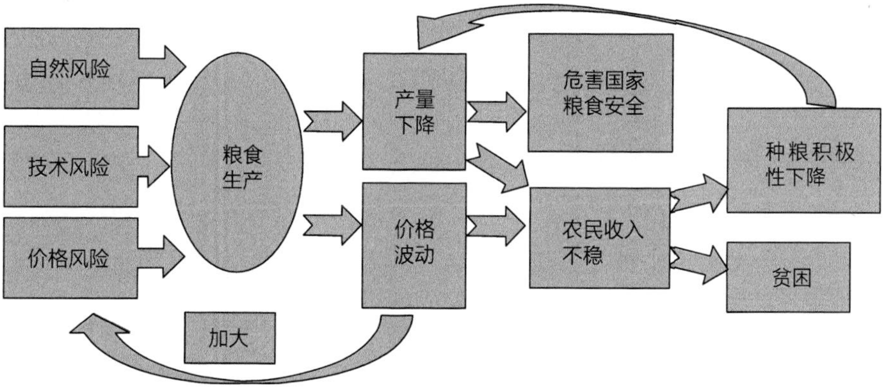


**图 4-1 粮食生产风险的危害性**

无论是基于对种粮农户利益的保护，还是出于保障国家粮食安全、维护社会稳定的目的，在粮食生产过程中，采取有效的风险管控措施对各类风险进行事前的预防管理，在灾害发生后组织快速有效的救助与补偿，都具有重要的现实意义。

粮食生产风险管控并不是要消除风险，而是在对粮食作物生产风险环境进行识别、评估和分析的基础上，采取一系列风险管理措施，寻求投入成本、承担风险和未来收益之间的平衡和最佳组合。实践中，农户通常采取多样化生产、播种低风险作物、订单、储蓄、农户互助等风险管理策略来应对风险，然而，鉴于粮食生产风险高度的关联性和广泛的伴生性等特征，单个农户个体的风险管控措施效果有限，难以有效分散、转移各类风险。因此，还必须由政府主导，采取更为有效的风险防控措施。

为防范和化解粮食生产过程中所面临的自然和市场双重风险，政府基于社会福利最大化的目标导向，在对各种粮食生产风险进行识别、评估和分析的基础上，采用一系列风险管理工具和政策来降低风险损失和保障粮农收益。我国政府的粮食风险管理政策主要包括两个方面的内容：一是政府物质技术方面的投入，是指政府在农业基础设施和农业科研等方面的投入，像修建农田排灌系统和培育高产抗旱抗病优良品种等，以提高粮食综合生产能力和抗风险能力；二是政府的风险管理制度供给，主要包括财政灾害救助和政策性农业保险。

由于我国粮食种植风险机制的脆弱性是由多方面因素造成的，这种状况客观需要创建一种转移分散风险、分摊经济损失的风险管理机制，在这一方面，农业保险比政府救济更具优势，尤其是粮食作物保险对粮食生产更有保障，对我国农业发展与粮食安全有着重要作用。粮食作物保险通过转移和分散风险，可以使投保农户在遭受保险责任范围内的灾害后及时得到经济补偿，起到提高农业综合生产能力和促进农民增收的作用，使得粮食生产更有保障，是保证农业稳定发展、保障农民生活稳定的关键。

2. 农业保险及其分类

根据我国《农业保险条例》的规定，农业保险是指保险机构根据农业保险合同，对被保险人在种植业、林业、畜牧业和渔业生产中因保险标的遭受约定的自然灾害、意外事故、疫病、疾病等保险事故所造成的财产损失，承担赔偿保险金责任的保险活动。发展农业保险的主要目的是应对农业生产经营过程中动植物的生长机能受到不可预期的自然灾害和意外事故的破坏而产生的风险，保护农业保险活动当事人的合法权益，提高农业生产抗风险能力。农业保险是 WTO 规则所允许的“绿箱政策”之一，作为分散农业风险、补偿农业经济损失、稳定农业生产的重要机制，农业保险有助于优化农业生产结构、带动农业科技创新、促进传统农业向农业现代化跨越①。

① 徐斌，孙蓉．粮食安全背景下农业保险对农户生产行为的影响效应——基于粮食主产区微观数据的实证研究［J］．财经科学，2016（6）：97-111.

在各国农业保险发展实践中，农业保险的规模在不断扩大，产品种类也在不断地丰富，按照不同的标准，农业保险有多种分类。

（1）按承保的风险类型划分，农业保险可分为产量保险、价格保险和收入保险

产量保险是对由于约定的自然灾害或意外事故导致农产品的实际产量水平低于保障产量水平造成的经济损失提供补偿的农业保险，产量保险主要应对自然灾害引发的产量损失，是管理产量风险的一种制度安排，中国当前实施的成本保险，其本质为低水平的产量保险。价格保险主要应对由于市场不确定因素导致的农产品实际价格水平或毛利润低于保障价格水平造成的价格损失，是管理价格风险的一种制度安排。收入保险主要补偿因约定的自然灾害或意外事故导致的产量降低、价格下跌或产量价格共同变化而导致的收入损失，同时对价格和产量的不确定性提供风险保障。收入保险并非管理收入风险的全部，只保障因价格或产量造成的收入急剧下降，而不保障正常收入波动。

（2）按保险标的类别划分，农业保险主要分为种植业保险、养殖业保险以及涉农保险

种植业保险是指以各种农作物、林木为保险标的，以生产过程中可能遭遇的某些风险为保险责任的农业保险，种植业保险主要包括：以禾谷类作物、薯类作物和豆类作物为标的的粮食作物保险；以纤维作物、油料作物、糖类作物为标的的经济作物保险；以瓜果、蔬菜等为标的的其他作物保险；以具有经济价值的天然原始林和各类人工林为保险标的的林木保险；此外，还包括作物制种保险。

养殖业保险是指以有生命的陆生动物和水生生物为保险标的的保险，主要包括：以鸡、鸭、鹅等家禽为保险标的的家禽养殖保险；以猪、牛、

羊、马等家畜为表现标的的家畜养殖保险；以利用淡水水域或海水水域进行养殖的鱼、珍珠等海洋生物为保险标的的水产养殖保险；以鸵鸟、鹿、鳖、牛蛙等某些特种养殖动物为保险标的的特种养殖保险。

此外，农业保险还包括农机具保险、农房保险、渔船保险等涉农保险。

基于以上分类，农业保险的类型如图 4-2 所示。

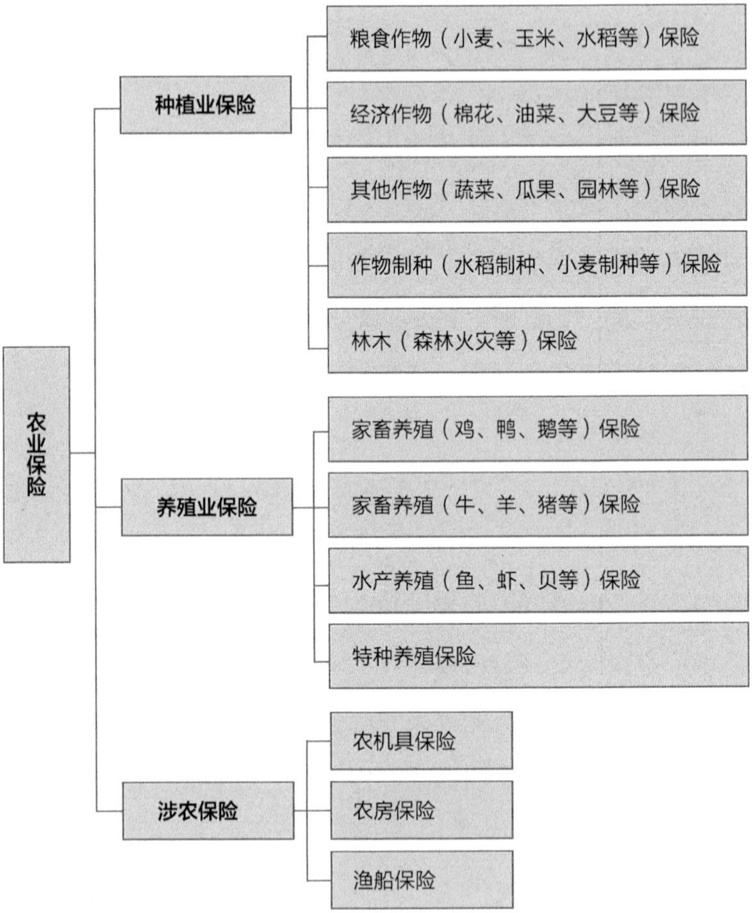


图 4-2　农业保险的分类

### 3. 粮食作物保险

按照作物生长阶段的不同，粮食作物保险分为生长期农作物保险和收获期农作物保险。生长期粮食作物保险的保险标的是处于生长期的粮食作物，以粮食作物在生长期间因农业风险造成的损失为保险责任的保险，包括作物成本保险和作物收获量保险。收获期粮食作物保险是以作物成熟后的初级产品价值为保险标的的保险，其承保期限一般是从农作物收割后进入晾晒场起至完成初级加工进入仓库之间的这一时期，凡成熟后进入收割、脱粒、晾晒、碾打、烘烤等初加工的粮食作物均可作为保险标的。

粮食作物保险的保险责任主要为保险合同中列明的因人力无法抗拒的灾害，包括两类：一是由于自然气候原因引起的自然灾害，如暴雨、洪水、内涝、风灾、雹灾、冻灾、旱灾、地震等，二是由病虫草鼠害等对投保农作物造成的损失。

粮食作物保险的特点与粮食生产的特点密切相关，主要有以下几点：

（1）风险大，赔付率高。与其他保险相比较，粮食作物保险的风险更大，赔付率普遍较高。“中国农业保险保障研究”课题组发布的《中国农业保险保障研究报告 2019》显示，2013—2017 年中国农业保险简单赔付率为 63.56%，2018 年赔付率高达 73.49%，这一水平显著高于一般财产保险的赔付率，而农业保险中，粮食作物保险的风险水平和赔付率又处于较高水平。

（2）保险金额低、保费和费率高。与养殖业和林业保险相比，粮食作物保险的金额较低、保费和费率较高。以河南省为例，根据《河南省 2015 年农业保险工作方案》的规定，玉米、小麦、水稻每亩保额分别为 329 元、447 元、487 元，每亩保费分别为 20 元、27 元、29 元，费率为 6%。而养殖业保险中，母猪每头保额 1000 元，费率 6%，保费 60 元；奶牛每头保额8000元，费率4%，每头保费320元；林业保险中，公益森林保险金额每亩平均500元，保费1元，费率仅2‰，经济林、园林绿化树种等成本、价值高的商品林每亩保险金额800元，保险费率仅为3‰。

（3）业务开展难度大。受多方因素的影响，粮食作物保险的业务开展难度大：其一，由于对粮食作物保险的宣传工作不到位，广大农户对防范风险的意识不强、对粮食作物保险认识不足，有的农户根本不知道有这项政策，有的农户听说过这项政策但对具体参保流程不了解，有的农户对保险公司存在误解、信任度不高，这些都导致农民参保积极性不足。其二，与其他商品生产相比，农民种植与生产粮食作物的收入低，保险费承受能力差，这在客观上限制了农户对粮食作物保险的需求。其三，粮食作物保险涵盖面广，业务分散，查勘定额、赔付兑现工作量都较其他险种大，保险公司缺少专业素质强的基层力量，以致粮食作物保险业务开展的难度更大。

（4）政策性强。由于粮食生产不仅关系到农户自身的经济利益，更涉及国家的粮食安全问题，粮食作物保险通常被认为是一种公共物品，因此许多国家在开展政策性农业保险时，一般把粮食作物保险列入政策性保险范围。

#### 4. 粮食作物保险的重要意义

粮食作物保险是农业保险的核心险种，具有分散农业风险、补偿农业损失、提高农业综合生产能力和促进农民增收的作用，承载了国家粮食安全的寄托和保障农户收入稳定的目标。

（1）农民微观视角

从农民微观视角的实践操作角度看，农民进行粮食生产的最主要目的是稳定收入和增加效用，因此，粮食产量和价格的稳定是保持农民生产积极性的前提。然而，粮食生产环节的产量风险和销售环节的价格风险使得农民进行粮食生产的收益面临很大的不确定性。在生产中，农民面临粮食从播种到收货期间，露天作业可能遭受的风云多变的自然灾害和病虫害，从而导致粮食作物的产量损失；另外，即使是在粮食丰收的年景，也可能出现“谷贱伤农”的现象，即因产量大增而带来粮食价格下降，农民从粮食销售中获得的收入减少。

面对这些风险，农民会自发地采取一些减少风险的手段，如通过创新农业生产方式、种植多样化、减少种植面积、增加其他劳动收入、邻里互助等方法管控风险，“平滑”家庭收入。但是，面对系统性的自然风险和价格风险，农民自身进行风险管控的效果是非常有限的。一方面，由于粮食生产过程中的自然风险是系统性的，譬如一场自然灾害带来的风险，仅靠农民自身的力量是难以分散与减少的；另一方面，在粮食销售市场上，农民没有议价的能力，处于价格接收者的地位，面临较大的价格波动风险，这类风险也不是农民自身能够加以分散的。

传统的农民自救或邻里互助的风险管理和控制方式不能起到应有的作用，客观上需要新的风险管理方式和控制机制，以确保生产和生活的安全和稳定，而农业保险即这种风险管理方式和控制机制。在政府补贴的情况下，农户只缴纳少量的保费就能参加粮食作物保险，并通过种植业保险将其“自担风险”转嫁给农业保险机构，由保险机构利用专业的技术和手段集中管理和分散风险，因此，粮食作物保险已经成为农户有效规避和管控粮食种植风险的重要方式。

（2）国家宏观视角

从某种程度上说，粮食作物保险在保障国家粮食安全、促进农村经济发展等方面具有特殊的功能，因此政府比农户更需要农业保险。

首先，粮食作物保险有利于保障国家粮食安全。从国家宏观战略高度考虑，粮食产出的持续、稳定增长是实现粮食安全战略的基础，对于粮食安全和农业生产起到“稳定阀”和“推动器”的作用。我国是自然灾害多发的国家，而小规模分散化的耕作方式限制了农户在农业生产中采用较为先进的农业生产技术，农业基础设施较为薄弱，频繁发生的自然灾害给粮食生产造成了巨大影响，减少了农民收入，破坏了粮食生产的物质条件，直接危害到粮食安全和社会稳定，需要对农业生产风险进行有效的管理和控制，降低各类风险对农业的影响。中央政府和地方各级政府通过财政补贴和各类优惠政策推动粮食作物保险的发展，利用保险业的先进理念和手段对粮食生产进行风险管控，达到事前预防、事中控制和事后补偿的效果。

其次，与传统的粮食支持价格相比，粮食作物保险可以减轻国家财政压力，提高社会资金的边际效用。这主要是因为，价格支持政策资金完全由财政出资，而粮食作物保险部分保费资金来自农户，虽然政府会支付一部分保费补贴，但这部分补贴是事先确定的，而且，保费补贴政策使政府的财政支出更加平稳，不再因为灾害而产生较大波动。因此，开展粮食作物保险有利于规避粮食生产过程中的各种风险、稳定农业生产、保障粮食安全，为农业生产和农村经济发展提供风险保障，以达到稳定农业生产和保障粮食安全的目的。

最后，粮食作物保险有利于保障贫困地区脱贫工作的顺利进行，是实现国家强农、惠农政策目标的重要金融工具。粮食作物保险既可以化解粮食生产过程中的各种风险，又可作为农村社会保障的重要组成部分，缓解农村贫穷。贫困地区通常是生产条件落后、自然灾害频发的地区，农户收入水平较低，受灾后难以及时有效地恢复生产。传统的灾害救济或政府扶持属于事后风险补偿，农户对于能不能获得救济和能获得多少救济资金并不确定，而且出于对风险的恐惧，大部分贫困农户不敢积极投资于新的农业生产技术和农业生产项目，这些都不利于贫困地区的脱贫[①]。而通过粮食种植保险的灾害补偿作用，能够保证农户在灾害发生后仍然能够恢复生产，在一定程度上降低或消除农户对于风险的恐惧，从而增强其采用新技术、投资新项目的信心。另外，有了粮食作物保险的保障作用，农户更容易获得农业信贷的支持，保证扶贫资金的安全和滚动使用，促进和带动农业生产的增效和增收。

### （三）我国保险业服务粮食生产的成绩

我国较大规模的农业保险实验于20世纪80年代初，在保险机构的摸索实践中不断地发展着，但受多种因素的影响，一直发展缓慢，难以起到应有的效果。直到2007年，我国开启新一轮的农业保险试点工作，开始实施中央财政性农业保险保费补贴政策，农业保险进入一个新的发展阶段，此后，保险覆盖面逐步扩大、风险保障功能日益凸显、保险服务能力不断提高，体制机制不断完善，推动我国农业保险实现跨越式发展。

#### 1. 保险范围逐步扩大

目前，中国已经成为全球第二大农业保险市场，经营种植业保险的原保险和再保险公司达30多家，其中有5家专业的农业保险机构：安信农险、安华农险、阳光农业互助保险、中原农险和国原保险。农业保险的品种越来越丰富，保险覆盖面越来越大，农业保险在提高农业防灾减灾能力、助推脱贫攻坚方面发挥了积极作用。

数据显示，2007—2016年，我国农业保险提供的风险保障从1126亿

① 李士森．基于风险管控的种植业保险绩效评价研究［D］．北京：中国农业大学，2019.

元增长到2.2万亿元；农业保险承保主要农作物面积从2.3亿亩增加到17.2亿亩，占农作物总播种面积的58.5%；保费收入从51.6亿元上升至374.7亿元，年均增长28.1%。① 目前，我国农业保险覆盖全国所有省级行政单位，保险范围涉及农、林、牧、渔各个领域，承保农作物品种二百余种。

2. 保险保障功能日益凸显

2007—2015年，中央财政以年均增长27%的速度拨付农业保险补贴资金，共计780多亿元。其间，农业保险累计为14亿户次农户提供超过7万亿元的风险保障。仅2015年我国农业保险承保主要作物达14.5亿亩，占全国播种面积的59%，玉米、小麦、水稻三大粮食作物平均承保覆盖率达到70%，为2.3亿参保农户提供风险保障近2万亿元，赔款支出260亿元，价格保险试点达到26个，试点品种增加到18个。②

3. 保险产品不断创新

目前，我国农业保险实践中，在传统粮食作物基本保险之外，不断创新保险品种。现有的保险品种有大灾保险、气象指数保险、价格指数保险、期货价格保险、收入保险，以及随着互联网技术的发展，创新出来的"互联网+农险"的模式。

（1）大灾保险

农业大灾保险，是为应对由于极端气象事件和疫病、虫害大范围流行导致的农林牧渔业生产巨大损失的保险种类。2017年，为推动农业保险"扩面、提标、增品"，加大对适度规模经营农户的农业保险支持力度，财政部发出《关于在粮食主产省开展农业大灾保险试点的通知》，在13个粮

① 袁祥州. 中国粮农风险管理与收入保险制度研究［D］. 华中农业大学，2016.

② 资料来源：《中国保险年鉴（2016）》。

食主产省[①]选择 200 个产粮大县，面向适度规模经营农户开展农业大灾保险试点。保障水平覆盖“直接物化成本 + 地租”，提高保险赔付金额，增强适度规模经营农户应对农业大灾风险的能力。

对适度规模经营农户实施农业大灾保险试点，是创新农业救灾机制、完善农业保险体系的重要举措。农业大灾保险的试点与推广意义重大，它能够避免农业因天气而导致的部分损失，降低农民家庭因灾返贫的可能性与概率。对我国农民发展模式的转型，对现代农业的大发展，以及对农村的扶贫工作，都有社会意义和现实意义。

（2）收入保险

收入保险是指保险金额体现农产品价格和产量，覆盖农业生产产值的农业保险。保障对象为全体农户，既包括规模经营农户，又包括小农户。2018 年 8 月 28 日，财政部、农业农村部、银保监会共同印发《关于开展三大粮食作物完全成本保险和收入保险试点工作的通知》（财金〔2018〕93 号），推动保障水平在目前种子、化肥等物化成本和地租成本的基础上，进一步增加劳动力成本至覆盖全部农业生产成本或直接开展收入保险，试点地区包括：内蒙古、辽宁各选择 4 个玉米主产县，其中 2 个县开展完全成本保险试点，2 个县开展收入保险试点；安徽、湖北各选择 4 个水稻主产县开展完全成本保险试点；山东、河南各选择 4 个小麦主产县开展完全成本保险试点。

开展玉米、小麦、水稻三大粮食作物完全成本保险和收入保险试点，是农业保险服务高质量发展的具体举措，对推动农业保险转型升级、进一步提高农业生产抗风险能力、切实调动农户种粮积极性具有重要的现实意义。

---

① 13 个粮食主产省包括：河北、内蒙古、辽宁、吉林、黑龙江、江苏、安徽、江西、山东、河南、湖北、湖南、四川。

（3）农业气象指数保险

农业气象指数保险是一种新型的农业保险形式，它以特定的农业气象指数作为触发机制，如果超出预定标准，保险人就要负责赔偿。农业气象指数与大灾后的实际农作物受损状况无关，因而不存在逆向选择和道德风险问题，且运营管理成本较低。

（4）农产品价格指数保险

农产品价格指数保险是指承保农产品价格风险的一种创新型农业保险，在保险有效期内，当农产品价格低于预先设定的目标价格或者价格指数时，保险公司给投保农户以价差赔偿，而不是对农户的实际损失进行赔偿。农产品价格风险是指由于未来的农产品价格波动使得农产品的实际价格与预期价格不同，造成农户收益发生变动，价格风险的存在使得农户收益不稳定，从而削弱其生产积极性。

2011 年，我国开始发展农产品价格指数保险，在上海、北京、四川等地，陆续出现了蔬菜、生猪等价格指数保险试点。2014 年起，开展农产品价格指数保险试点，也被写进了中央一号文件。较之承保农作物自然灾害风险的传统农业保险，农产品价格指数保险具有逆向选择和道德风险较低、经营管理成本低、易于推广销售、保障主体范围扩大的优势。但试点过程中也存在目标价格难以确定、缺乏合理的巨灾分散途径及价格统计信息相对缺失等问题[①]。

（5）农产品期货价格保险

农产品期货价格保险是规避农产品价格风险的一种新模式，是基于农产品期货市场设定目标价格和到期实际价格，利用期货期权工具设计价格

① 李亚茹，孙蓉．农产品期货价格保险及其在价格机制改革中的作用［J］．保险研究，2017（3）：90-102.

保险合同，赔付目标价格与到期实际市场价格差额的一款保险产品。2016年中央一号文件提出，稳步扩大“保险＋期货”试点，建立玉米生产者补贴制度，分品种实施差异化政策。同年，农业部明确提出积极探索保险与期货深度融合，并予以适当中央财政补贴。

农产品期货价格保险采取的是一种“农户＋保险公司＋期货市场”的模式，参与主体广泛，既包括政府、保险公司和农户，又包括商品交易所等，通过跨界合作，可以得到更充分的资金支持，进一步减轻保费压力。而且，通过期货公司为保险公司提供个性化的场外看跌期权产品，可以有效分散价格系统性风险。因此，发展粮食期货价格保险对于推进我国农产品价格形成机制的改革、保证国家粮食价格的稳定性、提高国家粮食流通和储备效率、维持国家合理的粮食存储水平具有重要作用。。

（6）“互联网＋农险”

互联网、大数据、云计算等信息技术的快速发展，催生了保险新产品、新技术、新模式的不断涌现，为促进保险业转型升级和创新发展提供了有力支撑，也为“互联网＋农险”创造了有利条件。2018年3月，我国已有50余家保险机构与第三方社会化云平台进行合作，使其保险系统功能更加强大和更加安全，全面实现了保险数据与外部数据的有效链接与融合，云计算的应用极大地拓展了保险业的功能作用。

2018年2月，平安产险、平安科技联合推出“农险＋科技”服务新模式，依托多项AI智能科技助推农险业务，致力于解决保险服务中的“准、精、快、好”问题[①]“互联网＋农险”有效提升了服务粮食生产的水平。

① “准”是准确知道承保标的的属主、承保标的位置、承保标的数量、准确赔款到户；“精”是指农险全流程的精细化管理、农险产品定价的精准、作业流程的精确化；“快”是指农险作业快捷高效，提供智能化技术减少人工作业和人为操作，让承保理赔流程线上化、自动化和系统化；“好”是指客户体验好、社会影响效果好。

农业领域大数据的应用成为保险公司产品设计与定价、风险防控、赔付测算的最重要的技术手段。比如，中航安盟，在承保、监测、赔付中广泛使用卫星通信技术、遥感技术、无人机应用技术等手段，形成从林业遥感监测数据获取、林业信息化应用、辅助指挥决策的一体化运行体系以支持林业险发展。同时，通过运用卫星遥感 RS、地理信息系 GIS、全球定位系统 GPS、气象分析、地勘采集系统等先进技术，对农户种植的农作物损失情况进行分析测算。

#### 4. 保险业务能力不断提高

从组织机构看，我国农业保险经营机构从 2007 年的 6 家增长到 2017 年的 35 家①，基层服务网点和保险协办人员大幅增加，初步形成了适度竞争格局。从服务手段看，保险经营机构在查勘定损中引入无人机、卫星遥感及 GPS 等新技术和新成果。从服务内容看，保险经营机构还不断试点指数保险和价格保险等新型保险产品，不断推出针对新型经营主体的保险服务。总之，我国农业保险服务能力不断提高。

#### 5. 保险制度愈加规范

十多年来，国家高度重视农业保险的发展，每年的中央 1 号文件都会对农业保险的发展模式、经营原则、保费补贴、再保险、农业大灾风险分散机制等提出指导性意见。2012 年《农业保险条例》的出台，从法律层面对我国农业保险的方向定位、扶持政策和经营模式等作了明确界定。之后，保监会等部门基于《农业保险条例》出台一系列规章，对农业保险市场准入、产品管理、规范经营等提出了具体要求。2015 年中国保监会印发《农业保险承保理赔管理暂行办法》，规范保险公司承保、理赔、协办

① 资料来源:《中国保险年鉴 2018》。

和内控等关键环节，提高农业保险合规管理水平，印发《关于进一步完善中央财政保费补贴型农业保险产品条款拟订工作的通知》，完成 15 大类品种、738 个农业保险产品条款集中修订清理，使得理赔工作进一步优化。2017 年印发《中国保监会关于保险业支持实体经济发展的指导意见》[①]（保监发〔2017〕42 号），完善农业风险管理机制，推动中国特色农业现代化。2018 年 8 月 28 日，财政部、农业农村部、银保监会共同印发《关于开展三大粮食作物完全成本保险和收入保险试点工作的通知》。

至此，我国初步形成了以《农业保险条例》为核心、以规章制度为支柱的农业保险管理体制。

## （四）我国保险业在服务粮食生产中存在的不足及原因分析

虽然我国农业保险得到了快速发展，但由于我国农业保险起点低、发展晚，整体发展水平仍然不高，在服务粮食生产的过程中，农业保险的保障功能仍未得到应有的发挥，还面临诸多问题。

### 1. 粮食作物保险保障水平较低

长期以来，我国农业保险产品多处于物化生产成本保险的阶段，甚至多数省份尚未达到完全覆盖物化成本[②]的标准，其保险金额还不足以覆盖直接物化成本，更别说地租、人力等成本，可以说只提供最低程度的生产支持，一旦发生重大自然灾害，如此成本保险显然无法有效补偿农户的风险损失。保障水平较低一直是突出问题。根据国家发展改革委成本调查数据测算，2015 年全国三大主粮的物化成本是 425.07 元，13 个粮食主产省三大主粮物化成本是 399.93 元，农业保险分别覆盖了物化成本的 86.8%

① 资料来源：http://bxjg.circ.gov.cn/web/site0/tab5225/info4067446.htm。

② 物化成本包括种子成本、化肥成本、农药成本、灌溉成本、机耕成本和地膜成本。

和 92.3%。同年，稻谷、小麦、玉米包含人工和土地成本的总成本分别为 1202.12 元、984.30 元和 1083.72 元，农业保险保额仅覆盖了总成本的 30.70%、37.48% 和 34.05%。

在小麦保险的赔付条款中，只有小麦在受灾后、没有任何剩余残值的情况下，才能得到全部保额的赔偿；保险期间内小麦由于暴雨、洪水、内涝等原因造成 30% 以上的损失率时，农户可以得到相应赔付；且保险期间内小麦由于旱灾和病虫草鼠害等原因造成 70% 以上的损失率时，农户可以得到相应赔偿；对于每次的灾害事故保险公司有 10% 的绝对免赔率，即若农户所受灾害损失在 10% 以内的话，不会获得任何赔付。但每亩小麦的生产成本（含人工成本）已远远大于保额数，由于劳动力价格的上涨，人工成本呈上升趋势，且已经是生产成本中必不可少的一部分。目前生产成本与保额差距较大，保额仅包含物化成本，并没有包含人工成本，农户受灾后并没有感到实际的保障作用，对农户来说投保吸引力很小。

### 2. 农户保险需求的积极性不高

农户未参保的原因是，很多农户听说过相关粮食作物保险，但对具体政策和参保流程不了解，这就是粮食作物保险宣传工作不到位的问题。宣传力度不够，广大农户对农业保险认识不足，甚至还有相当部分农户不知道有这项政策，就根本谈不上参加保险了。另外，不少农户认为“入不入都可以”，说明农户普遍对保险公司的信任度不高，对防范风险的意识不强，主要原因还是宣传效果没有达到。

此外，政府的农业补贴政策也让农民形成了一种依赖心理。在发生灾害事故时，农户不参加农业保险同样可以得到政府给予的补贴，认为即使购买了农业保险产品，从保险公司得到的赔偿也未必比没有参保的人从政府获得的补贴多，这也是农户对参与农业保险缺乏积极性的一个重要原因。

现有的保险以管理产量风险为主，农民在农业生产经营过程中主要面临产量下降和价格下跌两种风险，尤其是随着市场自由化和开放程度不断提高，价格风险对农民收入的影响越来越大，甚至会大于产量风险。因此，现有保险不能满足农户全面风险管理的需求。

3. 农业保险组织体系分散，承保单位缺乏专业的技术队伍

保险公司独自经营、保险公司与地方政府联办、保险合作社经办等现行农业保险组织构成的农业保险组织体系是分散的，无法充分调动政府、保险人、被保险人三者的积极性。同时，政策性的保险机构不健全，使得农业保险组织体系的主体作用很难体现。这些都制约了农业保险的快速发展。

农业保险涉及农业经济管理、商业保险、农业财政预算、农业气象、农田水利、畜牧兽医等多个学科，涵盖面较广，需要多方面协作。目前我国的农业保险从业人员大多没有受过专门的保险教育，又由于农业保险业务分散，查勘定额、赔付兑现工作量都较其他险种大，加上农村基础设施落后、交通不便、工作环境差，很多保险从业人员对农业保险都是敬而远之。多方面的原因导致农业保险从业人员专业素质不高，特别是核保、理赔、精算等技术型人才和管理、营销、培训等复合型人才严重不足，极大地制约了保险业的快速发展。

粮食保险业务性较强，由于专业技术人员不足，且通晓专业知识的人才匮乏，阻碍了粮食作物保险业务的顺利发展。保险公司缺少基层力量，想要深入千家万户开展粮食作物保险业务非常困难，严重阻碍了粮食作物保险的发展。

又由于粮食作物保险的勘查理赔工作量大，粮食作物一旦成灾往往波及大片田地和绝大部分农户，连续勘查所需的人力、物力均较大；不同程

度损失的勘查鉴定影响了理赔进度，易导致受灾农户产生不满情绪，进而制约了农业保险业务的开展和推广。

因为缺乏技术性较强的专业定损机构，灾害损失没有明确的评定标准，要使赔偿金额在农户与保险公司之间达成一致就很困难，也就极易产生理赔纠纷。而且即便勘查定损后，清算理赔的工作量也很大，致使理赔到户的时间较长，这些均会影响农业保险业务的发展。

## 二、保险业服务粮食生产的机理

在粮食生产领域加快推进保险业发展，有助于粮食生产持续稳定的发展，图 4–3 显示了保险业服务粮食生产的内在机理。在政府的政策引导和制度规范下，鼓励保险公司广泛开展农业保险业务，提高农业生产者参加农业保险的意识和积极性，有利于促进粮食产量的增长、粮食生产方式的转变和粮食种植结构的优化，进而实现农民收入稳定增长，保障国家粮食的安全。

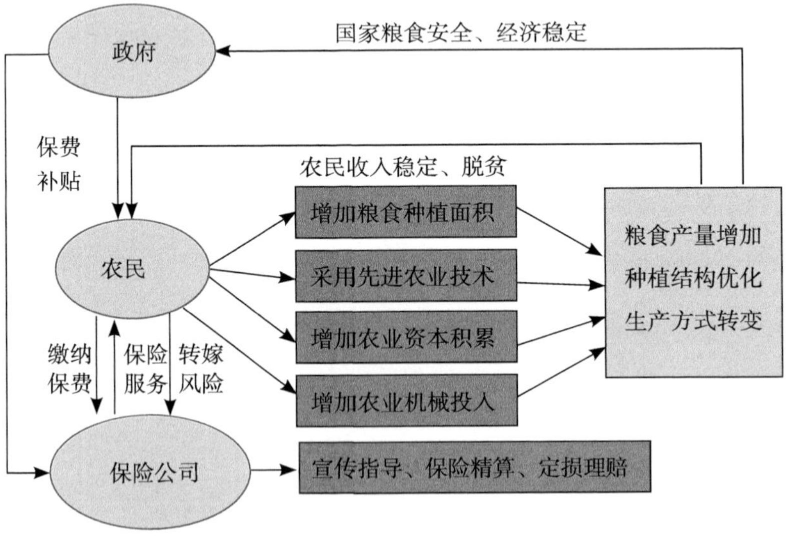


图 4–3　农业保险服务粮食生产的机理

### （一）农业保险促进粮食产量增长

农业产量保险可以为因自然灾害或病虫害而遭受损失的农民提供一定的损失补偿，这样农民进行粮食生产的风险会转嫁出去一部分，其预期收益会增加。在预期收益的驱动下，农民从事粮食生产的积极性提高，他们会在闲置的或者高风险的土地上进行种植，以扩大粮食播种面积，也会增加优种、肥料、农业机械、灌溉用水等生产要素的投入，并采用先进的农业生产技术来提高粮食单产水平。粮食播种面积和单产水平的提高都能带来粮食总产量的增加，而农业价格保险和收入保险，又可以化解市场价格剧烈波动导致的价格风险，避免“谷贱伤农”现象的发生，这样能保障农民种粮收入，又进一步巩固了农民的种粮积极性。单个农业生产者粮食产量的增长，必定带来地区或国家粮食产量持续、稳定增长，保证国家的粮食安全。

### （二）农业保险促进粮食生产方式转变

粮食生产过程中面临来自然灾害、市场价格波动等多种风险，而农民自身的抗风险能力较差，若无其他转移风险、分散风险的有效手段，他们更倾向于采取传统保守的生产方式来规避风险。在产量、价格、收入不确定性较大的情况下，农民只能通过控制生产成本来保证其生产利润，因此，他们不愿意采用先进的农业生产技术，也不愿意增加农业机械投入。

农业保险作为一种专业的风险管理手段，可以分散和转移农民的种植风险，为农民提供一定的损失补偿，从而提高农民的抗风险能力，有了保险保障之后，在期望收益最大化的驱动下，农民有能力也有意愿采用先进的农业生产技术、增加农业机械等生产要素投入，实现农业生产方式向机械化转变。

### （三）农业保险促进粮食种植结构优化

农业保险对粮食种植结构的影响体现在两个方面：一是在耕地总面积一定的情况下，农户通常会增加被承保农作物的种植面积，减少未被承保的作物种植面积。二是在存在政府保费补贴的情况下，农户会选择增加保费补贴较高作物的种植面积。如种植小麦的保费补贴提高时，农户会将原来用于大豆种植的耕地用于种植小麦，扩大小麦的种植面积。

政府保险保费补贴标准的设定，往往与其农业发展战略有关。国家每年都会出台一些关于主要粮食作物种植面积调整的政策，如近几年的调整政策包括稳定玉米种植面积、减少早稻种植面积、增加双季稻种植面积、增加大豆种植面积等。为保证政策的落地，政府除了直接调整各类作物的种植补贴外，也可以通过差异化的保费补贴来激励或引导农民响应国家或地方农业发展政策，调整各类作物的种植面积，如为保证大豆振兴计划的顺利实施，政府可以适当提高大豆保险保费补贴标准，降低一些高耗能作物的保费补贴标准，以鼓励农民增加大豆种植量面积，减少高能耗作物的种植面积。

## 三、保险业服务粮食生产的模式

### （一）粮食收入保险是未来发展的主要方向

农业收入保险是以农产品收入为保险标的，以保障收入或收入指数（预期收入的一定比例）为赔偿依据，承保作物年度内因单位面积产量降低、价格下跌或产量价格共同变化而导致收入损失的一种制度安排。 该保险包含产量和价格两个变量，且这两个变量在播种前和收获后会呈现出不同数值。作物播种前，该保险基于预期价格和预期产量确定预期收入；作物收获后，该保险基于实际产量和实际销售价格形成实际收入。当实际收入低于预期收入的一定比例（保障收入）时，赔偿触发①。当实际收入不低于保障收入时，该保险不承担任何赔偿。总之，农业收入保险能够同时承保价格和产量双重风险，保证农民播种某种作物可获得的最低收入水平。

我国农业保险目前处于保产量的发展阶段，具有保障水平低、保障风险单一、农民参保积极性不高等特点，造成这一窘困局面的主要原因是相比农产品的销售收入而言，农业保险费率较高②。我国农业应以“供给侧”改革为理念启动发展新战略，从降低保险费率的保险制度创新这一角度出发，促进农险保险保障由传统的产量损失补偿向市场风险补偿拓展，从“保成本”向“保价格、保收入”延伸。农业产量保险转换成农业收入保险后，相同保障水平下的保险价格会降低。因此，在我国推广农业收入保险可能会增加农业保险的需求和接受度。

对于农业生产者而言，既要保障稳定的农产品产量，又要防止农产品价格下跌，最关心的是收入减少。以保障收入为基础的收入保险，可以保障农业生产者因自然灾害导致的产量损失和因价格下跌而产生的收入损失，更为符合农业生产者的实际损失水平与风险情况。探索开展农产品收入保险，可以提高农业保险保障程度，扩展农业保险补偿功能，增强对农业生产者的吸引力，有助于实现维护国家粮食安全、保障农民收入等政策目标。

然而，由于存在市场价格风险的系统性特征，农产品价格指数保险，

---

① 袁祥州．中国粮农风险管理与收入保险制度研究［D］．武汉：华中农业大学，2016.

② 王保玲，孙健，江崇光．我国引入农业收入保险的经济效应研究［J］．保险研究，2017（3）：71–89.

在推广过程中遇到了很大的“瓶颈”，根据国际经验及试点情况，农产品价格指数保险适合于部分畜物产品，不适合大田作物的开展。实施农业收入保险可以在一定程度上降低保险费率和提高我国农业保险水平，建立一个广覆盖、高保障水平的农业收入保险制度是我国当前所迫切需要的。

## （二）粮食收入保险的优越性

第一，粮食收入保险保障全面，可以提供对自然风险和价格风险的全面保护。在歉收年份，粮食减产，粮食收入保险可以进行赔付；在丰收年份，粮食价格下跌，谷贱伤农，农民收入不增反降，产量保险不进行赔付，而粮食收入保险却可以。因此，粮食收入保险整合了产量保险和价格指数保险的保障范围，无论是粮食价格下跌还是产量下降导致农民收入减少，粮食收入保险均能够对农民进行赔付，最大限度地稳定了农民收入预期，保证了粮食生产和再生产的顺利进行。

第二，粮食收入保险保费更低廉。粮食收入保险同时承保粮食生产的自然风险和市场风险，在一定条件下，自然风险引致的产量变动与市场风险引致的价格波动存在负相关的关系，这样根据大数法则，在所保障的收入水平相当的情况下，收入保险比产量保险具有更低的总赔付率（Hennessy，Babcock & Hayes，1997）①，因而可以对被保险人收取更低的保费。因为二者结合起来承保能够产生一定的“对冲效应”②，平滑和降低总的赔付风险，进而降低保险人为承保这些风险而收取的保费。总之，综合考虑了自然风险和市场风险的粮食收入保险比单独承保某一种风险的农

① Hennessy，D. A.，Babcock，B. A.，& Hayes，D. J. Budgetary and producer welfare effects of revenue insurance［J］. American Journal of Agricultural Economics，1997，79（3）：1024-1034.

② 粮食丰收年份，粮食价格会下跌；而灾害高发导致粮食歉收的年份，粮食价格会飙升。

业保险产品更“便宜”[①]。

第三，粮食收入保险能更大限度地保障粮食安全。稳定粮食产量是保障粮食安全的关键，粮食收入保险既能直接稳定产量，同时又能保价格。根据蛛网模型理论，粮食产量主要受到上一期价格的影响，这意味着粮食收入保险通过熨平价格波动也可以间接地保障产量稳定。因此，粮食收入保险能够比产量保险和价格指数保险更大程度地保障粮食产量水平，实现粮食生产安全目标。

第四，粮食收入保险更符合 WTO 的绿箱政策规则，国际认可度更高。粮食收入保险属于 WTO 协议中的“绿箱”政策，不具有或不产生与导致贸易扭曲的价格支持相同的效果，可以减少政府的黄箱补贴数量，缓解我国当前农业补贴触碰 WTO 黄箱补贴限额的限制。而且发展粮食收入保险、与国际成熟的农作物保险市场接轨，可以进一步提高我国粮食支持政策的国际认可度，确保我国在世界粮食市场上的国际竞争力和话语权。

此外，作为一种市场化程度较高的价格风险工具，在相同保障水平和农业产品情况下，粮食收入保险的保险费率、保险需求、保费收入、保险深度和保险密度变化率都比较优化。在政府提供相同补贴的情况下，农产品收入保险可以为农业生产者提供更高的收入保障。因此，发展收入保险能充分发挥市场运作效率和财政资金的使用效率，对我国当前农业供给侧结构性改革和农产品价格形成机制改革具有重要意义。

鉴于收入保险在理论与实践上相对产量保险和价格保险的优势，我国学术界和政策制定者普遍认为收入保险将是未来中国农业保险发展的重要

① 王绪瑾．从粮食价格支持到粮食收入保险：历史必然与发展路径［C］. 2017 中国保险与风险管理国际年会论文集．

方向。2016年中央一号文件提出“探索开展重要农产品目标价格保险，以及收入保险、天气指数保险试点”。2017年中央一号文件又提出“探索建立农产品收入保险制度”。2018年中央一号文件提出：“探索开展稻谷、小麦、玉米三大粮食作物完全成本保险和收入保险试点[①]，建立多层次农业保险体系”。

## （三）实施粮食收入保险的条件

根据国内外收入保险实践发展与理论研究结果，粮食收入保险的成功实施需要具备一定的基础条件。

Muhr（2011）认为收入保险的实行需要如下三个基础要素：丰富的区域产量和价格信息、高效的价格发现途径、广泛而有力的公共财政和监管支持[②]。

而我国学者庹国柱、朱俊生（2016）[③]认为发展农业收入保险应满足以下五个条件：

① 农产品交易是完全市场化的；

② 较好的农作物产量数据和产量保险的经验；

③ 充分的价格数据和交易量足够大的完善的期货市场；

④ 保费补贴和大灾风险条件下的政府支持；

⑤ 严格有效的法律规范和保险监管。

---

① 完全成本保险，即保险金额覆盖物质与服务费用、人工成本和土地成本等农业生产总成本的农业保险。收入保险，即保险金额体现农产品价格和产量，覆盖农业生产产值的农业保险。保障对象为全体农户，既包括规模经营农户，又包括小农户。

② Muhr，& Re，M. Revenue Insurance：Covering Yield and Price Risks［R］. Basic Requirements from an Insurance perspective，2011.

③ 庹国柱，朱俊生．论收入保险对完善农产品价格形成机制改革的重要性［J］．保险研究，2016（6）：3-11.

## （四）我国实施粮食收入保险的可行性与路径

### 1. 可行性分析

在讨论中国引入粮农收入保险的可行性时，既要考虑是否满足上述的基本条件，又需要满足两大核心目标：保险公司能否经济可持续；农民是否感兴趣，愿意负担。

（1）理论上的可行性

粮食生产深受气象条件、地质条件等自然因素的制约，从古至今都是农业稳定发展的掣肘，因此，很多国家的农业保险初级阶段都是以农作物产量为标的来防范自然灾害导致的粮食产量下降损失的。然而，农民从事农业生产的目标是收益的最大化，而非产量的最大化，因此，只保障农民产量风险的保险计划与农民的生产函数不相匹配，也无法满足农民更高的风险管理需求。相对纯粹的产量类保险，粮食收入保险既保障农民因自然风险遭受的产量损失，又保障因市场风险导致的价格损失，对风险全面保障的特点，符合现代农民的经营目标，也满足农民追求收入稳定的内在要求。

（2）从粮食作物的价格和产量信息的可获得性来看

我国具备丰富的较为可靠的县级粮食单产数据，最早统计年份是 1950 年，这些数据都经过严格的统计调查程序产生，数据的准确性和可靠性得可以保障。但对于农户层面的粮食产量数据，特别是新型农业经营主体的产量数据，我国还比较缺乏。近年来，随着卫星测产和无人机航拍等技术的应用，我国粮食产量数据的数量和质量有了很大改善，一些保险公司积累了数年的农户产量数据，为开展收入保险提供了产量信息的积累。

（3）从粮食价格发现机制来看

部分农产品的期货市场具备了较好的价格发现功能，期货市场具有价格发现功能，是设定农业收入保险保障价格和收获价格、制定收入保险价格指标的最佳选择。期货市场价格是市场交易者综合当前和今后各种影响供求因素的基础上所形成的真实性和预期性的价格，更接近于远期真实价格，保险人和投保人都不可能作出比期货市场更好的预测。以期货价格为基础设定保障价格和收获价格，就能以最小的交易成本达成双方都满意的合同，同时规避投保人的逆向选择问题。

基于期货市场的套期保值功能，保险公司在与农户签订粮农收入保险合同后，在期货市场上卖出与承保品种相同、数量相当的期货合约，从而构成所承保的粮食现货与期货市场之间的盈亏冲抵机制，达到对冲价格风险的目标。

（4）从政府财政支持与监管支持来看

政府对农产品收入保险可以提供较好的公共财政和监管支持。2012 年我国颁布了《农业保险条例》，这是我国第一部专门规范农业保险各项关系的法规。在此基础上，保监会出台了一系列规章文件，对农业保险市场准入、产品管理、规范经营等提出了具体要求。2016 年、2017 年的中央 1 号文件连续强调了探索开展农产品收入保险试点和制度的政策性意见。2018 年，中央 1 号文件再次提出“探索开展稻谷、小麦、玉米三大粮食作物完全成本保险和收入保险试点，加快建立多层次农业保险体系”的指导意见，进一步为粮食收入保险在我国的顺利开展建立了强大的政策支持后盾。

综上所述，从农业收入保险成功的三个关键要素看，我国虽然尚有一些缺点和不足，但整体上已经初步具备引入农业收入保险的一定基础条件。

### 2. 路径

（1）强化中央政府责任

我国的农业生产方式以分散的小农经济为主，尚未完全实现规模化生产，部分地区风险难以测定，道德风险高。因此，粮食收入保险移植到我国后若要实现其预期功能，需要作出更大的适应性调整，应当在我国《农业保险条例》的基础上强化中央政府责任，这主要是由粮食收入保险的公共性所决定的。

我国传统农业保险保费是由政府、商业保险公司和农户三方分担，政府对商业保险的支持政策采取的是中央和地方“联动补贴”的形式，即要取得中央政府的保费补贴，必须先由地方政府进行配套补贴。但是，很多中西部地区的农业保险需求大省却同时又是相对贫困的地区，配套补贴加重了当地政府的财政负担，而粮食生产安全涉及整个社会利益，理应由全社会负担。因此，粮食收入保险在全国意义上的公共性决定了中央政府需承担最主要的责任。

当然，强化中央政府责任并非意味着采取强制保险的措施，我国《农业保险条例》明确规定了“政府引导、市场运作、自主自愿和协同推进”的原则，因此，粮食收入保险的推进仍需遵循自主自愿的方式。

（2）健全保费补贴机制

由于粮食收入保险具有正外部性与准公共品属性，不可能由市场自发形成均衡，各国政府多采用保险费补贴的方式支持农业保险发展。建立健全收入保险的保费补贴机制，发挥财政补贴资金的杠杆作用，引导更多农户参保和调动市场主体积极性，通过市场机制“由下至上”找到有效的可推广的收入保险模式。

同时，明确政府与市场之间的边界与“责任区”是开展收入保险试点的重要前提之一。政府不宜过多插手市场机制可以充分发挥效力的领域；市场也不应揽下超出自身承受范围或导致机制失灵的职能及风险。以探索建立收入保险制度为契机，完善农业保险运行机制，争取逐步解决在成本保险阶段因为保障水平不高而被隐藏的“边界模糊”问题，保障农业保险体系稳定运行。[①]

（3）落实保险服务化

保险本身属于服务行业，展业、承保、理赔、防灾防损、分保、保险投资及其附加服务都是保险服务，保险服务化是以客户服务为中心的理念，做好保险服务化就是要保证基本服务、鼓励附加服务、创新延伸服务。基本服务就是其展业、承保、理赔、防灾、分保和投资；附加服务是在基本服务基础上的扩展，如保险公司为购买粮食收入保险的农民提供免费的专业天气预报及病虫害监测和防治、帮助农民防灾防损，或是给未出险地区提供续保保费优惠等；延伸服务可以是有偿服务，仅提供优惠，但能够使保险消费者得到实惠、感觉到购买保险的附加价值。

落实粮食收入保险服务化、提高前端服务能力有助于降低粮食收入保险的综合费用率；做好后端理赔服务、粮食收入保险的综合赔付率跟上去，有助于降低经营费用率，在降低业务成本的同时，也能减少道德风险。[②]

（4）建立有效的基础数据信息采集和共享平台

开办粮食收入保险应具备完备的粮食生产（包括地块位置、面积、单产等）和粮食价格数据积累、粮食价格发现机制和公开即时的信息查询系统。积累完备的保险基础数据是粮食收入保险定价的基础，各保险公司及其分支机构要共同建立农业数据库，共享粮食产量、价格、损失等基础数据，充实的历史数据能保证定价的准确度和可信度。此外，我国应在目前三大期货交易市场的基础上，进一步完善期货市场的标准化运行，增加市

---

① 付磊．关于开展农产品收入保险试点的思考［N］．中国保险报，2018-02-13（004）．

② 王绪瑾．从粮食价格支持到粮食收入保险：历史必然与发展路径［C］．2017中国保险与风险管理国际年会论文集．

场交易品种，运用好期货市场的价格发现功能，处理好期货市场与农业生产者实际价格之间的关系，搭建收入保险“大数据”平台，为收入保险提供可靠稳定的数据和定价支持。

（5）建立灵活调节机制

通过在不同产品、不同区域进一步分类、细化，设置分层次的保障水平，以及根据经营情况设计年际间的费率调节系数，在确保费率充足的前提下，统筹试点规模、各级财政补贴资金规模、农户接受度之间的关系。同时，通过灵活的调节机制，引导农户主动提高生产防灾水平，也避免保险公司获得与其承保风险不相称的超额利润，抑制农户和保险公司的道德风险，提高财政资金的使用效率。

收入保险试点方案，应结合农产品的实际情况与政策现状，与国家农产品价格形成机制改革工作协同推进。在推动收入保险落地过程中，要考虑主产区与非主产区，将国家总体试点原则与各省实际相结合，可以考虑试点方案多样化，由农户自行选择投保险种，通过市场机制优胜劣汰，以寻求最佳效果，不断在过程中完善保险机制与产品，最终形成主流产品。

## 四、保险业服务粮食生产的案例

### （一）我国农业保险机构及其粮食作物保险产品简介

#### 1. 安信农业保险股份有限公司

安信农业保险股份有限公司成立于2004年9月，是我国第一家专业性农业保险公司。作为中国农业保险的先驱者和探索者，安信农业保险股份有限公司翻开了新时期探索我国农业保险发展的历史新篇。公司经营的主要目标是：推进上海农村保险事业稳定、健康发展，更好地发挥保险在上海都市型现代农业建设中的积极作用，按照国家有关政策法规，通过保险手段为上海农村、农业、农民在生产、经营活动中遭受自然灾害和意外事故提供经济补偿，为加快上海农业现代化、城乡一体化和建设社会主义新农村提供保障。

十多年来，安信农险秉持“立足上海，服务全国”的经营理念，紧贴农业、农村、农民的保险需求，积极参与上海农村社会经济发展，不断探索农业保险产品和服务的创新发展之路，实现了农业保险从较低保障水平向较高保障水平的跨越、从保自然风险到保市场风险的跨越、从单一灾害补偿功能到帮助政府增强社会管理职能的跨越、从传统化向科技化信息化农业保险的跨越。同时，公司积极探索差异化、个性化发展道路，谋求发展服务型的涉农险和效益型的商业险，来支撑和弥补农业险的经营风险。在各级政府的关心和扶持下，安信农业得到了持续稳定健康的发展，在服务上海农村社会经济发展、参与社会管理等方面发挥了积极有效的作用。

目前，安信农险在上海的险种多达57个；水稻、小麦、油菜、生猪、能繁母猪、奶牛、设施蔬菜、公益林、农机保险覆盖率达100%；农业保险服务体系已涵盖市、区（县）、镇以及村的多级网络；保险金额约193亿元，占全市农业总产值的56.2%，与发达国家的农业保险水平相当。

此外，安信农险秉持“立足上海，服务全国”的经营理念，先后在浙江、江苏开设了分支机构，主动服务当地经济社会发展，并积极探索两地农业保险市场。

### 2. 安华农业保险股份有限公司

安华农业保险股份有限公司成立于2004年12月，总部设在吉林省长春市。公司是在国家重视“三农”发展、提出健全农业风险保障体系、探索建立政策性农业保险制度的大背景下，由中国保监会批准成立的综合性经营、专业化运作的全国性农业保险公司，旨在提出健全农业风险保障体系，探索建立政策性农业保险制度。安华农业保险成立十余年来，始终秉持“根植农村、安身农业、贴近农民、服务三农”的企业宗旨，致力于探索新形势下农业保险的发展道路，在大力开办农业保险的同时，业务涵盖商业性财产保险及团体人身意外保险，形成城乡互补、农商并举的业务格局，年保费规模超过44亿元。

目前，安华公司农业保险范围主要包括养殖业保险、种植业保险、林业保险。其中种植业保险包括水稻种植成本保险、玉米种植成本保险、小麦种植成本保险、马铃薯种植成本保险、大豆种植成本保险。种植业保险均属于政策性保险，保费保额均由政府核定后统一颁布，政府保费补贴高，农户自交保费少，每亩保费仅需17.5～32元，农户自己仅需缴纳3.5～6.4元。保障范围广，包括：暴雨、洪水、内涝、风灾、雹灾、冻灾、旱灾、地震；泥石流、山体滑坡；病虫草鼠害。但目前的种植业保险仅保障作物种植成本，不保作物产量和收益。被保险人可以为集体经营的农垦企业（农场）、家庭农场、龙头企业、经济合作组织等。

### 3. 阳光农业相互保险公司

阳光农业相互保险公司是2005年1月经国务院同意、中国保监会批准、国家工商总局注册的我国唯一一家相互制农险公司。公司恪守“为农民谋福祉、为农村谋和谐、为农业谋发展”的企业宗旨，坚持“做优专业化公司、培育职业化团队、实行科学化管理”的发展思路，彰显“走进阳光、共享温暖”的品牌文化理念，承担社会责任，依法合规经营，扎实稳健发展，收到了农民得实惠、企业得发展、政府得民心的成效，为国家新农村建设和构建和谐社会做出了巨大贡献。目前，公司在黑龙江和广东省设有200多家分支机构，员工总数1500余人，年保费总收入超30亿元。

目前，阳光农业互助保险公司开办的险种有：包括水稻、玉米、大豆、小麦、马铃薯等在内的种植业保险，奶牛、能繁母猪等在内的养殖业保险，以及财产保险、责任保险、机动车辆保险和其他涉农保险等主险产品100余个。种植业保险经营范围包括：水稻、小麦、玉米、大豆、马铃薯等粮食作物种植保险；甜菜、亚麻、芸豆、白瓜籽、杂豆、西（香）瓜、万寿菊、月见草等经济作物种植保险；防护林、用材林、经济林等林木保险；水稻育苗大棚保险及其他种植保险。累计承保户次1619万户，累积承保面积达77206亩。

种植业保险责任为人力无法抗拒的自然灾害，在保险期间内，由于下列原因直接造成保险作物损失，减产程度达到20%（含）以上［旱灾、病虫草鼠害超过30%（含）以上］的，保险人按照本保险合同的约定负责赔偿：①暴雨、洪水（政府行蓄洪除外）、内涝、风灾、雹灾、冻灾、旱灾、地震等自然灾害；②泥石流、山体滑坡等意外事故；③病虫草鼠害。

4. 国元农业保险股份有限公司

国元农业保险股份有限公司是经中国保险监督管理委员会批准成立的第一家总部设在安徽的财产保险公司。公司由安徽省金融资产规模最大的国有大型金融控股企业安徽国元控股（集团）有限责任公司等26家企业共同设立。

成立国元保险是安徽省委、省政府在社会主义新农村建设中着力解决“三农”问题，防范和化解农业风险，建立一项长效支农、惠农政策的重要举措。国元保险以“立足安徽、服务社会主义新农村建设”为宗旨，实行“三步走”发展战略。第一步是用1～3年时间完成安徽省内经营区域的全覆盖；第二步是用3～5年时间在周边省份铺设网点，使公司成为具有一定实力的区域性农业保险公司；第三步是面向全国，用5～8年时间把公司建设成为“资本充足、管理先进、服务一流、效益良好、品牌卓著”的国内一流的创新型农业保险公司。目前公司经营区域覆盖安徽省、河南省、湖北省、贵州省、上海市。

国元保险以服务“三农”为重点，实行农业保险业务和财产保险业务并存发展的模式。经营范围不仅包括“种植业保险”“养殖业保险”“农房保险”“农民工意外伤害保险”“森林火灾保险”等农业保险业务，还包括财产损失保险、责任保险、法定责任保险、信用保险和保证保险、短期健康保险和意外伤害保险，以及上述保险业务的再保险等财产保险业务。公司农业保险及其他涉农保险保费收入总和占全部保费收入的比例不得低于60%。

### 5. 中原农业保险股份有限公司

中原农业保险股份有限公司（以下简称中原农险）是由17家国有企业共同投资发起设立的专业性农业保险公司，于2015年5月8日获中国保监会批准开业，注册资本11亿元人民币。作为河南省唯一的农业保险法人机构，中原农险紧紧围绕现代农业发展，以促进国家粮食安全生产为重点，以保障“三农”持续发展为己任，立足中原、面向全国，秉承“政府引导、市场运作、坚持创新、突出特色、追求专业、稳健经营”的宗旨，坚持市场化、合规化、科技化的发展思路，实施专业化、差异化、特色化的经营模式，努力成为中原地区现代金融、灾害救助、农业风险保障及社会风险管理体系的重要组成部分。目前，中原农险在河南省成立了6家市级分公司、55家县级支公司、57家县级营销服务部，实现了省内县级机构全覆盖。

公司经营范围包括种植业保险、养殖业保险、家财险、意外险等，其中种植业保险包括：小麦基本险、玉米基本险、大豆基本险、花生基本险、棉花基本险、油菜基本险、水稻基本险。在保险期间内，为被保险人提供风灾、暴雨、干旱、病虫害等多重保障。

## （二）粮食保险服务粮食生产的主要案例

### 1. 公主岭玉米产量保险试验田

随着我国经济进入新常态，农业发展也转入了由传统农业向现代农业转型升级的关键期，集约化、规模化、社会化的经营快速发展。与之相应的，农业保险也要适度改革、转型升级，从而更好地满足广大新型农业经营主体日益增长的风险需求，为农业现代化提供多样化、多层次的风险保障。

在“中国玉米之乡”吉林省公主岭市，有一片有点特殊的玉米地。这片玉米地不仅有由国家补贴的玉米成本保险，在农业产业化经营发展的推动下，2016 年起也开始试点玉米产量保险。“成本 + 产量”的双重保障，使这片玉米地成为保险业为农业现代化提供多样化、多层次风险保障的一块试验田。玉米产量保险试点在公主岭市能够落地，源于中粮信托在当地的“吉林玉米种植供应链农事综合服务一体化集合资金信托计划”中，对农业合作社贷款提出的一项要求。为规避玉米生产环节中的各类风险，最终保证信托资金安全，中粮信托作了充足的准备：在产前，有物权公司协助规范农业合作社的土地流转；随后，中粮信托为农业合作社提供流转资金。在产中，有农事服务公司为农业合作社提供技术指导、农资采购等服务，在产量稳定的前提下提升品质和收益。在产后，有中粮黄龙公司为合作社提供订单支持，保障玉米收购。尽管准备充分，但面对自然灾害造成的巨大损失，上述风险防范措施却都无能为力，因此，中粮信托积极寻求商业保险的解决方案，最终促成了玉米产量保险的落地。玉米产量保险发挥了重要的作用：其一，保证了中粮信托的资金安全；其二，可以减少投保农社因自然灾害遭受重大损失，而且投保了玉米产量保险的农业合作社可以顺利获得中粮信托的贷款支持。

玉米产量保险的保费与保障：根据玉米产量、免赔率的不同，多方协商后最终确定玉米产量保险的保障比例为 40%，对应的保费为 129.28 元 / 公顷，绝对免赔率为 10%，保险金额为 6400 元 / 公顷。根据试点区域情况，最终约定平均产量为 10000 公斤 / 公顷，单价为 1.6 元 / 公斤。

保险标的发生保险责任范围内的事故时，赔偿金额 =（保险产量 – 实际产量）× 约定单价 ×（1– 绝对免赔率）。按约定，平均产量为 1 万公斤 / 公顷，由于保障比例为 40%，保险产量为（1 万公斤 / 公顷 ×40%），即 4000 公斤。在实际产量为 0 公斤的绝收情况下，每公顷可获得最高赔付金额为（4000 公斤 –0 公斤）×1.6 元 / 公斤 ×（1–10%），即 5760 元。

与成本保险不同，产量保险应对的是大灾，而大灾会使农民直接面临颗粒无收的局面。双城堡镇黄花村瑞宏合作社理事长段树峰对此有着深刻的感受，他经营了 130 公顷玉米地，产量本应达到 1300 吨，但 2015 年发生大旱，使得其经营的玉米地近乎绝收，产量仅为 100 吨，150 余万元贷款加上种子、化肥等成本，一年就赔了近 200 万元。由于他未参加任何农业保险，甚至连政策性农业保险保障都没有，以致所有的损失必须自己承担。如果他同时承保了成本保险和产量保险，赔款则基本可以偿还贷款。这次深刻的教训促使段树峰对保险的认识发生了翻天覆地的变化，因此，2016 年他主动为其玉米地投保了产量保险。

当然，在试验中，投保人对于玉米产量保险产品也存在一些质疑。比如，范家屯镇孟家村乾程合作社理事长王成在农业合作社成立后，给自己经营的 400 公顷玉米地全都上了玉米成本保险，玉米产量保险推出之后，他又投保了产量保险。玉米成本保险作为一项政策性农业保险，按照2016年吉林省农业保险有关规定，每公顷土地农民花60元，政府补贴240元，保险金额为4200元，这样王成400公顷玉米地自己花了2.4万元，最高可获得168万元的保障。但相比较而言，玉米产量保险由于没有政府补贴，王成虽然多花了一倍的保费，却没有获得相应的保障。两相比较后，王成表示："玉米产量保险的思路和发展方向都是对的，但是保额与保费的比例不合理。"而且，他认为玉米产量保险的赔付条件也不够合理，如果200公顷玉米地绝收，对自己而言已是大灾，但按照玉米产量保险合同规定，另200公顷玉米的产量达到平均产量的40%就不能获得赔付。

对此，安华农险营业部总经理徐天解释道："与玉米成本保险相比，玉米产量保险费率并不高（2015年吉林省玉米成本保险费率为10%，而此次试点的玉米产量保险费率仅为2.02%），但由于没有财政补贴，农民直观感受是不便宜。""而将保障比例设定为40%有三个原因：一是试点的玉米产量保险是与玉米成本保险相配合的，按照2016年吉林省农业保险有关规定，将农作物80%（含）以上损失确定为绝收，因此，如果玉米产量保险的保障比例定为80%，保障就与玉米成本保险产生重叠。二是经过测算，当年玉米产量只要能够达到标准产量的40%，农民的收入就能够偿还贷款本金。三是40%保障比例对应的费率更容易被农民接受。"当玉米成本保险的保障比例如农民所愿达到100%时，每公顷保费将高达到9000余元。显然，高保障必须付出高保费。

尽管玉米产量保险在试点中面临诸多质疑与困难，但从长远来看，成本保险过渡到产量保险，并逐渐升级为收入保险，符合我国通过农业专业化和规模化经营实现农业现代化的发展趋势。成本保险如今成为农民接受程度较高的农业保险产品，也用了10年的时间。农业保险的发展需要循序渐进，每一次尝试都必不可少，每一步都需要扎实推进。

资料来源：金融时报，2016 年 11 月 15 日，www.ahic.com.cn/mediaReports/48 509.jhtml。

### 2. 安信风力指数保险为农业生产保驾护航

2015 年，在 9 月 11 日安信农业保险联手蚂蚁金服旗下网商银行、支付宝上线了一款互联网保险产品——风力指数保险，帮助农民降低大风灾害给农业生产带来的风险，完善农村金融服务场景。该保险产品由安信农业保险公司承保，通过网商银行和支付宝的渠道主要服务于农村金融保险市场，投保金额 1 元起，保障的是大风灾害后的农业生产。当用户投保地级市日最大风力达到 6 级以上时，保险公司将按照各地级市所对应的保险金额进行理赔。理赔依据则以中国天气网对外发布的各地级市日最大风力等级。该保险产品在支付宝上线一个多月，就有超过 4 万人投保。

传统农业保险由于其专业性很强，往往受灾以后都要经过二次定损，才能确定损失，而互联网农作物风力指数保险打破了传统农业保险的局限，能够以最快的时间让农户获得补偿，恢复生产。而依托于网商银行和支付宝的平台，风力指数保险可以覆盖到广大的农村用户。安信风力指数保险推出不久，就为遭受台风“杜鹃”袭扰的农作物进行了及时赔付，成为 2015 年 10 月 1 日互联网保险新规施行以来首批完成理赔的互联网保险产品。

9 月 29 日—30 日，台风“杜鹃”袭扰南方沿海省市，造成福州市强风暴雨，12 个县（市）区（含高新区）的 154 个乡镇受灾，农作物受灾面积 8.463 千公顷、成灾面积 2.785 千公顷。福州福清市一蔬菜种植户陈先生拥有 50 余亩蔬菜大棚基地，因为刚从事蔬菜种植不久，还未来得及投保传统蔬菜种植保险，在看到有推出风力指数保险就买了，“还好买了个保险，我一半以上的大棚都淹了”，陈先生早些年在外打工，不久前回到老家创业，风险意识比较强。他说自己用支付宝也好多年了，第一次看到网上也能买农业保险的，想着自己种了地，就试试看买了，没想到理赔速度这么快。根据安信农保方面的信息，截至10月19日，风力指数保险已经为接近3000位投保者进行了理赔，理赔款直接打进投保者的支付宝账户，切实保证了投保人的利益，减少了天气灾害给农业生产带来的损失。

2017年，在“农作物风力指数保险”的基础上，安信农险与慕尼黑再保险及天气科技（北京）有限公司共同推出了我国首个全面针对台风的保险，并出具首张保单。安信农险此次推出的台风保险由天气科技与慕尼黑再保险通过台风历史数据进行了3万场台风模拟，基于模拟结果结合气象技术与保险精算技术，有效地实现了台风的风险致灾评估。而且，台风保险充分利用了移动互联网技术，客户随时可以根据自身实际的台风风险灵活地投保保险额度，通过手机等移动终端设备进行投保。此外，台风保险支持台风造成的强风与强降水两类致灾因子，投保灵活，更具针对性。

# 第五章
# 期货业服务粮食生产的机理、模式及案例研究

在第二、第三、第四章分别研究了银行业、证券业和保险业三大金融业传统主行业服务粮食生产问题以后，基于目前我国粮食期货业快速发展的现实，本章研究期货服务粮食生产的机理、模式及案例。从期货品种包含较多粮食品种可以看出期货业与粮食生产较为紧密的关系。

## 一、期货业服务粮食生产的历史及取得的成绩

20 世纪 80 年代，我国的改革沿着价格改革和企业改革两条主线展开，而价格改革最早从农产品尤其是粮食开始的，要求国家更多地依靠市场这只“看不见的手”来调节经济，出现了粮食价格大升大降、农业生产大起大落、粮食买难、卖难等问题。由于市场体系不完善、不配套，粮食现货价格波动大、价格失真，缺乏相应的保值机制，使农户和粮食类相关企业总是暴露在价格风险中。

80 年代中后期，中国的价格体制改革开始进入攻坚阶段，为了解决市场机制引入农业和农村经济后出现的剧烈价格波动问题，国内一大批学者提出了建立农产品期货市场的设想。中国的期货市场是在政府体制转轨时期进行体制改革和制度供给的结果，一开始就具有“新型 + 转轨”的二元特征。

### （一）我国粮食期货市场的发展历史

从中国郑州粮食批发市场成立至今，中国期货市场经历了20余年的发展历程，这是中国粮食期货市场也是中国期货市场迅速扩张、规范发展的过程。中国粮食期货市场的发展历程大致可分为以下四个阶段：

#### 1. 起步探索阶段（1990—1993年）

经过多方论证，经国务院批准，郑州粮食批发市场于1990年10月12日成立，是我国第一个商品期货市场。成立初期，在市场中以现货交易为基础，并引入期货交易机制，开始起步。1991年3月，该批发市场签订第一份小麦远期交易合同，为中国农产品期货市场的发育奠定了基础。在现货交易成功运行两年后，于1993年5月，正式推出标准化的农产品期货合约，标志着我国的粮食期货市场开始正式建立了起来。

1992年，党的十四大提出建立社会主义市场经济体制目标的大背景下，我国政府最终确立了发展期货市场的政策思路。1992年9月，我国第一家期货经纪公司——广东万通期货经纪公司成立。随后，中国国际期货公司成立。1993年4月，中国颁布了第一个有关期货市场方面的法规——《期货经纪公司登记管理暂行办法》。

在期货市场发展的初期，中央政府是为了解决改革中的难题而设计的期货市场。到1993年，由于人们认识上存在偏差，尤其是受部门和地方利益驱动，在缺乏统一管理的情况下，各地政府纷纷推动了地方期货交易所的建立。到1993年下半年，全国各类期货交易所达50多家，其中半数以上为农产品期货交易或拥有农产品期货交易品种，期货经纪机构数多达百家，造成了期货市场的极度混乱和资源浪费。由于对期货市场的功能、风险认识不足，法规监管严重滞后，期货市场一度陷入了一种无序状态，不同品种的批发市场和交易所由不同部门管理，监管依靠部门和地方政府的行政命令，管理具有很大的随意性和不规范性，少数投机大户肆意操纵市场，酿成多次期货市场风险事件，给社会稳定造成了很大的负面影响，直接影响到期货市场的功能发挥。

### 2. 治理整顿阶段（1993—2000 年）

到 1993 年下半年后，期货市场盲目发展的弊端逐步显露，引发了大量经济纠纷和社会问题，1994 年的上海“粳米事件”和 1995 年的“327 国债期货事件”是这一系列问题的典型反映。期货市场的混乱使国家下决心开展深入持久的治理整顿。1993 年 11 月，国务院发布《关于制止期货市场盲目发展的通知》，提出了“规范起步、加强立法、一切经过试验和从严控制”的原则，第一轮治理整顿开始。

在第一轮治理整顿中，首先对 50 多家期货交易所进行清理，仅 15 家交易所被保留下来，关停 10 多个交易品种，将期货经纪公司减为 300 家。

1998 年 8 月，国务院发布《关于进一步整顿和规范期货市场的通知》，开始第二轮治理整顿。进一步压缩期货交易所、期货公司以及期货交易品种。1999 年，期货交易所数量精简合并为 3 家，分别为郑州商品交易所、大连商品交易所和上海期货交易所，期货品种也降至 12 个，提高了 9 个品种的最低交易保证金比例。同时，对期货经纪机构进行清理整顿。1999 年，国务院相机颁布和实施了《期货交易管理暂行条例》《期货交易所管理办法》《期货经纪公司管理办法》《期货经纪公司高级管理人员任职资格管理办法》和《期货从业人员资格管理办法》，粮食期货市场的监管力度不断增强，期货代理机构的数量大大减少，期货经纪公司最低注册资本金提高到 3000 万元人民币，经调整后正常运作的公司由 330 家减少到 150 家（见表 5–1）。

**表 5-1　中国期货交易所和期货品种的治理整顿**

| | 第一次清理整顿 | | 第二次清理整顿 |
|---|---|---|---|
| 期货交易所 | 由清理整顿前的 50 多家缩减为 15 家，对期货交易所进行会员制改造 | 由 15 家精简合并为 3 家 | 上海期货交易所（SHE） |
| | | | 大连商品交易所（DCE） |
| | | | 郑州商品交易所（CZCE） |
| 期货品种 | 期货品种削减为 35 个 | 期货品种削减为 12 个 | SHFE：铜、铝、胶合板、天然橡胶、籼米 |
| | | | DCE：大豆、豆粕、啤酒大麦 |
| | | | CZCE：小麦、绿豆、红小豆、花生仁 |

### 3. 稳步、规范发展阶段（2000 年以后）

两轮清理整顿最终使中国期货市场走出狂热的投机阶段，也使期货市场尤其是粮食期货进入寒冬。2001 年 3 月，“十五”规划纲要首次提出“稳步发展期货市场”。2002 年，党的十六大报告中提出要正确处理“虚拟经济和实体经济的关系”，为期货市场进步发展扫除了理论认识方面的障碍。2004 年，国务院出台《关于推进资本市场改革开放和稳定发展的若干意见》，提出“要逐步推出为大宗商品生产者和消费者提供发现价格和套期保值功能的商品期货品种”。

中国期货市场逐步走向法制化和规范化，中国期货市场“稳步发展”新阶段到来，新的期货品种不断推出，期货市场逐步趋于活跃，出现恢复性增长，交易量与交易额都稳步上升，并于 2003 年达到并超过历史最高水平。目前，国内农产品期货品种已上市的农产品期货品种基本覆盖了粮、棉、油、糖、林、鲜活等农产品领域，尤其是玉米期货等大宗粮食期货的推出，极大地丰富了我国粮食期货市场。我国粮食期货市场上市品种有郑州商品交易所的强筋小麦、普通小麦、早籼稻、粳稻、晚籼稻，大连商品交易所（DCE）的玉米、黄大豆 1 号。

中国期货市场监管体制和法规体系不断完善。2000 年 12 月，中国期货业协会正式成立，标志着中国期货行业自律组织的诞生，将自律机制引入了我国期货行业的监管体系。中国期货保证金监控中心于 2006 年 5 月成立，作为期货保证金安全存管机构，监控中心为有效降低保证金被挪用的风险、保证期货交易资金安全以及维护投资者利益发挥了重要作用。

#### 4. 创新发展阶段（2014 年至今）

2014 年 5 月，国务院出台了《关于进一步促进资本市场健康发展的若干意见》（以下简称新“国九条”）。作为资本市场全面深化改革的纲领性文件，新“国九条”对资本市场改革发展进行了顶层设计和战略规划，对期货市场改革发展给予了充分肯定和高度重视，对于凝聚改革共识、明确发展方向、共同推进期货市场更好地服务实体经济具有深远影响，标志着中国期货市场进入了一个创新发展的新阶段。启动了《中华人民共和国期货法》的起草工作，并列入全国人大立法规划。中国证监会出台了《期货公司监督管理办法》《关于进一步推进期货经营机构创新发展的意见》，并召开了首届期货创新大会。期货公司的风险管理、资产管理等创新业务全面展开。

经过多年的探索发展，我国粮食期货品种已涵盖了绝大多数大宗粮食品种，粮食期货市场由无序走向成熟，逐步进入了健康稳定发展、经济功能日益显现的良性轨道，市场交易量讯增长，交易规模日益扩大。同时，我国粮食期货市场功能逐渐得到发挥，粮食期货的国际影响力不断增强。

### （二）我国期货业服务粮食生产的成绩

我国粮食期货市场近年来得到了快速的发展，表现在上市品种、交易规模和结构、价格发现效率、交易中介与交易主体等方面。

### 1. 大宗粮食期货大部分已经上市

新品种的上市或者重新上市，各交易所的交易品种不再重复设置，促进了中国粮食期货品种结构的不断完善。2003 年 3 月，郑州商品交易所新推出优质强筋小麦合约，是中国期货市场自 1995 年年初至 2000 年 6 月清理整顿后首次上市的新品种。随后几年里不断有新的粮食期货品种上市或重新上市，至 2019 年 6 月，上市交易粮食期货品种共有 7 个品种，主要有普麦、强麦、早籼稻、晚籼稻、粳稻、玉米、大豆，基本覆盖了主要大宗粮食品种（见表 5-2）。

**表 5-2　中国目前正在上市挂牌交易的农产品期货品种**

| 交易所 | 成立时间 | 交易的粮食品种 |
|---|---|---|
| 大连商品交易所（DCE） | 1993 年 2 月 | 黄大豆 1 号、玉米 |
| 郑州商品交易所（ZCE） | 1993 年 5 月 | 强麦、硬麦、早籼稻、晚籼稻、粳稻 |

### 2. 我国期货市场交易主体状况

按照投资者是自然人还是法人划分，期货交易者可以分为法人客户和个人客户。我国个人客户占投资者总数的 97%，法人客户占投资者总数的 3% 左右。所有客户总量中以个人为主，这种投资者结构形成了个人客户主导期货市场的局面。同时，国内期货市场投资者结构进一步优化，私募基金、资产管理等专业机构发展迅速，专业机构投资者的数量和资金规模均显著增加。诸多业内有影响力的中粮、中纺、中储粮等央企，全球著名的粮商——路易达孚、邦基、嘉吉等，都已经在期货市场上通过套期保值等方法规避农产品价格波动风险。进入 21 世纪后，我国粮食期货开始进入崭新的探索时期。在这一阶段，一些龙头企业为摆脱传统订单的高违约难题，开始将视野放在期货市场上，希望利用期货交易对冲订单合同中的价格风险。与此同时，我国粮食期货市场也开始复苏，品种增加，玉米、大豆交易逐渐活跃，而且初步走向规范化，已经能够为农业经济主体提供可供利用的风险对冲工具（赵婷、安毅，2014）。河南、黑龙江等一批粮食企业、农业经济组织开始进入期货市场管理传统订单风险。

尽管机构投资者及其交易量逐年上升，但是，机构投资者的增加更多的是投向了金融期货，机构投资者换手率很高，持仓量远低于个人客户。农业经济领域参与套保的意愿较低，国家限制金融机构和金融资金进入商品期货领域，我国农产品期货市场交易者结构中的个人交易者比重比市场平均水平要更高一些。

散户交易的最大缺点是资金实力差、风险承受和市场分析能力弱，大量采取日内短线操作，不仅很难凝聚市场力量，而且易产生大量的非理性行为，阻碍了市场功能发挥作用，并对期货市场的长远发展造成不利影响。日本期货市场进入 21 世纪后突然衰落的重要原因就是产业套保需求不足、机构投资者发展滞后（郭晓利、刘岩，2011）。在很长时期内，中国期货市场发展的重点方向之一应是改革不合理的制度，提升机构投资者比重，吸引套期保值群体进入期货市场。

### 3. 粮食期货市场的价格发现的功能明显提高

首先，是粮食期货市场的投机成分不断降低，价格发现功能在提高，市场的价格发现能力和市场运行效率逐渐提高，期货市场对现货市场的引导不断增强，越来越多的涉农企业开始参考期货价格指导现货贸易。河北省粮食集团、河南金粒麦业有限公司、周口益海粮油有限公司等都从通过参考期货价格进行现货贸易。其次，大豆期货等与国际市场表现出越来越强的正相关性，大豆供需情况的变化以及相应的采购行为对世界大豆产业产生着越来越重大的影响。最后，大商所和郑商所推出的相关产业链合约组合，为相关粮食的现货企业通过套期保值规避风险提供了良好的平台，如大商所的大豆、豆粕和豆油期货合约，玉米和玉米淀粉期货合约。大豆、玉米等在期货市场上市早、成交量大的农产品合约的流动性充足，玉米等主要农产品期货品种期现价格拟合度超过了80%。

## 二、期货业服务粮食生产的机理

粮食期货自产生以来不断发展壮大，并成为市场经济体系中的重要组成部分，主要源于粮食期货市场难以代替的功能和作用。正确认识粮食期货市场的功能和作用，可以进一步加深对期货服务粮食生产机理的理解。

### （一）期货服务粮食生产的基本功能

#### 1. 规避风险

（1）利用粮食期货市场规避粮食现货价格风险

粮食期货市场规避风险的功能是通过套期保值实现的。粮食期货套期保值是指在粮食期货市场上买进或卖出与现货数量相等但交易方向相反的粮食期货合约，在未来某一时间通过卖出或买进该粮食期货合约进行对冲平仓，从而在粮食期货市场和粮食现货市场之间建立一种盈亏冲抵的机制，最终实现粮食期货市场和现货市场盈亏大致相抵。

下文以普麦期货交易为例，来说明普麦种植者如何通过普麦期货市场规避价格风险。在小麦主产区河南，小麦每年10月开始播种，来年6月收获。小麦价格受市场供求变化影响，经常发生波动。如果小麦生产者预计在收获期小麦价格可能会下降，为了规避价格风险，可以在播种时就在期货市场卖出交割月份在7月的与预计小麦产量相近的普麦期货合约。如果小麦价格在7月时果然出现下跌，在现货市场上以低价格出售承担了一定的损失，但可以在期货市场上将原来卖出的普麦期货合约买入对冲平仓来获得相应收益，小麦期货市场的收益可以弥补现货市场的亏损。如果生产者判断错误，7月现货价格不仅未跌反而上涨，那么对生产者来说，套期保值的结果是用小麦现货市场上的盈利去弥补小麦期货市场上的亏损。无论来年7月小麦价格如何波动，小麦种植者的风险都被转移出去了，风险规避的目的也就实现了。

（2）在粮食期货市场上通过套期保值规避风险的原理

在粮食现货市场和粮食期货市场同时存在的情况下，同一品种的粮食在同一时空内会受到相同的经济因素的影响和制约，两个市场的价格变动趋势相同，并且随着期货合约临近交割，现货价格与期货价格趋于一致。而粮食期货套期保值就是利用两个市场的这种关系，在粮食期货市场上采取与现货市场上交易方向相反的交易，在两个市场上建立一种相互冲抵的机制，无论价格怎样变动，都能取得在一个市场亏损的同时在另一个市场盈利的结果。最终，亏损额与盈利额大致相等，两相冲抵，从而将价格变动的风险大部分转移出去，即风险对冲、盈亏冲抵，这也是套期保值的核心。

（3）大量投机者的参与是粮食期货套期保值实现的条件

粮食生产经营者通过套期保值来规避风险，只是将现货风险转移，转移出去的风险需要有风险的承担者，粮食期货投机者正是粮食期货市场的风险承担者。客观上看，投机者的存在对生产经营者参与套期保值提供了流动性。因为期货套期保值者在期货市场进行交易时，必须有相应的交易者作为对手方，交易方可成功。如果没有投机者的参与，而完全依赖其他套期保值者的参与来保证每笔交易的达成，那么成交的可能性是微乎其微的。投机者虽然在主观上是出于获取投机利润的目的而参与期货交易，但在客观上却为套期保值的实现创造了条件，即流动性。即期货投机者在获取投机利润的同时也承担了相应的粮食期货价格波动的风险，是期货市场的风险承担者。

### 2. 发现价格

发现价格功能是指在市场经济条件下，买卖双方通过交易活动，使某一时间和地点上某一特定质量和数量的产品的交易价格接近其均衡价格的过程。粮食期货市场的价格发现功能是指粮食期货市场能够预期未来粮食现货价格的变动，发现未来的粮食现货价格。粮食期货价格可以作为未来某一时期粮食现货价格变动趋势的“晴雨表”。发现价格功能不是期货市场所特有的，但期货市场比其他市场具有更高的发现价格效率，这是基于粮食期货市场的特征决定的。

（1）粮食期货市场价格发现的原因

现代经济学研究表明，信息不完全和不对称导致价格扭曲和市场失灵，粮食期货交易之所以具有发现价格的功能，主要因为期货市场是一种接近于完全竞争市场的高度组织化和规范化的市场，粮食期货交易的参与者众多，众多的粮食商品生产者、粮食销售者、加工者、进出口商以及投机者等公开竞价，有助于公平价格的形成。而且粮食期货交易中的交易人士大多熟悉相关粮食行情，他们利用自己的信息、经验和方法，结合自己的粮食生产成本、预期利润，对粮食市场走势进行判断、分析和预测，报出合理的理想价格，参与公开竞价。这样形成的粮食期货价格实际上反映了大多数人的预测，因而能够比较接近地代表粮食供求变动趋势。

（2）价格发现的特点

①预期性。期货价格具有对未来供求关系及其价格变化趋势进行预期的功能。期货交易者是粮食生产商、食品加工商、贸易商或投机者，大都熟悉某种现货行情，通过竞价形成的期货价格实际上反映了大多数人的预期，因而能够反映未来的供求关系和价格变动趋势。

②连续性。期货价格是连续不断地反映供求关系及其变化趋势的一种价格。这是因为期货交易是一种买卖标准化期货合约的交易，实物交割的比例非常小，交易者买卖期货合约大多是利用期货合约做套期保值交易或投机交易，因而，在买进或卖出后，必须再卖出或买进相同数量的期货。同时，由于期货合约是标准化的，转手极为便利。买卖非常频繁，这样就能不断地产生期货价格，连续不断地反映供求变化，使期货价具有连续性的特征。

③公开性。期货价格是集中在交易所内通过公开竞争达成的，依据期货市场的信息披露制度，所有在期货交易所达成的交易及其价格都必须及时向会员报告并公之于众，粮食期货市场具有很高的透明度。

④权威性。正是因为期货价格真实地反映了供求及价格变动趋势，具有较强的预期性、连续性和公开性，所以在期货交易发达的国家，期货价格被视为一种权威价格，成为现货交易的重要参考依据，也是国际贸易者研究世界市场行情的依据。如伦敦金属交易所公布的基本金属的官方牌价，被世界公认为金属贸易买卖双方的定价基础；芝加哥期货交易所形成的价格已成为预测国际市场农产品供求、指导各国农业生产和农产品贸易的基准价格。

随着期货交易和期货市场的不断发展完善，尤其是随着期货市场国际联网的出现，期货市场的价格发现功能越来越完善，期货价格在更大范围内可以综合反映更多的供求影响因素，更准确地预测未来价格变化的趋势。也正是由于期货价格的上述特点，现货市场参与者纷纷将期货价格作为制定现货价格的最重要参考，采取“期货价格＋升贴水＋运费”的方式确定现货价格，这就让期货市场从价格发现中逐渐具备了定价的功能（中国期货业协会，2016）。

## （二）我国期货业服务粮食生产的作用

### 1. 规避粮食价格风险，稳定粮食产量

近年来，粮食价格波动频繁，农户的粮食种植风险较大，在很大程度上影响了农户的种粮积极性。我们应积极鼓励和指导农户利用期货市场套期保值功能进行风险对冲，有效规避其在粮食生产过程中面临的价格波动风险，并依据期货价格组织安排粮食生产，尽可能降低价格波动风险，稳定粮食种植收益，从而提高农户粮食种植和生产投入的积极性，有效保障国家粮食安全。

### 2. 利用期货价格引导信号组织安排农业生产，优化粮食种植结构，提高粮食生产品质

合理的种植结构离不开科学的价格信号和市场供求信息的引导，期货市场在这方面具有先天的优势，可为农户提供未来价格参考体系，帮助农户获得可靠的价格信号，使农户根据科学的价格信号合理安排生产经营计划，避免无序性，从而优化粮食种植结构。

期货市场具有价格发现的功能，对现货商品的未来价格走势有一定的预期性，利用期货市场的价格信号，有助于生产经营者调整相关产品的生产计划，避免生产的盲目性。例如，我国大连商品交易所大豆期货价格对东北大豆生产区的生产以及大豆产业都起到重要的指导作用，成为全国大

豆市场的主导价格；黑龙江等大豆主产区自 1997 年开始参考大连商品交易所大豆期货价格安排大豆生产，确定大豆种植的品种和面积。而且粮食期货合约规定了统一的、标准化的质量等级，一般采用被国际上普遍认可的商品质量等级标准。例如，由于我国黄豆在国际贸易中所占的比例比较大，所以在日本名古屋谷物交易所就以我国产黄豆为该交易所黄豆质量等级的标准品。

### 3. 有利于实现农户预期利润，增加农户收入

利用期货市场进行套期保值，可以帮助生产经营者规避现货市场的价格风险，达到锁定生产成本、实现预期利润的目的，避免生产活动受到价格波动的干扰，保证生产活动的平稳进行。粮食期货市场能为粮食企业规避风险，企业在自身业务实现稳健经营并有所发展的同时，增强了对农业及农民的反哺能力。比如，河南省延津县的金粒公司借助期货与现货并举的经营优势，利用期货与期权知识的基本原理，把与农民单纯一买一卖的收购方式拓展为代农储粮、保值储粮、保值订单等多种形式，农民可以根据自己的需要自主选择结款方式，确保农民能享受粮价上涨的收益。农民也可以利用期货价格，判断行情走势，并与收购商讨价还价。

### 4. 为政府制定宏观经济决策提供参考依据

民以食为天，粮食也是众多工业品生产的原料，粮食价格的剧烈波动，必然引起宏观经济的不稳定，甚至是大起大落。粮食现货市场的价格机制对经济的调节有滞后性的缺陷，而粮食期货市场价格反映了未来一定时期价格的变化趋势，具有信号功能和超前预测的特点，充分利用粮食期货市场价格发现功能调节市场供求，以粮食期货价格为参考依据，有利于政府科学合理地指导主要粮食的布局，优化农业生产结构，制定和调整宏观经济政策，稳定粮食市场和国民经济。以芝加哥期货交易所为代表的粮

食期货市场为众多的粮食生产商、加工商、贸易商等提供了避险的工具，有利于粮食市场的平稳运行，促进了美国农业生产结构的调整，保证了粮食价格的基本稳定。

## 三、期货业服务粮食生产的模式

### （一）期货业服务粮食生产的传统模式

#### 1. 直接方式：农户直接参与期货市场

（1）农户直接参与期货市场的做法

从理论上说，农户直接参与粮食期货市场交易，即“农户＋期货”方式，即在粮食收货以后，农户在现货市场卖出粮食现货，为了防止价格下跌利润减少，种植季节通过粮食期货套卖出期保值规避风险，充分利用期货市场的功能，实现期货与现货市场紧密结合，从而保障稳定的经营收益（见表 5-3）。同时，农户可以利用粮食期货市场信息来指导自己的生产经营，合理安排未来的粮食生产和种植，调整种植结构及时把握出售农产品的时机，这也有利于充分发挥粮食期货市场的价格发现功能，获取最大的利润。也就是说，农户既可以利用期货市场进行套期保值操作，为现货市场销售提供风险保障，又可以把期货市场作为市场实现方式，通过到期货市场进行交割，从而实现预先设定的经营目标，即农户通过“农户＋期货”组织生产、种植、销售和避险。根据以往研究，美国农场主直接利用包括直接参考期货价格进行生产决策和进入期货市场套期保值，比例在 8%~25%，涉及品种有玉米、小麦等。

**表 5–3 农户利用粮食期货市场交易规避风险的做法**

| | 粮食现货市场 | 粮食期货市场 |
|---|---|---|
| 种植季节 | 根据期货市场价格规划粮食种植 | 卖出和未来现货市场预计卖出数量相当的同种粮食期货合约 |
| 收获季节 | 旺季价格下降，卖出现货 | 将原来卖出的粮食期货合约买入平仓 |
| 盈亏 | 利润下降 | 有一定的盈利 |
| 目的 | 用粮食期货交易的盈利来补偿由于现货价格下降所减少的现货市场的利润 | |

（2）我国农户直接参与期货市场情况比例较低的原因

陶琲、李经谋（1997）认为，没有农民参与的农产品期货交易是不可想象的，也是根基不牢的。但是实践中却并非如此，即使在农产品期货发展水平较高的美国，粮食生产者直接参与期货市场交易的比例也不到 25%（蔡盛勋，2016）。我国普通农户参与期货市场更是不现实的，原因需要从我国粮食等农业的经营方式入手解答。

① 我国现有粮食生产是小规模分散经营

国外期货市场发展实践表明，合理的市场投资者结构是期货市场功能发挥好的基础与保障。由于我国农业经营是小规模的分散经营，粮食生产收入水平低，更无法支撑家庭支出，越来越多的农户主要通过外出务工等获得的非农业收入解决家庭开支，这种状况使农户对粮食价格越来越不敏感。而且，农户的人均耕地数量小，每户粮食总产量低，直接限制了参与期货市场的可能性。根据国家统计局公布的数字，2012 年我国农村人均经营耕地面积仅 2.34 亩，最近几年还有继续减少的势头。2018 年玉米每公顷产量 6104.29 公斤，粮食单位面积产量每公顷 5621.17 公斤，人均粮食产量 472.38 公斤。据农业部统计，截至 2016 年年底，我国土地经营规模在 50 亩以下的农户仍近 2.6 亿户，占农户总数的 97% 左右，占全国耕地总面积的 82% 左右，户均耕地面积 5 亩左右。即使城镇化会减少农户数量，但是短期内绝大多数仍属于小农户的范畴。我国大部分农业生产者的生产能力都达不到最小参与门槛。期货交易是大宗商品的规模化交易，我国目前上市的大部分粮食期货合约的交易单位最小是10吨/张（玉米、大豆）。我国农户这种超小经营规模普遍，每户产量还不够玉米期货合约的最小交易量10吨，导致普通农户参与期货的内生动力不足，而且分散的粮食生产缺乏统一的技术标准，产品质量控制能力不一，产品难以满足期货交易的要求。

② 我国农民整体文化素质低，思想观念陈旧，缺乏参与粮食期货交易的意识

期货交易的专业性极强，粮食期货交易者不仅需要熟悉期货市场的交易规则和制度，还要对影响粮食现货和期货价格的各种因素进行理性的分析和判断，如粮食产量、需求量、进出口量、库存量、天气、政策等因素的影响。这就决定了农户要参与粮食期货交易需要具备较高的文化素质和开阔的视野。改革开放以来，我国的教育事业取得了长足发展，农民的整体受教育水平程度也有较大提升。根据国家统计局公布的第二次全国农业普查公布的数据，按照户主受教育程度，我国农村居民仍然有6.77%的文盲，初中和小学学历居多，高中学历仅有6.79%，大学以上学历还不到1%。这样受教育水平的农户难以合理判断商品价格走势，更难以理解期货交易基本原理和制度（见表5-4）。

**表5-4 我国农村居民家庭劳动力文化状况（按户主受教育程度分）**

| 受教育程度 | 文盲 | 小学 | 初中 | 高中 | 大学及以上 |
|---|---|---|---|---|---|
| 比例 | 6.77% | 37.04% | 48.78% | 6.79% | 0.63% |

③农户抗风险能力较弱，不具备直接参与期货市场的经济实力

利用粮食期货套期保值可以规避粮食价格风险，但同时也要认识到，

期货市场的保证金制度、逐日盯市等制度，使投资者在享受可能的高收益的同时承担着高风险。改革开放以来，得益于中央的一系列惠农政策，农民收入水平一直在提高，但扣除必要的生活消费支出后，剩余的可供农民支配的收入依然很少。农村居民人均可支配收入距离支付期货交易的保证金尚有很大差距，目前我国农户尚不具备直接参与期货市场的经济实力（见表 5–5）。

**表 5–5　农村居民人均可支配收入**

| 年份 | 2013 | 2014 | 2015 | 2016 | 2017 | 2018 |
|---|---|---|---|---|---|---|
| 农村居民人均可支配收入 / 元 | 9430 | 10489 | 11422 | 12363 | 13432 | 14617 |

总之，期货交易是大宗商品的规模化交易，粮食期货交易需要参与主体农户有较高的专业知识和较强的经济实力。在我国目前的粮食生产经营方式下，只有极少数的粮食种植大户可以参与，众多的普通农户不具备直接参与粮食期货市场交易的能力和主动性。而且在我国，粮食安全是一个战略问题，政府通常会对这些大宗农产品的价格进行干预，生产者对这些产品的价格变动不敏感，就不会积极地去寻求规避价格风险的手段或工具。而通过土地经营权的流转等，形成生产的规模化，达到规模经营的种粮农户才更有动力研究和参与风险分担机制，才会有直接参与期货市场的可能。

### 2. 间接方式

期货市场的产生最初源于农产品流通的需要，与农业尤其是粮食具有天然的联系。经过长期探索，部分发达国家的农业经济和现代市场体系出现深度结合后，发展出一种高级的农业经济组织形态——期货农业。期货农业就是利用期货市场的价格发现和避险功能，创新地将期货操作与传统农业和订单农业相结合，实现农户、专业合作组织、企业等链接的一种产业化生产经营方式。从农业市场化的角度看，期货农业是将期货市场引入农产品种植、加工、贸易以及基于农产品加工的生产经营过程，以期货市场价格为导向，结合参与期货市场套期保值，促进农业的产业化、现代化、市场化的新型农业生产经营模式。从农业组织化发展的角度看，期货农业则是在农业市场化和组织化的发展过程中，以合作社或其他经济组织作为连接农户和企业的组织基础，通过“订单+期货”“组织+市场”的模式，构筑起的一种新型农业组织和农业经营体系（赵婷、安毅，2014）。从某种意义上讲，期货农业实际上是订单农业的高级阶段。

发展期货农业是为克服传统农业经济组织模式中的契约定价和风险处理难题，目前摸索出的新型订单模式形式多样的，组织架构也各不相同，但具有两个共同特点：一是将订单定价与期货市场连接起来，实现灵活定价；二是利用期货市场管理订单中的价格风险。

（1）传统订单农业的弊端

传统订单农业是把农业生产与加工、销售企业联系起来，间接反映市场的需求，引导农民按照市场需求进行生产，减少农业生产的盲目性、无序性。近年金融支持订单农业发展过程中却面临诸多问题。

①订单合同不规范

一是部分订单合同主体不合法，存在以协会、专业合作社名义签订合同的；二是存在非书面的订单合同。订单合同应当采用书面形式，但是许多粮食加工企业与生产农户之间只是一个口头收购协议，无书面合同。三是有的订单合同内容不全面，合同的标的、质量以及价款规定、履约方式、违约责任、解决争议的方法等约定含糊，操作性不强、约束力低；这种合同在履行过程中，极易造成纠纷，而且一旦发生纠纷，很难寻求法律的保护。

②订单违约率高

订单合同的当事人是农户和涉农收购企业，订单能否按约执行受双方行为的影响。订单农业合同在实践中，出现违约的形态主要是企业违约和农户违约。据统计数据表明，汉中辖内订单合同的履约率不足 20%，而有 80% 的订单农业合同都未能实现。因此导致了订单农业合同的高违约率。一方面，农户普遍存在法律意识淡薄，违约成本低，如果粮食市场价格比约定的合同价格高，会觉得自己的经济效益受损而不履行合同。另一方面，当粮食的市场价格比订单农业合同约定的合同价格低，涉农收购企业会觉得自己的经济利益受损，借口粮食质量问题而拒绝接受农户的粮食，甚至使用一些欺诈手段欺骗农户。

③定价机制不完善

价格是合同中至关重要的因素，但农产品价格波动较大，我国的农产品期货市场发展相对滞后，加之一些农产品生长周期又较长，致使许多农产品订单合同在定价时缺乏参照系统，订单价格与最后农产品收购时的市场价格相差悬殊，许多订单几乎成了一纸空文。大量无效订单的产生严重影响了订单合同的严肃性，也使许多信贷资金风险陡增，挫伤了金融机构支持订单农业的积极性（戴硕，2018）。

④企业与农户利益对峙

企业与农户通过签订合同买卖粮食过程，双方是在公平互利的基础上签订订单合同完成商品产销，由此实现各自的经济效益，双方是唇齿相依的利益共同体。但是，由于我国很多小规模的涉农企业、农户自身素质不高，缺乏长远的发展眼光，没有建立起合理的利益制衡机制或利润分成机制，在订单运营过程中诚信意识淡漠，缺乏合作共赢的意识，只顾各自的眼前利益，当市场价格出现波动时，表现尤为突出，结果导致合作关系无法有效地持续下去。

⑤缺乏服务监管体系

一方面是缺乏完善的订单农业服务体系。一是粮食产业化经营程度低，没有固定的销售渠道，粮食生产、流通、销售三大领域衔接链不稳定；二是地方政府在发挥粮食产业订单农业的过程中，配套措施不健全，作用有限。三是基层金融机构对粮农提供的金融服务和信贷支持还不到位。另一方面是缺乏健全的法律法规和监管体系。订单合同的违约方的违约成本太低，合同对双方当事人的约束力太弱，导致农户和涉农企业把违约当儿戏。

（2）“农户＋合作组织 + 企业”和“订单 + 期货或期权”模式

①合作组织参与粮食期货交易或期权交易

为了克服“种粮农民 + 粮食期货”方式的不现实性，成立代表农户共同利益、农户管理、农户受益的企业、社团、组织或机构，如“农户合作组织”“农业协会”“经销公司”等中介合作组织，合作组织把分散的农户组织起来，将小规模的家庭经营农户联合起来实现规模经营，实行统一供种、统一植保、统一供肥、统一保险、统一收购等产前、产中、产后有效服务，农户与合作组织、企业之间通过协议或订单农业的形式建立利益联结机制，采取“农户＋合作组织＋企业”的运作方式，进一步拓宽市场，减少中间环节，实现了小农户与大市场的对接，促进农民增收和企业节本增效，确保各方尤其是农户的利益。少数合作组织还可以行使金融服务职能，提前锁定种植收益，规避风险。同时，合作组织通过在粮食期货市场上建立相反的头寸套期保值，把期货市场作为远期市场来实现交割，建立规避风险的机制，而且利用粮食期货市场的价格安排生产。在实践中，如美国，合作组织往往与粮食需求方签订远期合约，通过在期货市场套期保值进步获得保障，即“种粮农户＋合作组织＋企业”和“农户＋合作组织＋期货”组织生产、种植、销售和避险，这样生产者可以不直接通过在期货市场上套期保值等交易，又能够有效地规避风险，充分发挥粮食期货市场的功能。简单地讲，就是把传统订单模式的价格风险转移到期货市场投机者。在这种模式中，合作组织起着至关重要的作用，它是农户和各类企业之间的桥梁和纽带，农户通过加入各类中介合作组织，间接实现对期货市场的参与（见图 5-1）。

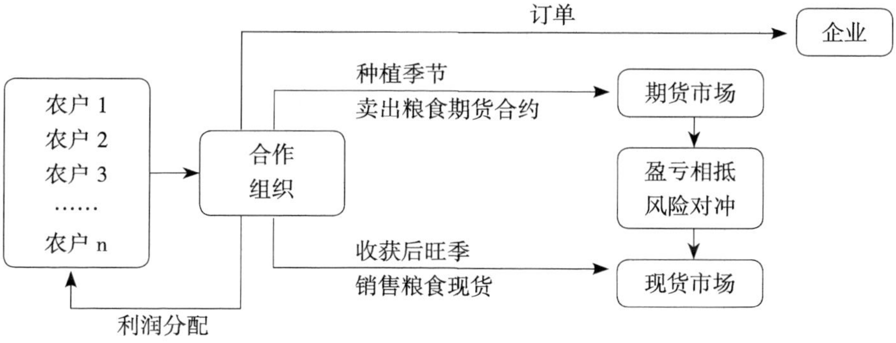


**图 5-1　农户间接通过中介合作组织参与粮食期货市场交易**

为解决期货交易的风险性难题，期货交易已开始有序推出粮食期货期权，可通过期权交易来管理粮食价格波动风险，如买入玉米期货看跌期权，可有效控制交易风险、降低交易成本，更为灵活地实现管控粮食价格波动风险。

在这种模式中，中介合作组织的经营能力、避险能力是决定该模式成败的关键因素。但是，粮食期货大多是基础性的大宗农产品，这些商品的需求量大且用途极为广泛，资产专用性较弱，粮食市场交易更为广泛，粮食类中介合作组织的生成相对较难。现有的多数粮食作物中介合作组织经营松散、资金来源渠道比较狭窄，发展动力不足，合作组织规模小，合作组织整体发展比较滞后，覆盖面小，在人员构成中，产业带头人、农业科技人才和业务骨干占比偏小，专业人才引进难度大，合作组织人员综合素质和经营管理能力相对不足，导致其无法承担连接农户与期货市场的重任。因此，目前情况下，我国农户很难通过合作组织参与期货市场。

以期权合约来管理粮食价格风险中现实的问题在于：一是已上市的粮食期权种类仅有玉米一个品种，难以满足各类粮食的风险管理需求。粮食期货市场功能有待提高，粮食期权市场和柜台交易市场发展滞后，不能满足粮食生产商、加工商等经济主体风险管理的多样化需求。二是农业合作组织发展落后而且不独立，达不到“社员所有、社员自治、社员自享”的治理结构，无法深入参与到创新粮食期货农业模式的过程中。三是若引入期货公司协助进行风险管理，会增加农业合作社的管理成本，农户分摊也相应增加，降低其参与积极性（李铭、郑钧，2019）。

②“农户＋合作组织 + 企业”生产，企业参与粮食期货交易或期权

中介合作组织仍然通过订单方式发挥“农户＋合作组织＋企业”的桥梁作用，由中介合作组织代表农户和规模较大、技术较先进的企业签订订单，农户按照公司的要求标准进行生产。同时，在订单交易的基础上，企业与合作组织签订一份具有期权性质的保底价订单，当粮食市场价格低于保底价时，企业按保底价收购；当粮食市价高于保底价时，企业按市价收购。既能保障农户粮食的销售价格，防止“谷贱伤农”，又能保障订单的高履约性。具有一定话语权或者较大规模生产的农户可以直接和涉农企业签订交货的时间、数量和质量。

我国农业企业在农业订单中也探索了将期货套期保值、期权套期保值和远期合同定价进行结合的一些新型定价方法，如期货推算定价、浮动定价、回望定价、延期点价等（见图 5–2）。其中，期货推算定价的最大特点是以集中公开交易的期货价格作为基础，提高了定价的公平性。浮动定价则提高了农民出售农产品的价格，有利于提高农民积极性。这两种远期定价方法改进了传统订单的定价困境，但是又都属于事先固定远期交货价格的方法，如果价格在产品交收期出现大幅变化，农民依然可能会选择违约。回望定价和延期点价则改进了以上定价方法，在农业订单中给农民交割价格选择权，农民可以在交割期后选择一个自认为较好的历史价格出售农产品（赵婷、安毅，2014）。

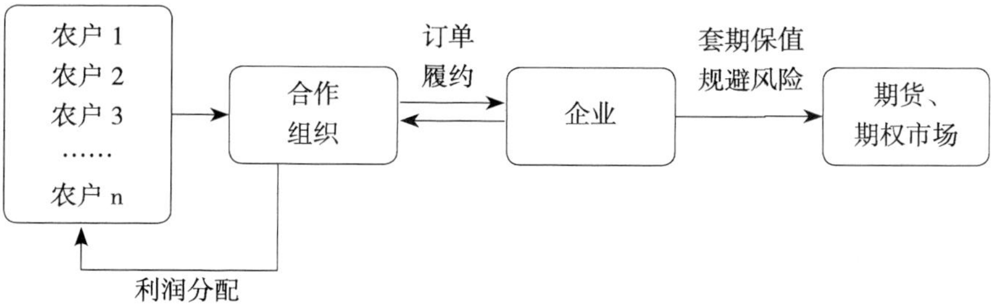


**图 5–2 “农户 + 中介合作组织 + 企业”**
**模式下企业参与粮食期货市场交易**

这里存在的关键问题是很多涉农企业规模相对较小，缺乏期货专业人才和参与期货交易的保证金不足。为了解决这些问题，一方面，可以从期货公司引入期货投资顾问，为员工进行粮食期货市场交易提供专业的培训，并为其设计适宜的套期保值交易方案。另一方面，可向支农银行申请信贷资金作为期货交易套期保值的保证金，并由期货公司同时向支农银行报告企业的交易行为及资金余额等情况，共同监督企业信贷资金的使用，确保信贷资金交易安全、风险可控。

（3）“保险 + 期货”模式的实质：保险媒介与期货市场的结合

2016 年、2017 年和 2018 年三个中央“一号文件”，要求深入推进农产品期货期权市场建设，稳步扩大“保险 + 期货”试点，探索“订单农业 + 保险 + 期货（权）”试点的规模和范围，全力推进金融业跨界融合，提升期货市场服务“三农”水平。各大期货交易所和期货公司积极响应，试点项目已涉及玉米、大豆、棉花、白糖、天然橡胶等农产品，创造性地融合了期货风险对冲与保险风险分担的市场功能，形成了服务农业风险管理的中国模式。

“保险 + 期货”模式的主要流程为：农民（或农业合作社）向保险公司购买价格保险（农产品跌价风险转嫁给保险公司），保险公司再向期货公司购买场外期权（保险公司偿付风险转嫁给期货公司），期货公司入场进行对冲交易（期货公司将风险转嫁给期货市场上的交易对手），以及保险公司后续向农民（或农业合作社）理赔等环节（见图 5-3）。

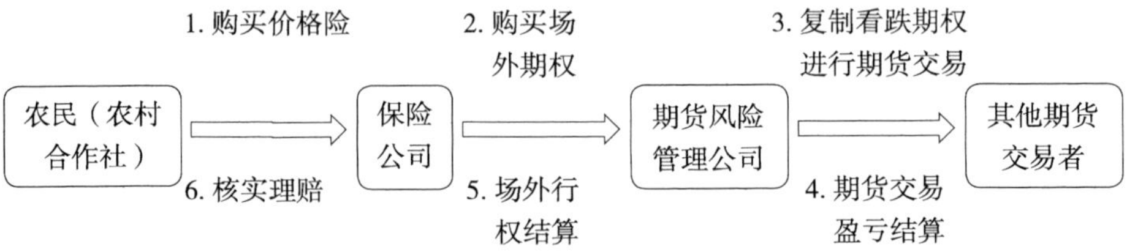


**图 5-3 “保险 + 期货”模式交易流程（数字）及风险转移情况**

如果产品市场平均价格低于保险目标价格时，保险公司启动保险理赔，按照保险合同约定履行价格保险赔付义务。投保人可通过保险公司获得赔付，投保人获得保险理赔标准不低于该产品目标价格补贴标准，而保险公司则可以通过期货公司的看跌期权得到赔付。该模式中保险合同事前经保险监管部门审批，事后发生风险由保险公司按保险合同进行理赔，具有良好的公信力和执行力，农户接受度较高。而且，保险 + 期货”试点的保费构成中，大部分来自各期货交易所的补贴，少部分来自农业部和地方政府的资金支持，农户自身不承担保费或仅承担 20% 左右的保费，就可获得一份农业价格保险，有效地防范了农户的种植风险，帮助承保农户实现“保收稳收”，极大地提高了农户参保的积极性。

“保险 + 期货”本质是保险市场和期货市场功能的融合，为涉农产业主体提供管理风险的工具。目前，“保险 + 期货”试点的开展，一定程度上发挥了保障农民种植收益的“稳定器”作用。

但是，在实施过程中发现，“保险 + 期货”模式的作用发挥受上游收储企业的现货吞吐能力和产业链上相关粮食定价权的影响。除“保险 + 期货”外，目前部分地区则开始探索引入银行融资业务，形成“期货 + 保险 + 银行”模式。银行通过对上游企业提供融资支持，可以更好地提升该模式的运作效力，多维度促进产业转型升级。农户或新型农业经营主体在参与“保险 + 期货”后，收入得到保障，提升了在银行的信用水平，银行对其中符合贷款条件、有融资需求的农户、农业企业发放贷款，解决其从事农业生产的资金问题。农户还可以将农业收入保险的保单质押给商业银行，以获得“专项贷款”定向支付农资、机械收割等费用，解决了农户因无法提供担保物难以获得银行贷款的现实问题，从而将“保险 + 期货”模式进一步改进为“保险 + 期货 + 银行”的一站式金融服务体系。

但是，目前“保险 + 期货”的实际运作以期货交易所资金支持为主，该模式中针对粮食的试点有限，现有支持力度难以覆盖更多粮食品种，无法推及全国大多种粮农户，还需要不断拓宽粮食品种覆盖面，让更多的种粮农户受到该方式的润泽。同时，一些农业保险公司从事农业保险经营的风险大，且“保险＋期货”涉及合同审批、场外期权交易、点价定损等延伸环节较多，部分保险公司主动参与的意愿不强（李铭、郑钧，2019）。这都亟须在国家层面建立起完善的财政支持机制，如将“保险＋期货”纳入政策性保障框架、明确保费补贴的对象和比例、规范场外期权收入的缴税安排等，调动各方的参与积极性。

## （二）制约粮食期货市场发展的因素

### 1. 我国缺乏粮食种植规模化生产的基础因素

首先是超小规模经营难以实现订单生产，订单生产和非订单生产对总收入上无明显的影响，所以农户参与期货和价格保险的内生动力不足。此外，普通农户对粮食贸易普遍较陌生，订单农业的搜寻成本较高，也限制了其大规模推广。其次是分散的、超小规模农户种植前提下，农户缺乏统一的技术标准，产品质量控制能力不一，粮食难以同质化，无法满足期货标的物量大、质同的要求。三是订单履约率低。农户和小规模的粮食企业信用意识较差，违约成本低，当市场价格偏离约定价格时，违约现象就会发生。有调查数据显示，“公司＋农户”经营模式履约率仅为20%左右。美国订单农业履约率显著高于我国，规模因素可能居主要地位，因为毁约较大的订单可能会面临诉讼（孙宇典、夏振洲，2018）。

在世界农产品主要生产国和主要出口国中，中国农户的生产规模是较小的。据国家统计局公布的数字，2012年中国农村居民家庭经营耕地面积只有每人2.34亩，美国每个农民拥有1200亩耕地。目前美国耕地面积基本稳定在28亿亩左右，而其农民仅占人口比例的1.8%；中国耕地本来就少，已降至18亿亩，再加上工业化和城市化进程的加速以及土地的不合理利用等因素的影响，耕地还呈现减少趋势，但我国农民比例很高，再加上粮食种植比较收益低下，农民为生存而兼业，没有动力和精力去关注期货市场。虽然中央发布多个文件，并出台相关措施，鼓励农村土地流转，支持开展规模农业，但是粮食生产的小农化、小规模生产的状况并没有得到根本的改变。

### 2. 粮食期货市场结构扭曲

从市场构成来看，一方面，目前上市粮食期货品种还不完善，仅仅包括几种较大品种；且粮食期货规格单一，大部分农产品期货合约定位在优质农产品，实际上由于小农经济的分散性使生产的粮食品质花样繁多，有些粮食品种不能进入期货市场。另一方面，我国粮食期货市场结构不完善，缺乏粮食期货期权对冲风险。我国仅仅推出了玉米期货期权，而其他粮食期货期权的交易尚未推出，场内期权数量较少，无法满足多元化和个性化需求。

从市场功能的发挥来看，受我国期货市场起步较晚和部分粮食现货政策等因素影响，粮食期货不同品种套期保值率、期现价格相关性、产业客户占比等差异较大。这些在一定程度上限制了农产品期货市场的功能发挥。

### 3. 经济转型期的政府对粮食期货市场干预过多

一方面，表现在政府对交易所的控制上。我国期货交易所成立时，基本上是照搬美国的组织模式和交易模式，将交易所定性为非营利性的事业机构。交易所实行会员制。会员大会应该是其最高权力机构，而实际上出现了总裁是交易所的法定代表人的不正常现象。我国的四家期货交易所的领导班子是由中国证监会任命的，而不是由交易所会员选举产生的；交易规则的制定、修改都需要中国证监会的批准；上市交易品种及其上市时间等须经证监会等有关政府部门层层严格的审批，交易的运作等充满了政府干预的色彩。

另一方面，政府对参与期货市场的投资主体也进行了严格的限制。美国农产品期货市场在交易者结构方面十分成熟，商业持仓和基金持仓总和占市场总持仓的 70% ～ 80% ，而我国农业企业则很少参与套期保值交易。由于长期限制期货投资基金等机构投资者的发展，散户投机者持仓占整个市场的比重高达 95%（安毅，2015）。在我国期货市场缺乏期货市场基金等机构投资者的情况下，政府规定国有粮食企业只能从事套期保值业务，银行等信贷资金不允许进入期货市场，正是因为我国期货市场缺乏战略性投资和稳定的套期保值持仓，各期货品种的轮番炒作现象严重。这既限制了国有银行在期货市场的更大作为，又不利于更多机构投资者为粮食期货市场提供流动性，更不利于粮食期货市场投资结构的优化，严重限制了我国粮食期货市场的发展。

4. 我国农业合作组织发展滞后

根据前文的研究，我们知道农业合作组织是连接小农经济和大宗期货交易的重要环节，是解决小农生产和大市场矛盾的一个有效办法。但是从总体上看，目前我国农业合作组织规模小，对农户的覆盖率低，我国农业合作组织发展较为滞后。

一方面，规模小、覆盖面比较窄，与发达国家的差距很大。发达国家 80% 以上的农民都参加了合作组织，有的国家已经达到 100%，而我国仅有 42%。此外，省际的农民专业合作组织发展很不平衡，黄淮海五省及晋、吉、川、甘等九省的合作组织数量已占到全国合作组织总数的 54.9%，其余省相对发展缓慢。即使在农民专业合作组织发展较快的省份，农民专业合作组织的分布也不均衡。

另一方面，合作组织的管理制度不完善，影响合作组织功能的发挥。由农户共同自筹和各种形式的混合出资为主，共同参与成立的合作组织，代表农户利益的机构，资金实力差，没有财产可抵押，很难从事大规模的销售活动，在订单农业中的履约风险也比较大，在工业化、城镇化过程中，老龄化的农民群体也没有足够的知识与能力管理运营合作社，无法利用现代市场机制，实现产销和风险管理的一体化，影响了合作组织的期货化进程。所以我国很多合作社组织由企业领办或政府推动，对于官办和官民合办的农民合作组织，需要面对政府效率低和“越位”等问题。如果合作组织在决策和组织上始终高度依赖政府，将直接影响其运作的独立性，甚至变为私人营利企业或产生政社不分问题，甚至会在地方政府和企业间出现共谋现象，使农民利益受损。对于龙头企业掌控的合作组织，始终无法绕开收益分配问题，很难真正代表农户的利益。在很多情况下，企业所得远比农户所得更多。这两种组织形态在一定程度上属于异化现象，会造成订单合同面临诸多困境。

除此之外，制约我国粮食期货市场发展的因素还有很多，如国家对粮食期货市场重视程度不够、人们对粮食期货市场的认识不到位、粮食供求信息传输不畅、期货市场发育滞后等。

### （三）建　议

#### 1. 建立发达的粮食中远期交易市场

我国粮食期货市场进一步发展的关键是优化和完善现货市场，打破地区和部门分割和封锁，促进全国统一市场的形成，加大基础设施的投资和建设力度等。同时，改进粮食现货市场组织模式和交易方法，降低运输成本和搜寻成本，推动各种形式的粮食交易中远期交易方法，为期货农业创新打开空间，形成粮食交易双方通过中远期现货市场销售产品、在期货市场套期保值的新思路。同时，粮食期货交易要取得成功，现货市场应该充分竞争，政府少干预，信息自由流动。

## 2. 打造与国际接轨的粮食期货市场

（1）丰富粮食期货品种

一是开发粮食期货新品种。相对于其他农产品而言，粮食生产消费量大、分布面广、与社会生产和人民生活息息相关。期货交易所应研究粮食品种的客观规律，制定适合粮食期货交易的政策和制度，在充分调研和宣传推广的基础上推出新的粮食期货合约和粮食指数期货合约，丰富粮食期货市场，完善我国粮食价格形成机制。为了提高粮食期货市场的流动性，可以尝试推出 Mini 粮食期货合约。Mini 期货合约具有风险小、门槛低和流动性强等特点，要使粮食期货市场具有广泛的参与性，并保持较高的流动性，加快推出适合不同种植规模农户交易的 Mini 期货合约尤为重要（邵永同、丛林，2019）。

同时，要适时增加粮食期货期权品种。期权是期货交易的配套管理工具，也是期货市场避险体系的重要组成部分，能够为期货交易者提供灵活多样的投资避险渠道。境外成熟的粮食期货市场都有相应的期权交易。粮食期货期权作为粮食期货交易风险的再转移，可以为规模经营农户和相关产业链龙头企业提供成本更小的避险工具，为订单农业提供更加优质的期货服务，有利于稳定农户参与期货市场的心态、有助于完善粮食期货市场运行机制、提高市场运行质量。

（2）根据期货市场功能发挥情况，不断合理调整期货合约设计

流动性是影响期货市场功能发挥的关键因素，也是期货交易的隐形成本。流动性差则意味着现有持仓者要以更大的代价平仓、潜在的投资者要以更高的成本开仓，不利于期货合约的成功。为了提高我国粮食期货合约

的竞争能力，进而提高对大宗粮食商品的定价能力，必须能够活跃期货市场，有效降低买卖成本，提高期货合约的流动性。对于当前极不活跃但是现货市场规模大的小麦、粳稻、晚籼稻、早籼稻期货合约，交易量和持仓量都很低，必须通过降低直接交易成本、适当降低合约规模、引进新的市场投资者等推动成交量的放大，促进其期货市场功能的有效发挥。

### 3. 进一步规范政府相关部门的行为，做好粮食生产、交易、流通的引导、调节

当好现代粮食交易中的“引线人”，充分发挥其组织、调节作用。政府相关部门帮助农户与企业建立更为广泛的联系，规范农户和企业的生产、经营行为。做好市场调查研究工作，及时收集、传递、发布农产品市场供求信息，根据市场供求的具体情况帮助农户选择和确定可以签约的公司，向农户提供及时、准确、有效的市场信息，着力发展专用性比较强的农产品订单生产，让公司和农户形成稳定的合同关系，以保证粮食能够根据市场需要顺利出售，达到正确引导农民进入市场的目的（焦民兴、薛兴利，2015）。加大财政扶持力度，鼓励引导金融机构投入订单农业的发展建设中来。

做好宣传工作，建立宣传培训教育的长效机制。证监部门应组织期货交易所、期货公司与粮食主产区的企业、农民专业合作组织、农民、相关部门建立长期合作意向，定期开展期货知识宣传教育，普及期货常识，培养专业人才。成立专业的法律部门，针对期货农业发展中出现的各种纠纷及时裁决，确保捍卫各主体的合法权益。

探索订单农业新模式，延伸产业链，增加财政支持，做好金融政策的有效配合。探索多种多样的“订单＋”新模式，在粮食种植农户与企业之间建立制约机制，通过抵押融资、担保融资、发展农业保险等带动百姓致

富，促进农业产业化发展。

### 4. 加快各种形式的农民及农业合作组织建设，推动合作机构的市场化运营

农民及农业合作组织是农民自发组织起来进行农业生产、农产品流通、农副产品加工销售的互助合作组织，是提高农民组织化程度、促进农民增收的有效载体。在西方市场经济国家，农民直接参与期货市场的比例也较为有限，通过合作社间接参与期货市场是农民参与期货市场的主要方式。以美国为例，美国加入合作社的农场主约占农场主总数的 80%，而合作组织参与期货市场套期保值非常普遍。美国除个别大的农场主直接参与期货市场转移风险外，绝大多数中小农业生产者都是通过农民合作社来间接参与期货市场。

我国的农民合作社发展缓慢且作用有限。培育我国的农民合作社，还需要政府部门的扶持和引导。但是，这种扶持和引导绝不是政府部门的大包大揽。政府部门应该做的是提供合作社的创立资金，为合作社的日常管理人员提供一定的收入补助。当合作社能够有效运作并具有自我维持、自我发展的能力后，应该逐渐减少对合作社的参与。无论是在合作社创立之初还是其能够正常运转以后，政府部门都不应该参与合作社的运营和决策，合作社的日常管理人员应该由农民自由选举产生，政府部门要做的工作是保障合作社选举制度的公正公平，防范操纵和徇私舞弊。只有这样，才能逐渐培养起真正意义上的农民合作社组织，农民合作社才能从根本上成为真正为农民服务的互助合作组织，农民才能够真正有动力参与合作社的经营和管理（徐云鹏，2017）。

从长期看，合作机构应逐渐摆脱对政府和企业的长期依赖，真正拥有独立的市场地位，建立功能和形态多种多样，实现集生产、销售和风险管

理于一体的纵向发展模式。

### 5. 鼓励发展多渠道的适度规模经营

2008 年中央《关于推进农村改革发展若干重大问题的决定》明确提出，“允许农民以转包、出租、互换、转让、股份合作等形式流转土地承包经营权，发展多种形式的适度规模经营”。这项决定为我国通过土地流转进而发展规模经营提供了有力保障。2013 年，十八届三中全会发布的《中共中央关于全面深化改革若干重大问题的决定》提出赋予农民更多财产权利，要求建立农村产权流转交易市场，推动农村产权流转交易公开、公正、规范运行。2014 年 11 月，中央印发《关于引导农村土地经营权有序流转发展农业适度规模经营的意见》，要求大力发展土地流转和适度规模经营，五年内完成承包经营权确权。2017 年 8 月农业部、国家发展改革委、财政部联合印发《关于加快发展农业生产性服务业的指导意见》，提出按照主体多元、形式多样、服务专业、竞争充分的原则，加快培育各类服务组织，充分发挥不同服务主体各自的优势和功能。同时，鼓励各类服务组织加强联合合作，推动服务链条横向拓展、纵向延伸，促进各主体多元互动、功能互补、融合发展。

伴随我国工业化、城镇化和农业现代化进程，农村劳动力大量转移，粮食生产技术水平不断提高，发展粮食生产适度规模经营已成为必然趋势。实践证明，土地流转是粮食适度规模经营的重要手段，有利于优化土地资源配置和提高粮食生产的劳动生产率，有利于稳固一国粮食安全保障。

### 6. 提升我国农民经营农业的综合能力，打造新型职业农民

培养新型职业农民经营订单农业。给农民提供培育补助资金，积极探索多种方式的新型订单农业模式，创新农业经营主体利益连接机制，推行

合同订单、保价收购、利益兜底等做法，让农民直接受益；推行利润返还、收益分成等做法，让农民更多受益；以农户受益为杠杆，不断增强农户履约订单农业的意愿和主动性，大大降低了农户的违约风险。

农业推广宣传工作者应加强对农业相关基础知识的普及，重点培养当代职业农民，整体提升农民知识文化水平；政府则应担当“引路人”的角色，支持有能力的企业参与到期货市场建设中来，把企业培养成产业领头人；作为企业，应立足自身发展实情，注重金融人才的引进，参与到粮食期货市场中来，这是提升粮食企业综合市场竞争力的必然要求（刘鑫、董继刚，2018）。

### 7. 构建风险补偿机制，加快农业保险业发展

构建政府、企业、农户共同承担保费的风险补偿体系；扩大农业保险的范围，根据具体情况增设农业险种，适当降低投保费率；不断鼓励支持保险公司介入，大力开展以农业订单为标的的保险业务，发挥其监督功能，促使合同双方能够履约；完善农业保险的保费补贴政策，健全农业再保险体系；不断探索并完善农业天灾风险分散机制，建立健全订单农业的风险分担转移机制。

### 8. 加快农村信用体系建设，提升金融支持的有效性

农村金融是农村经济发展的核心，加快农村信用体系建设，有利于发展农村金融，推动“订单＋金融”融合发展。一是加大征信宣传力度。通过普及金融知识，在提升农户金融素养的同时，提高信用意识和风险意识，营造良好的社会氛围。二是加强农户及农民专业合作社等新型农业经营主体信用档案建设。以人民银行信用信息基础数据库为基础，联合金融机构、农业、财政等部门，通过科学合理的数据采集、指标设置等，不断完善相关信用档案，为农户信用评级和金融机构授信提供依据。三是加快

信息评级工作。要以不断建立健全的信用档案为基准，通过金融机构评级和第三方评级机构评级相结合的方式，对农户及农民专业合作社等新型农业经营主体进行客观、公正的评级，并以此评级结果作为信贷资金申请、审核的依据，从而提升金融对订单农业支持的有效性（王凯俊、马延明，2017）。

9. 完善现代农村金融体系，提升金融支持的全面性

加快推动建立政策性金融、商业性金融、合作性金融相结合的多层次、广覆盖、可持续的现代农村金融体系，以发展理念、市场定位、管理机制的灵活性和互补性，金融产品与服务创新的多样性和差异性，金融资源的集中性和共享性，全面提升金融对“三农”及粮食类“订单农业”的支持。

10. 加大对粮食期货市场的宣传力度

期货市场在我国是一个新兴市场，许多农户处于期货信息的盲区，对期货市场既陌生又恐惧。我们应积极采取措施，加大对期货市场的宣传力度，鼓励报纸、广播、电视和互联网等媒体采取多种形式扩大宣传。同时，期货实践部门通过举办推介会、培训班、讲座等方式进行合理引导，让广大农户对期货市场形成正确的认知，增强农户利用粮食期货的信心，进而促进粮食期货市场功能的有效发挥。

11. 积极提高粮食期货市场国际化程度

稳步推进我国期货市场国际化进程。一方面要积极学习和了解国外期货市场的风险管理方法，熟悉其业务流程，并通过借鉴国外先进经验促进我国粮食期货市场不断向规范化、科学化方向发展；另一方面要不断提高我国粮食期货市场交易主体多元化，扩大市场辐射范围和影响力，从而增强我国期货价格的国际话语权，为粮食进出口贸易赢得主动权。

## 四、期货业服务粮食生产的案例

### （一）黑龙江省望奎的“公司 + 农户、期货 + 订单”模式

2005 年，大连商品期货交易所为探索建立农民利用期货市场避险增收长效机制，以黑龙江省望奎县作为示范点，在大通期货公司的合作指导下，试点开展了“公司 + 农户、期货 + 订单”的期货农业生产经营模式。“公司 + 农户”是指由农户和村集体出资组建两家粮食经销公司，将农民与公司捆绑在一起，规避个人无法参与套期保值交易的障碍；“期货 + 订单”是指在种植季节，经销公司与非入股农户签订订单，约定粮食收获后以订单价格进行收购；同时，为规避市场价格波动风险，经销公司在期货公司开立账户，存入保证金并进行套期保值操作。粮食收获后，如果现货市场粮价高于订单价格，农民可自愿销售，如果低于订单价，农民如期履约，农民基本处于无风险状态。

2006 年，望奎县莲花镇博丰大豆经销公司在期货市场上成功套保获利 10 万元，入股农民人均增加收入 5000 元。2007 年，两家粮食经销公司入股农户增加到 200 多户。望奎期货农业模式的主体是农户出资组建的粮食经销公司，规模较小，市场风险承受能力差，后因资金不足无法持续运营而休眠。

### （二）河南省延津金粒的“公司 + 专业协会 + 农户和订单 + 期货”模式

2007 年，河南省延津县金粒麦业公司探索建立了“公司 + 专业协会 + 农户”和“订单 + 期货”的经营模式，发起成立了全县小麦协会，通过 400 多个中心会员（中心会员以行政村为单位）向全县 10 万多户农户实行供

种、机播、管理、机收和收购“五统一”。企业以高于市场价格 0.05 ~ 0.06 分 / 斤与农民签定优质小麦订单，同时，通过期货市场进行套期保值，并根据在期货市场套期保值的收入情况，对参与订单的农民进行二次分配。该模式操作主体都是一定规模的加工企业，并且中间增加了合作社或协会主体，产业化、组织化程度更高，实现了优质专用小麦生产标准化、布局区域化、营销现代化和运作产业化，达到了农民增收、企业增效、产业发展的目的。

### （三）吉林云天化的“粮食银行 + 场外期权”模式

从直接利用期货市场价格发现功能，到开展场外避险业务，吉林云天化在利用期货工具为农业发展服务方面，逐渐形成了自己的模式。“场外期权 + 粮食银行”模式使“粮食银行”这一创新组织形式与“场外期权”这一创新金融模式有机结合，形成了避险闭环，促进了稳定发展。

吉林云天化和期货市场的缘分开始于 2009 年。在云天化的期货团队规范的操作下，吉林云天化尝试性地参与期货市场，保守参与。三个阶段过后，期货市场变成公司经营必不可少的信息平台、采购平台和销售平台。从现货角度看，吉林云天化成功摸索出了一套行之有效的“公司 +”模式的合作社经营体系。合作社通过套期保值转移风险后，合作社能够更加专注于现货经营，不再因为价格的不利波动影响到企业的生产经营计划，实现平稳经营。吉林云天化为合作社提供农资销售、玉米贸易、仓储物流以及资金等方面的支持。但是，保证种植合作社的收益成为吉林云天化可持续发展的重要问题。

2014 年，吉林云天化与永安期货全资子公司永安资本合作进行了“粮食银行 + 场外期权”探索，其创新背景是大连商品交易所推出的“粮食银行 + 场外期权”试点。在吉林省农委的支持下，大商所联合永安期货及其子公司，与农企开展了场外期权助推新型“粮食银行”的创新模式研究。

“粮食银行”是农业企业在提供粮食仓储和收购等传统经营业务的基础上，依托企业信用，以农民存粮为载体，向农民提供延期点价收购、短期融资和存粮价格保险等一系列保值、增值服务的新型粮食经营模式。云天化合作社作为场外期权的买方，只需向永安资本支付少量权利金，即享有到期要求卖方履行相应合约或放弃执行的权利。永安资本作为场外期权出售方，将所持有的场外期权头寸转换成期货头寸，并依据该数值确定在期货市场应建立的对冲风险的期货头寸。市场价格变化时，永安资本通过对期货头寸的动态调整，将价格风险转移给期货市场投机者，保证自身一直处于风险中性状态。从最终结果看，现货方面，农民可以通过延期点价获取足够多的价格上涨的好处，场外期权效果好于直接利用期货市场进行空头套保。

### （四）大商所“保险 + 期货”模式

2016 年中央一号文首次提出探索农业保险保单质押贷款、探索收入保险、稳步扩大“保险+期货”试点等。2018 年中央一号文件表示，要探索开展三大粮食作物完全成本保险和收入保险试点，加快建立多层次农业保险体系；要稳步扩大“保险 + 期货”试点，探索“订单农业 + 保险 + 期货（权）”试点。

东北地区是我国重要的玉米主产区，和其他农产品一样面临自然风险和价格风险的双重制约。2017 年东北遇到了 50 年不遇的旱、涝、大风灾害，部分地区的玉米和大豆几乎没有收成，2018 年玉米结穗和授粉情况不好导致减产。

但是，通过推出的“保险 + 期货”试点项目，参保农户解决了双重风险难题。玉米订单价格通过“期货价格＋基差”确定，解决了传统订单农业“一口价”的弊端，形成了“政府＋龙头企业＋金融机构”三方联动，通过保险放大财政补贴效用、期货分散价格风险、订单保障农户实际售粮价格，“三位一体”共同保障玉米种植者的利益。

首先，农民可以通过延期以较高价点价，实现玉米现货卖出时的收益。此外，由于减产遭遇产量下降可以通过价格保险获得相应的补偿款，由此农户尝到了“点价”和“保险”的好处，纷纷积极地进行粮食的种植，粮食生产顺利进行。尝到甜头的农户既不用担心各种自然灾害，又不用担心价格波动，种植面积不断增加。“保险＋期货”业务作为重要的惠农金融模式，深受农民欢迎。

2015 年以来，大商所已连续三年开展“保险＋期货”试点，受到社会各界的广泛关注。2017 年，大商所支持 25 家期货公司与 8 家保险公司合作，在辽宁等 7 省区 40 个县市开展 32 个试点，为 188 个合作社和农场共计 8 万多户农户提供服务，覆盖种植面积 206 万亩，最终实现理赔 4105 万元。

# 第六章

# 互联网金融服务粮食生产的机理、模式及案例研究

随着我国经济与科学技术的进步，社交网络、云计算和大数据的快速发展，互联网已经成为人们日常生活中必不可少的一部分，互联网金融服务粮食生产日益显现，在这种形势下，互联网金融服务粮食生产是金融服务粮食生产研究的应有之义。

2014 年，全球互联网用户已达到 28 亿，占总人口的 39%，互联网的快速发展催生了互联网金融。目前，互联网金融在我国发展迅速，发展模式越来越多，逐渐延伸到各个领域。我国是世界农业生产大国，每年的粮食产量和粮食出口量占世界总量的很大比例，中央政府历年来的一号文件都是关于“三农”问题，而粮食生产是整个农业发展中最基本的物质保障。传统的粮食生产模式需要大量的人工，且耗时长、生产效率低下，占用大量的人力物力，造成资源的严重浪费。现阶段，传统的粮食生产模式已经不再适应当今社会的发展，所以低效率、损耗大的粮食生产模式正在被社会淘汰，高效的创新型粮食生产模式已登上历史舞台。然而，粮食生产模式创新并不是一朝一夕就能实现的，在改革的过程中必然会遇到各种各样的问题。而互联网金融的快速发展以及在农村地区的普及，对我国粮食生产发展具有重要意义。

# 一、互联网金融服务粮食生产的成绩及存在的问题

## （一）互联网金融下我国粮食生产的发展现状

### 1. 互联网时代粮食生产的环境改变

随着互联网的发展，我们也进入了一个全新的时代，金融学家称之为“产业互联网时代”。“互联网 +”是指以互联网为主的一整套信息技术（包括移动互联网、云计算、大数据技术等）在经济、社会各个部门的传播发展，它的本质为传统行业的在线化和数据化。近年来，我国粮食产量还维持在较高水平，为保障我国的粮食安全奠定了坚实基础。但是，粮食问题也由粮食供给总量不足转为结构性矛盾，甚至是库存滞销、优质粮食供给不足、深加工技术与变换滞后等。

在如今的时代大背景下，要求传统行业也要跟上发展的步伐，走向智能化与全面互联网化，从而实现从传统加工制造业到服务平台型企业再到生态型企业的转变。国务院办公厅更是印发了加快推进农业供给侧结构性改革大力发展粮食产业经济的意见。面对这样的市场环境与政策支持，不少粮食企业也跟上了潮流，大力发展“互联网＋农业”的新型模式，从传统模式开始转型。

在互联网时代，传统粮食生产首先要改变的是对自身的认知，粮食生产不再只是个体，这一环节甚至于整个产业不再是封闭的，而是整个产业集群的一部分，这就要求传统企业转变思维模式，基于互联网的平台，构建出一个多方共赢的生态圈。通过互联网架起的生态链，依托“线上 + 线下”“生产 + 促销”“硬件 + 软件”的优势资源，共同建立起供应链，这些都为我国的宏观调控和加强保障粮食安全以及促进粮食生产健康有序发展

提供了支撑。

### 2. 互联网助力下粮食生产盈利能力增强

互联网金融一直在为中小企业解决融资难题，尤其是在我国粮食生产存在供需缺口大、生产时滞、优质粮食企业资金短缺的情况下。互联网金融服务使社会上的闲置资金与粮食产业联系起来，可以加快粮食产业现代化发展，提升粮食在生产加工流通各个环节的价值，同时也可以满足广大投资者理财的需求。在此背景下，许多新兴名词也逐渐进入粮食产业，“粮食贷”便是金融服务下的一个新兴名词——黑龙江大庆市粮食贷电子商务有限公司的一个互联网借贷平台。“粮食贷”聚集着许多粮食金融专家和粮食储运、加工行业的精英，该团队具有严格、科学的风控管理模式，坐拥“北大仓”潜力无限的粮食大市场，充分利用互联网技术，在国内优先占领互联网金融高地，也是普惠金融创新精神的具体实践。

众所周知，黑龙江省是我国主要的产粮基地。2014 年，黑龙江省的粮食总产量达到 1352 亿斤，再加上每年的粮食收购、加工，资金需求仅粮食生产这一环节所需费用便达到 2000 亿元左右。巨额资金需求使得粮食生产还未达到销售这一环节便面临收割难题。在当地的专业银行，大概只能给个体农商 1000 亿元的大额贷款，也有很多从事粮食生产的小微企业与大型农场主都存在资金周转不足的问题。在此情形下，互联网金融服务公司便应运而生，它便是根据粮食企业的种种特点，建立起和第三方资金托管支付平台的联系，一对一地进行企业帮扶与支持。互联网金融解决了企业的燃眉之急，同时也助力优质粮食的生产，推动我国传统粮食产业的发展。

### 3. 互联网金融服务改变了未来粮食产业的竞争格局

一是粮食生产标准化。随着我国经济的快速发展与国民生活水平的提高，粮食危机日益突出。从进口方面看，近几年来，我国的粮食进口量屡创新高，甚至达到了近5000万吨。国内每年粮食产业资金供需缺口都在万亿左右，无钱种粮、卖粮的问题成为我国农业的一大困扰。粮食贷便是基于这一艰难处境下被开发出来。互联网金融除了在对粮食生产这一环节提供帮助之外，更是在营销、加工、流通等环节产生了巨大作用。我们可以通过利用计算机网络技术、传感技术、自动控制技术、物联网技术等，从流程、仓储再到销售自动化，这一平台可以全方位地提高粮库的信息化、自动化和智能化水平。最后再运用大数据分析技术，来实现各个业务环节的智能决策控制等，不光可以节省人力资源，也可以减少资金投入，从而投资于其他环节产生更大的效益。《2016—2020年中国互联网＋农业产业深度调研及投资前景预测报告》指出，粮食电商是电子商务的皇冠，而生鲜粮食产品电商是皇冠上的皇冠。随着我国经济的快速发展，粮食生产电商的区域化越来越明显，区域化电商的发展也使其越来越有效率。

二是粮食生产营销管理网络化。除了粮食生产环节，在粮食营销这一环节，互联网金融也能发挥很大的作用。首先，它可以改变传统的粮食销售模式，建立粮食生产交易所，并且可以以它为基地，发展出网络订单，进行期货与现货交易，使得个体商户、经纪商、会员均可参与，以此来减少传统的农业销售中繁杂的手续与中间费用。其次，通过互联网的应用，也可以增加农商的个体收入。“中粮互联网＋粮食综合性服务平台”无疑是我国粮食金融发展的行业龙头，它可以探索“互联网＋粮食”的融合与发展，从各个环节提升粮食加工产品的有效供给能力，从而通过网络提高涉粮企业的盈利能力。

### （二）互联网金融服务粮食生产存在的问题

互联网金融服务为小微粮食企业的发展注入了新的动力，为其提供了融资途径，促使其加速成长壮大。但由于我国互联网是在相对宽松的环境下建立起来的，相关法律缺失，因此也存在监管体系上的很多漏洞，同时也给粮食生产本身带来了影响。

1. 互联网金融监管体系不完善

互联网金融的发展在一定程度上冲击了传统金融业，同时也弥补了我国现有金融体系的不足。但就其本质来看，虽然助力了粮食生产，但仍是金融，需要遵守金融业的基本秩序与规则进行严格的风险防控。作为现代信息技术产业与金融业的结合，互联网金融有效地解决了传统金融业的问题与弊端，然而我国目前却并未建立起完整的互联网金融法律体系。

互联网金融本身具有进入门槛低、收益能力高的特点。因此，大量投机者的进入扰乱了市场秩序，也带动了一批消费者盲目投资。由于缺乏严格管制，互联网平台上不乏诈骗、违约毁约、倒闭破产等问题。互联网金融也面临不少风险，主要表现为资金链断裂、第三方挪用资金账户而引发的操作风险、非法集资风险等。不光是从粮食生产的角度，从保护消费者合法权益的方面看，也应当提高整个互联网的风险防范能力。所以，我国必须尽早地开展互联网金融的立法工作，这样才可以更好地助力小微粮食企业的发展。

2. 农民缺乏互联网金融商业思维

在互联网金融时代，传统农业思维要变，通过互联网运作和大数据的分析，粮食生产也可以实现针对大客户的个性化需求，进行有效的产品对接，实现个性化定制服务。科技是第一生产力，除了市场经济体制的支持和政府政策保障之外，还需要农业现代科技的支撑，我们要保证粮食生产安全，互联网金融就是一种重要的科技手段。但由于教育水平与接受新事物的能力有限，大多数农民都无法快速地接受互联网金融所提供的帮助与服务。一方面原因在于互联网金融体系的确不完善，存在欺诈问题；另一方面原因是传统的思维和商业逻辑方式使大多数粮农无法紧随时代更新的步伐。

近年来，伴随着我国城镇化的演变，大量农村劳动力转移出去。农村的劳动力素质也呈现出下降趋势，农产品种类越来越单一，生产结构失衡，农业效益偏低。所以，强化互联网与特色农业合作社的联合是中国特色新型农业现代化发展的必经之路，是当前农业重新崛起再创辉煌的重要契机。另外，我国的消费需求也在不断地变化，经济发展进入新常态，我国粮食生产作为最基本也是最传统的生产方式，更加应该与现代新技术相结合，共同演化出一条可持续发展之路。

### 3. 粮食品牌化并未形成合力

互联网的确为粮食品牌化建设做出了很大贡献，它的存在为我国特色粮食生产品牌建设提供了一个公开的展示平台。与我国的传统媒介相比，互联网通过资源共享、实时交互这些途径与移动通信交互融合后，可以使得粮食生产标准化，从而逐步实现农副业领域的全面覆盖系统，然后实现精准化管理。另外，我们还可以控制投入成本，将其限定在合理的范围内。

要建立粮食品牌，首先是要把好粮食质量关，把来自粮食生产环节的质量安全风险降到最低。我国作为一个粮食生产与消费大国，粮食品牌在世界上的影响力还很小，与国际知名品牌差距较大。粮食产业已经进入流通时代，在我国国内，中粮、京粮、上海粮油等大型粮食企业竞争力虽然越来越强，但总体上我国粮食加工企业规模小，布局也很分散。总体上看，我国具有国际影响力的品牌少。虽然走品牌化道路已成为粮食行业的共同目标，但现实发展总是不尽如人意。品牌建设并不是一朝一夕便能完成的事，目前我国粮食品牌建设还比较落后，在粮食品牌方面，许多小微企业也没有形成合力，缺乏粮食生产的统筹规划和政府政策支持，市场监管机制不健全，还有一些假冒伪劣产品的出现，严重损害了我国粮食的声誉。各种生产问题层出不穷，互联网的出现也为各种劣质粮食提供了平台，低买贱卖以及各种投机者的出现，扰乱了市场秩序，也会阻碍我国粮食大品牌的建设。粮食生产质量是核心竞争力，我们必须培育并做好自己的品牌，用质量来吸引人才、资金、信息、技术等，实现互联网金融服务下农村经济的大繁荣。

## （三）互联网金融服务粮食生产的治理与改造

### 1. 加强政府监管

随着信息技术的发展，中国式独特的互联网金融行业在监管角度上缺乏规制，使得互联网金融的创新一直都围绕在是否合法的边缘。再加上政府对互联网金融机构是否合法还没有明确的界定，在监管制度及法律规范方面尚不存在专门针对互联网金融业务的内容，互联网金融法律体系尚待构建。

首先，我们要明确监管思路，使发展科技与风险并重，不能放任自流，生产者的诚信体系尚未完善，造成了有一部分不法分子安全意识薄弱，政府部门应当加强监管。其次，应当构建科学的监管机制，完善我国的宏观调控，加强对互联网金融的支持，同时也要加强监测。当互联网金融服务于粮食生产后，更要加强粮食安全建设，尤其是对目前的我国来说，粮食生产的检测、预测体系和信息公开制度都不健全，给我国粮食生产和粮食安全带来了严重的隐患。最后，要加强我国的监管能力建设，加强防火墙建设，建议央行进行互联网金融粮食生产的监管协调，银保监会和证监会共同联合配合，促进我国制定统一完善的监管政策与标准。

### 2. 规范互联网金融平台运行管理

银行开展的互联网金融业务是传统业务向互联网的延伸，其风险主要来源于网络技术。所以，在管理上，国家相关部门应该加强网上银行的建设，设置多重防火墙，加强控制计算机网络系统间的路径联系。然后对于第三方的互联网金融平台，要加强支付方面的风险控制和监督管理，先要强化内部控制制度的建设，建立分工合理、职责明确的组织机构网络贷款平台。然后是 P2P 融资模式，这种不见面、不审查、无抵押的快速贷款模式，能在提高资金使用率方面发挥很大的作用，但同时也使得小微企业贷款风险增高。对于这种情况，可以对其构建资金第三方托管机制，避免形成资金池，特别是对于我国 P2P 网贷平台的准入管理，要加大执行力度，从而防范非法融资的发生。

中国食品（农产品）安全电子商务研究院院长洪涛认为，资金安全往往是粮食电子商务安全问题的最终形式，也是粮食电子商务信息安全问题和粮食电子商务交易安全问题的后果。因此，除加强互联网金融方面的平台管理外，更要切实维护贷款人即粮食生产商的合法权益，在交易过程中对消费者进行充分的信息披露和风险提示。现阶段，我国互联网金融还不够完善，缺乏足够的时间和数据支持。但即使如此，也绝不姑息欺诈等违法犯罪活动的存在，必须做到综合监管，让各个交易环节都有章可循。

### 3. 推进农业农村信息化基础设施建设

在互联网金融下，粮食的生产过程也是互联网大数据产生的过程。如果农民能随时掌握天气变化数据、市场需求数据、环境政策数据、粮食仓储能力等，足不出户便可知道这块土地的生产能力、附近的水源，随时可以通过互联网观察附近地形的实景，就可以通过这些先进数据而选择最合适的粮食生产和收割时间，真正产出优质粮食。

“互联网 +”是新时代的一次重大技术革命，在保障我国的经济发展和粮食安全方面意义重大。但根据 2018 年的数据，我国农村有 5 万到 6 万多个村子并没有计算机，也根本得不到网络的消息，在农村地区仍然有 80% 的农民没有操作和了解过互联网。因此，我们必须重点解决农村的互联网问题，面向国内外推广基于“互联网 +”的农业大数据应用服务。

#### 4. 经济全球化下的贸易合作

中国加入 WTO 后，粮食市场也逐渐开放，我国的粮食生产受到很大的冲击。对于具有高产值、高质量且具有规模效益的美国来说，一方面，自身生产质量高；另一方面，可以从加拿大等国家购买到更优质、更便宜的粮食。对于我国一个拥有 14 亿人口的大国来说，消费水平和粮食需求同时提升，所以在经济全球化的背景下，我们还必须维持一个较高的粮食自给率，互联网金融的服务的确给我们提供了一个更加广阔的平台去销售粮食。

经济全球化下，粮食生产与流通离不开互联网金融服务，国家虽然也为我国粮食生产制定了许多准则，但是这种产品受客观因素的制约较大。在不同的温度、湿度条件下或者在不同时间，其质检结果会有很大差别。互联网服务下的粮食生产与贸易一直存在不确定性与争议性，双方贸易很难达成一致的意见，粮食电子商务虽然已经发展了有些年数，但是在实际的全球贸易中，仍然存在生产商刁难购粮客商的行为。即使拍得粮食，也会出现难以提货的现象，这就造成外国客商不愿跨地区拍粮。

总之，针对当前互联网金融服务下存在的问题，我们要从各个方面解决，首先要加强政府部门对粮食交易市场的监管，明确监管机构，又要做好防控风险工作，建立起来较为严格的核准制；其次提高市场准入门槛，实行严格的市场准入管理。只有通过政府以及各个企业上下联系，才能切实将互联网金融与粮食生产密切结合起来，推动传统农业跟上时代的发展不断创新，从而拉动我国经济的增长，促进互联网粮食生产健康发展。

## 二、互联网金融服务粮食生产的机理

在传统金融体系中，农村金融是发展相对缓慢的部门。互联网的普及推动着互联网金融的创新发展，特别是可以借助互联网渠道和电子化手段降低涉农交易成本、减少三农金融服务的信息不对称。互联网支付、在线网贷、网络理财等形式使资金通过互联网得以融通，在线支付、投资、信息中介等多种形式让更广泛的农村居民通过互联网获得更直接的服务，同时，互联网金融能够实现交易双方的直接沟通，高效利用已有资源，减少中间交易成本，进一步提高了农村金融效率。①

### （一）产前阶段互联网金融服务粮食生产的实现机理

在粮食生产的产前阶段，使用农业生产资料电子商务平台，运用大数据分析能力，农业生产资料服务商得以高效精准地工作。完善农业生产数据库建设，结合气候、环境、市场等情况分析农业生产资料需求，有针对性地开展化肥、种子、农药等生产资料的销售供应，减少信息不对称，提高市场效率。同时，在生产资料电商平台深入推进融资渠道建设，挖掘种子、化肥、农药、农机等农资市场潜力，通过金农贷等具有特色优惠的助农贷款为生产者提供更安全高效的融资渠道。还可在电商平台中嵌入“京农贷”“农发贷”等互联网金融融资产品，进一步拓宽农业生产融资渠道。农村金融的线上融资模式理应不同于城市的线上融资，需要探索出一个符

① 苏州市农村金融学会课题组．互联网金融服务“三农”发展路径探究［J］. 三农金融，2017（10）：41–43.

合农村特性的线上模式。农户和小微企业可以依托电商平台交易的信用和大数据，由第三方机构提供信用评价，推动央行等正规信用评级机构开展公益性信用评价。①

## （二）产中阶段互联网金融服务粮食生产的实现机理

在粮食流通端，粮食流通市场在金融服务中属于起连接作用的中间环节，互联网金融服务创新了粮食流通市场。特别要注意的是，现代农业的发展壮大离不开农产品流通效率的提升，必须拓宽流通渠道，在原有的流通渠道的基础上，将电子商务融入农产品流通领域，创新并完善农产品交易体系。通过推广“农银 e 管家”等金融机构电子商务平台，可以为粮农提供在线进销存、订单撮合等电商服务，并匹配在线支付、流动资金贷款、收单等业务，实现金融与电商有效融合，提高资金使用效率，从而提高粮食流通效率。同时，积极对接当地物联网工程与现代农业产业链，在提高资金效率的同时保持粮食物流效率同步提升。

在粮食流通过程中，值得深入研究的是金融机构电子商务平台，其实现了针对零散批发商、农批市场、企业经销商、县域商贸物流园的四类客户服务模式，产生了较好的集群带动效应。一方面，通过交易系统、物流系统、线上线下支付结算对接，实现了粮食交易资金、订单、物流信息的一一对应，实现了资金流、信息流、物流的三流合一，有力降低了粮食企业财务成本，提高了交易效率；另一方面，带动粮食流通市场的线上交易，整合农产品上行的全程供应链资源，利用 O2O 线上线下一体化无缝衔接模式，实现信息互享、资源共用，抢占三农电商的制高点。“e 管家”项目体现了创新驱动理念，是金融机构电子化业务与三农金融服务有机结合

① 苏州市农村金融学会课题组 . 互联网金融服务“三农”发展路径探究［J］. 三农金融，2017（10）：41–43.

的新亮点，同时也是将互联网金融运用到商品流通体系中的成功例子，适应了“三个圈层”的金融服务模式。“e 管家”通过前期发展也有一些后续的合作项目，凭借“e 管家”先进的进销存管理、农产品上行、交易结算一体化、客户资源共享等优势为基础，进一步实现物流园整体电商化，包括了实现购物商城、采购管理、销售管理、订单管理、多渠道支付、供应链协同、仓储管理、车辆调度、物流配送、交易回溯、财务管理等一体化运营，构建了“城乡电商＋物流＋金融”的闭环服务体系，上线 4 个月，交易额达 2.6 亿元。①

### （三）产后阶段互联网金融服务粮食生产的实现机理

在粮食需求与支付结算终端，要充分考虑到目前消费者的诉求。在农产品需求方面，目前我国针对消费者需求端的农产品销售网站主要是生鲜电子商务平台与跨界电子商务平台，具有代表性的分别是顺丰优选、天猫。前者属于电子商务贯穿线下农产品从生产到仓储再到物流的整个过程，后者属于综合性电商平台的非独立板块。金融机构也可以将金融服务融入消费者对农产品消费的日常中应用，如为消费者购买农产品进行优惠补贴，并通过大数据分析消费偏好，扩大对农产品的内在需求，同时实现对农产品的多元化消费。在产品的支付结算方面，通过现代移动支付的支付结算系统能够实现成本集约、效率提高，且可覆盖范围广，同时实现该体系，也要求了农户们要了解相关知识，帮助农户们在这个过程中熟悉互联网金融，掌握互联网自助金融服务的操作，了解惠农贷款的相关信息，实现惠农信用贷款，解决农户们的融资问题。整合客户资源，推动形成产业链和发掘产业链价值的功能，将全产业链客户串联起来，通过 POS、

① 周萃．打造“三个圈层”[N]．金融时报，2016-06-02.

MIS、现金管理平台等电子银行产品和结算类产品，为市场连接的各环节提供安全、快捷的支付结算服务。同时延伸了综合金融服务，通过大数据分析，对客户及需求进行分类，开展精准营销，提供包括代收付、理财融资、私人银行、农民进城购房等在内的其他综合金融服务。

在粮食生产中的结算支付方面，传统金融机构在互联网金融服务上也做出了巨大的贡献，由传统终端向“APP+惠农终端”转型，实现线下带动线上的服务方式升级。农业银行利用惠农终端支持银行卡和各类公共事业类IC卡的特性，开展助农存取款、日常缴费，打造惠农随身银行，并通过“惠农e商”APP的支付功能逐步引导农民从刷卡支付向移动支付升级。同时，将“惠农e商”APP的订单功能与惠农终端相结合，满足“惠农通”服务点的订货及代销代购需求。通过线下带动线上，逐步改善农村地区基础支付环境，培养农民现代支付习惯，牢牢把握住“最后一公里”的入口，使农行成为更懂农户、更专业、更细致、更周到的“三农”金融服务商。“三农”特色支付产品进入了因出行难而引起社会广泛关注的村庄，让村民足不出村就能够办理小额取现、转账、缴费等业务。同时，以服务点批量带动农户服务提升，实现由单点支撑向区域辐射的营销方式升级。实施“以点带面”的市场开拓策略，通过对服务点的互联网化升级，提升对周边农户的辐射服务能力，紧接着利用“惠农通”服务点逐步引导农户使用新型移动支付，提供生产、消费相关商品及信息服务，分享推荐理财保险产品，协助农户申请生产经营贷款，实现建成一个服务点、辐射一片区域、带动一批农户，大幅提升农业银行“三农”获客能力和服务能力。当前，农业银行的“综合收银台”已实现了场景、渠道和方式的“三位一体”支付手段，破解了“三农”在生产经营领域和生活服务领域的支付难题。目前，已实现了包含微信、支付宝、网银支付、银联跨行支付等在内的超过 15 种支付方式，覆盖到手机、电脑、终端等线上线下渠道，满足了商户赊销、合并支付、授权支付、货到付款等多种供应链上下游企业支付结算服务需要。近期，农业银行还推出了快捷支付、扫码支付等网络支付新利器，为平台农村用户带来了更便捷的支付体验，为农村支付环境的优化升级提供了有力支撑。

## 三、互联网金融服务粮食生产的模式

### （一）互联网金融背景下粮食生产的创新模式

#### 1. 种粮大户规模生产模式

所谓种粮大户规模生产模式，是指由一些熟悉粮食生产种植技术且具有一定资金实力的农户，通过土地流转的方式获得较多的土地经营权，将农户闲散的耕地租赁过来集中耕种实现规模化生产。① 该生产模式是我国鼓励发展农业适度规模经营以来比较早的一种经营模式，对于租赁方来说，这种模式通过大规模机械化生产，减少了生产成本，获得较高的生产收益。对于农户来说，自己的土地以此种方式租赁出去，个人不再为农业生产分心，减少了种植粮食的机会成本，还可以获得稳定的收益。这种模式的经营形式灵活，有一定的普遍性，且对租赁双方都具有很大的好处。并且种粮大户一般都具有较为丰富的粮食生产种植经验，该模式有利于激励农户不断探索新的种植技术，探索节约生产成本的耕作方法。②

① 俞舒挺 . 关于种粮大户的适度经营规模的文献综述［J］. 科技致富向导，2014（26）：18.

② 吴桢培，蒋和平 . 粮食主产区规模化生产的四种模式——基于湖南省粮食规模化生产的典型案例分析［N］. 中国经贸导刊，2011-01-10.

### 2. 股份化集体统一经营模式

股份化集体统一经营模式是指农民以土地形式入股，成立专业合作社，入股的土地由合作社统一规划、统一种植、统一生产管理与经营。农户按照自己所拥有的土地数量入股，并按照入股比例的大小及章程规定参加分红；农户之间通过选举产生董事会、理事会和监事会，确保合作社的正常运营；建立合理的利润分配方式以及透明的资金明细，争取做到公平、公正、公开的分配。

在此模式下，管理方式较之前小农户生产更加专业化，所以粮食生产成本比之前有所下降，且粮食产量有所上升，并且这种模式下，生产管理大部分依赖于大型机械，减少了人工成本的支出。此种模式将生产经营一体化，改善了以往每到农忙季节农村秩序的杂乱性，还适应了青壮年劳动力外出务工比例高、粮食生产从业人员年龄偏大的社会条件，其经济效益和社会效益十分显著。

### 3. 涉农企业规模生产模式

这种模式是指农户把土地承包给涉农企业，实现土地的有偿流转，获得收益的一种形式。涉农企业是指以粮食为主导生产加工食品、药品、工业用品的企业，在生产过程中需要大量的粮食为原材料。然而通过传统的购买原材料的方式中间需要经过很多程序，这不仅浪费了大量的时间，还增加了粮食流通过程中损耗的费用和粮食增值费用。在此模式下，企业承包农户的土地，自己组织生产，到粮食成熟期统一运送到企业进行加工，实现粮食生产与加工的一条龙体系，这不仅节约了购买粮食的费用，还减少了粮食储藏费用，更节约了时间，并且还实现了企业向其他产业的发展。因此对于农户来说，将土地承包给大型企业比租赁给个人更加有保障，不用担心租金的收取问题，而且，大型企业有较高的资金实力，农户租赁土地的收入也较高。

这种模式下，土地承包双方不但可以获得较大收益，还不用像之前一样花费较多的心思和时间，真正实现了共同盈利。

## （二）互联网金融服务粮食生产创新模式所面临的问题

根据我国现阶段农业生产的特殊情况，粮食生产的模式创新主要形式还是不同类型的大规模集中化生产，这种生产模式有利于减轻成本和获得更高的收益，但同时也面临一些问题，如大规模生产所需要的资金问题以及赚取收益后的资金管理和储蓄等问题。通常情况下，如果生产经营缺乏资金，一般会向商业银行贷款来解决融资问题，但银行贷款程序烦琐、门槛较高，而且一般还需要有稳定收入来源的人群方能取得贷款，一般的农业生产者很难取得贷款。所以在粮食生产创新模式下，就需要更加方便的资金融通和资金管理方式。在互联网金融大背景下，大规模粮食生产者利用互联网进行融资和理财已经成为主流，但是在此过程之中，生产者仍面临各种各样的问题。

### 1. 粮食生产的特殊性方面

大规模粮食生产模式下，生产者一般都是农民或者农村从业人员，这些人员一般都没有稳定的工作及充足的还款能力，并且通常缺乏抵押与担保等因素，不能形成有效信用，受到较多的金融平台门槛限制，所以他们在取得贷款时，审核较难，融资所得资金也比较低。而且，粮食生产在很大程度上受天气的影响，这一性质增加了粮食生产的风险性以及利润获取的风险性。最后，粮食生产产品单一、利润率较低、此种项目发展未来预期较低，种种问题都阻碍了粮食生产的资金融通。

### 2. 互联网金融的发展方面

一方面，我国互联网技术水平还比较低，有待提高。我国在 2013 年互联网金融才真正得以发展，起步时间与发达国家有很大的差距，互联网技术还不够完善，存在较多问题①；另一方面，我国地区经济发展不平衡，粮食生产集中在农村，而这些地区的互联网发展都不完善，甚至部分偏远地区都没有真正联通互联网，那么互联网金融普及率就更低了。

#### 3. 互联网金融的推广方面

互联网金融是现代经济条件下衍生出的一种新的金融形式，其出现时间较短，而且专业性较强，这对于文化程度不是很高的农民来说很难理解和加以利用。再加上互联网金融主要依靠互联网进行宣传与推广，所以宣传途径较少、宣传程度较低，以致互联网金融在农村的普及率不高。

#### 4. 法律及信用体系方面

一方面，相关法律体系不健全，存在一些法律漏洞。互联网金融是一个新的经济发展热点，众多企业纷纷利用这一新形式，促进企业进一步的发展。然而，互联网金融的双重性质将其推向一个尴尬的局面，在适用法律方面存在些许漏洞。当前，我国并没有一套完善的法律体系对其进行准确的规定，相关法律体系尚未健全。另一方面，信用征信体系评估失之偏颇，评估的结果影响因素多。

### （三）互联网金融服务粮食生产创新模式的路径

关于粮食大规模生产中所遇到的问题，可以通过互联网金融平台解决。例如，在生产规划前期，需要大量的资金投入，而在银行无法取得贷款，那么就可以通过 P2P 网贷平台、小额贷款等平台进行借款。在这些网络金融平台，取得贷款的门槛较低，一般只需要完善个人信息以及提交所进行的项目规划，平台再根据贷款者提供的信息进行信用评级和可贷金额

① 张宁宁．基于互联网金融的涉农企业融资问题研究［D］．长沙：湖南农业大学，2016.

审核即可。还可以通过众筹平台，做好宣传，吸引大众共同投资，共同参与粮食生产。

1. 粮食生产者角度

一是树立“互联网 +”意识，了解互联网金融的风险并合理利用。生产者在进行粮食交易时，一般都是采用传统的面对面交易，这是因为一方面农业生产者一般文化水平低，受传统观念影响大；另一方面农业生产者对互联网的了解熟悉程度不够。“互联网 +”概念的出现，将农业推向了风口浪尖，但随着我国农业现代化进程的加快，“互联网 + 农业”必然会成为一个时代潮流。在粮食生产创新模式推行过程中，必然会面对资金短缺的问题，每当出现资金问题时，首先考虑的就是从银行贷款。但是，一般农业生产者普遍缺乏有效抵押物和稳定的收入来源，在这种情况下，他们不得不选择高利贷来缓解自己的资金短缺压力。但是高额的利息会严重影响粮食生产的利润，甚至当天气条件不好的年份还有可能出现入不敷出的情况。互联网金融的出现为粮食生产模式创新的推进提供了良好的契机，它的融资门槛低，且不需要抵押物，并且资金取得速度很快，可以有效帮助解决粮食生产者面临的资金问题。同时，互联网金融平台贷款利息较低，不需要太大成本。因此，粮食生产者应尽早树立“互联网 +”意识，了解时事变化和市场行情，合理利用互联网金融，有效解决自身所面临的资金短缺问题。

二是合理管控与分配资金。粮食生产者在通过互联网金融平台进行贷款时，应该严格地按照融资程序的要求来进行，并且得到的贷款应该及时投入农业生产上来。而且资金管理者应该做好规划，准确把握好生产过程中所需要的资金要求和资金规模，合理利用，提高资金的利用率。同时，粮食生产具有自身的特殊性，其生产周期较长，生产过程受天气影响，具有很大的不确定性。所以，资金应该用到必要的地方，合理管控与分配使用。

三是遵纪守法，加强个人信用维护。粮食生产者应该遵守互联网金融平台的贷、还款规则，遵守法律的规定，在规定还款日之前按时归还所借资金，还本付息，不能出现携款潜逃等违法情况。按时还款不但能够彰显自身信誉，还是对自身产品的一种良好宣传，有助于扩大知名度，而且还有利于以后的再次利用互联网金融平台进行借贷。在互联网快速发展的今天，良好的信用评级是行走在社会的敲门砖，信用等级越低，遇到的障碍越多。

2. 互联网金融平台角度

一是加大宣传力度，方便生产者全面了解信息。虽然互联网金融在我国已经发展了很多年，但是大部分人都还不了解，特别是偏远地区的人员，这就影响了互联网金融的发展和壮大，还不利于资金需求者及时利用互联网金融平台。所以互联网金融平台应该加大宣传力度，介绍其业务范围及自身产品，做到大多数人都了解互联网金融，并且可以合理利用。

二是建立健全信用评估机制。粮食生产者主要是农村地区人员，在贷款时遇到的问题肯定非常多。他们缺乏有效的抵押物，且自身还款能力差，而且农业生产周期很长，在融资时会遇到很多问题。一般的互联网金融平台与专业的农业互联网金融平台在农业生产者的资信评估上有一定的差距，所以在进行融资时应该选择更加专业的平台进行信用评估。专业的互联网金融平台应该建立健全合理的评估机制，对申请人员进行评估，以免出现资信不合格人员取得资金给平台带来风险而资信较好的生产者不能获得资金的情况。

三是积极与银行等金融机构合作，共享信用信息。互联网金融平台评估申请人的信息主要依靠用户信用状况，这就决定了互联网金融平台需要拥有庞大的数据库，才能对用户进行合理准确的判断。而互联网金融在我国还处于刚刚起步的发展期，其拥有的数据资源有限。银行等金融机构发展时间较长，已经建立了完善的数据库系统，但是，银行还没有实现大范围的数据共享，使得很多平台都不能有效利用银行数据。所以，互联网金融平台应该积极加强与传统金融机构的合作，充分利用获得的数据，对用户资信状况进行完善的审核，这样不但减少了信用审核时间，而且信用评估更准确。

四是及时对平台使用者的真实信息进行核实。农产品种植区一般都在偏远的农村地区，这对于互联网金融平台审核信息来说具有一定的难度。因此，为了降低平台风险，应该对申请者的信息进行一定的监管，并及时更新信息的变化和资信的审核。平台应该经常派评估人员进行实地考察，及时反馈和记录，并进行整理、分类以及对信息的修改。这种方式不仅可以降低平台风险，还有利于掌握更加准确的数据。

### 3. 政府的角度

一是建立健全相关法律法规。我国互联网金融的发展时间太短，而发展速度又非常快，所以我国还没有及时出台相关完善的法律法规，不管是从互联网角度还是从金融角度的法律都不能准确地约束互联网金融的运行。法律方面的不完善使很多互联网金融平台“打擦边球”，也使得人们对其信用程度较低。在这样的背景下，互联网金融的长期平稳的发展受到了阻碍。这一状况直接影响了依赖互联网金融平台进行融资的粮食生产模式创新，融资受到限制，直接阻碍了粮食生产模式创新的推进。因此，随着互联网金融的不断发展，相关法律法规也应该及时出台，给互联网金融平台融资者一个坚实的法制保障。

二是加大相关部门对互联网金融的监管。传统的金融行业之所以长期以来稳步发展，与相关机构的监督是密不可分的。而互联网金融具有其特殊性，没有相关法律和部门进行制约和监管，其中不乏浑水摸鱼者和利用法律漏洞钻空子者，这严重污染了互联网金融发展环境。因此，国家应该建立专门针对互联网金融平台的监管机构，有效监督互联网金融平台的行为，对问题平台进行处罚，增加人们对于互联网金融平台的信任。

三是加快农业生产的大数据建设步伐。当今社会的经济发展与大数据已经密不可分，所以农业大数据的建设对于农业发展和农村经济建设都具有很大的推动作用。大数据一旦建成，会使得农业信息更加丰富，使生产者更加了解农产品的市场，及时调整生产经营活动。大数据的建立还可以加快农业现代化过程，推进粮食生产模式创新。而当前我国农村大数据建设还处于起步阶段，存在很多潜在问题和隐患。所以，政府应该加大对农村地区互联网的建设以推进大数据建立过程。同时也要重视大数据的融合、整理以及数据的实时共享。

四是加大对粮食生产的扶持力度。农业生产是国家发展的根本保障，但是其所需资金较大，而生产者本身资金薄弱。又由于农业生产资金来源较少、融资能力差，生产经常面临资金短缺问题。再加上粮食生产不同于其他产业，其风险较大且利润很低，导致很多人不愿意从事农业生产。因此，政府应该加大对粮食大规模生产的扶持力度，减少他们的压力，增加其收入，给他们提供基础的物质保障。

## 四、互联网金融服务粮食生产的案例：以黑龙江省五常市为例①

### （一）黑龙江省五常市发展“互联网金融 + 粮食生产”模式的背景

#### 1. 黑龙江省五常市粮食生产优势

一是得天独厚的地理位置。五常市位于黑龙江省最南端，自然资源呈“六山一水半草二分半田”分布，年平均气温 3.6°C，无霜期 115 天至 139 天，平均降水量 608 毫米，日照时数 2629 小时，常年积温 2600°C 至 2700°C。境内有以拉林河、忙牛河、溪浪河三大水系为主的大小河流 97 条，年平降水量 92 亿立方米，位于忙牛河上游的龙凤山水库是中型水库，水域面积 4 万亩，可蓄水 2.7 亿立方米。实有耕地 360 万亩（计划内面积 240 万亩），年产粮食 25 亿斤左右，有水田面积 160.4 万亩，占全省 1/10，占哈尔滨市的 1/4，年产水稻 16 亿斤左右，商品粮 12 亿斤，被誉为张广才岭下的“水稻王国”，是国家重要的商品粮基地和全国水稻五强县之一。

二是独特的品牌优势。中国香米出五常，作为国家领导人的御用米，五常香米已经完全占领国家优质大米的市场。五常市种植水稻具有非常悠久的历史，早在 1865 年就有朝鲜族先人来这里种植水稻。经过一百多年的发展，五常大米冲出种种重围，多次在国内国际优质大米评比中获奖，率先举起水稻这面“大旗”，树立了绿色健康食品的品牌，规范绿色食品

① 案例来源：雷平，詹慧龙．粮食安全与农业经营体制创新——基于五常市的案例［J］. 求实，2017（2）：74–83；王为．五常市农村金融发展研究［D］. 吉林：吉林大学，2016.

的生产流程，并且对水稻加工进行立项，形成具有相当规模的大米精加工生产线。

三是农业现代化发展助推粮食生产。五常市“龙头企业+合作社+农户”的村企联合模式，从绿色种植到有机产品再到鸭稻生态种植模式的不断更新，带动当地百姓走上致富道路。随着互联网时代的到来，农民们也逐渐认识到互联网大数据对农产品推广的巨大推动力，借助互联网来发展生产农业，通过云平台构建全国销售网络，成为现代化农业发展的重头戏。五常市通过智能软件，成功地指导了农户与企业在种植过程中怎样用好肥料、怎样用好药剂，结合每一年的测土配方，指导农民合理地施肥打药，进一步提高五常大米的质量，从而提高五常大米的价值，实现农民致富。

### 2. 黑龙江省五常市互联网金融的模式发展

在金融平台的使用上，互联网金融打破了手续办理复杂、耗费时间较长的传统金融模式的弊端，借助互联网时代的云计算、社交网络以及移动客户端等的一系列互联网便捷工具进行融资、支付以及资金往来，摆脱了传统商业模式复杂的步骤，互联网金融逐步取代了传统的银行、交易所等中介的束缚。在五常市的农业经济发展过程中，农村新型金融的作用不断显现出来，为农村金融的发展注入了活力。五常市作为黑龙江省乃至全国重要的农业生产基地，必然离不开完善的农村金融体系的支持。目前五常市农村金融服务体系不断完善，一共形成了两条不同的主线：一是以农村信用合作社、农业银行为主体的正规金融；二是以小额信贷等为主体的非正规金融。二者互为补充，为五常市农村金融提供优质的服务。在互联网金融快速发展的时代背景下，五常市小额信贷公司的数量迅速增加，作用也越来越明显。在当地农业现代化发展的推动下，农业生产所需的周转资金越来越多，互联网金融企业的出现使农民更快、更多地筹集到生产资金，从而进行下一步的生产，这种新型的金融形式逐步在五常市推广发展。

## （二）黑龙江省五常市“互联网金融 + 粮食生产”模式的发展

### 1. 黑龙江省五常市发展“互联网金融 + 粮食生产”模式的典型案例

正值秋收时节，黑龙江省五常市作为粮食生产大市又迎来一次大丰收，但此时此刻却有人无法真正高兴起来。兰孝波在当地经营着一家年产量超过一万吨的稻米加工厂，有一千家农户与之签订了水稻收购协议，资金周转成为他此时面临的最大难题，缺口在500万元左右。单纯靠银行无法真正解决燃眉之急，尤其在收割旺季，订单农业普通农民是不能借款的。经人介绍，兰孝波来到当地的一家互联网金融企业，在网上申请贷款业务。互联网金融企业在实地走访和审查企业以及个人的信用状况之后，经过最后确定无误，给予其资金支持。相较于传统金融企业，兰孝波只用了7天的时间就筹集到了周转资金，真正地解决了企业的燃眉之急。

### 2. 当地政府在五常市“互联网 + 粮食生产”模式发展中的作用

一是大力支持经营主体多元化创新。通过多元化组织创新实现经营主体的整合、内部自律和协商机制，抑制粮食生产的负外部性。五常市构建新型经营主体组织模式主要有四种：第一种是“企业 + 基地”模式。粮食生产企业集中农民闲置土地，形成自营基地以实现分散土地基地化。这种模式使粮食生产实现了全程工业化，具有效率高、竞争力强的优势。第二种是“企业 + 农户”模式。通过牵头当地的重点企业，利用企业在加工或者销售环节优势，将分散的农户生产整合起来，按照市场需求统一生产标准和生产方式实现分散农户专业化、科技化和规模化生产。第三种是“企业 + 合作社”模式，即粮食加工销售企业与合作社直接合作实现生产和销售一同发展、利益一起共享。这种模式是以企业间市场化合作为基础，合作形式和内容更为灵活。第四种是“合作社+农户”模式，即农民自身联合农民以土地或资金入股的方式组建合作社，实现股份制公司制运作，风险共担、利益共享。这种模式以农户参与的合作社为主导，更能体现农户的意志，是农民合作社企业化运营的具体体现。在政府政策的大力支持下，五常市粮食生产得到了更好的发展。

二是创新农业金融服务，发展涉农金融机构。与农村信用社、龙江银行、惠民村镇银行、哈尔滨银行等金融机构签订支持农业发展框架协议，全市各类涉农金融机构发展到11家，专业涉农担保机构发展到3家，全年涉农贷款余额58亿元，涉农担保金额达到5000万元。利用优惠的政策吸引互联网金融公司的投资，2015年民生银行旗下的“易贷”与东方粮仓联合推出的大米理财，就是通过金融合作，挂牌销售大米，从生产到销售一体化为农户提供优质金融服务，效果非常显著。2008年五常市107家稻米加工企业联合成立了“米联融”商会，采取5家联保贷款、按信誉贷款方式与银行开展深度合作，2014年商会贷款余额达到10.5亿元。另外，五常市积极开展农业保险试点。2007年开展农业政策性保险以来，积极与阳光农险、中保财险、安邦财险、平安财险四家承保平台合作，不断扩大农业保险覆盖面。2015年，全市参保农户达到4万户（包括合作社和种田大户），实际覆盖农户达到7.9万户，占全市农业总户数的39%。其中水稻、玉米等主要农作物承保面积180万亩，占全市耕地总面积的43%。2007年至今，累计有12万户农户获得理赔，理赔款总额8335万元。保险理赔让老百姓得到了实实在在的实惠，实现了“要我保”向“我要保”的转变。

### 3. 互联网金融企业在五常市

近年来，互联网金融在我国爆发式地发展，为粮食生产与加工企业带来了机遇。互联网金融企业打破了传统商业银行以贷款为主的融资方式，为当地粮食生产与加工企业带来了新型的融资方式。这种新型的融资方式不仅降低了融资的门槛，还能满足企业发展对外部资金的需求，而且弥补了银行贷款余额不足的问题，为企业发展注入了新的活力。粮食生产加工企业面临的最主要问题就是资金周转问题，互联网金融企业灵活、先进的融资方式给这些企业带来了更多的机遇，更好地解决了企业资金周转的问题。

#### 4. 政策性金融机构在五常市“互联网 + 粮食生产”模式发展中的作用

五常市粮食生产再次获得丰收，秋粮收购工作已经全面启动。农发行五常市支行信贷资金供应与管理工作做到了“准备工作充分、收购网点充足、资金供应充裕、银企合作密切”。支行从确保国家粮食安全、维护社会稳定和保护农民利益出发，制定了相应的工作原则和思路。一是坚持用国家粮食宏观调控政策指导秋粮收购信贷工作，继续发挥好政策性银行在秋粮收购信贷资金供应中的主渠道作用。二是积极支持玉米市场化收购，紧紧依靠地方党政，与粮食主管部门形成合力，发挥中储粮等大型央企和北大荒集团等省级国企的骨干作用。三是提供优质高效的金融服务，保障秋粮收购顺利进行。支行提前完成五常市 9 个国有粮食企业政策性收储库点资格认定工作，保证市域内粮食收购网点全覆盖、无收购“空白点”。同时，完成托市收购承贷企业评级和授信工作，保证执行主体政策性收购资金及时、足额供应。

### （三）黑龙江省五常市发展“互联网金融 + 粮食生产”模式对其他地区的示范效应

黑龙江省五常市发展“互联网金融 + 粮食生产”模式的创新点主要体现在以下几个方面。一是覆盖面广，互联网金融企业克服了传统金融机构展业成本高昂的弊端，投入成本少，可以较大范围地覆盖乡镇企业。二是门槛比较低，互联网金融不需要农民的抵押，农民省去了烦琐的贷款程序。三是快捷方便，互联网金融可以使农民足不出户，只需要智能手机就可以选择办理相关金融业务，节省了大量时间。在当代社会发展中，时间就是金钱，互联网金融企业业务办理便捷，能节省大量时间，能够真正做到解决粮食企业的燃眉之急。基于黑龙江省五常市发展“互联网金融＋粮食生产”模式的优点，从相邻地区和其他地区两个方面对其示范效应进行分析。

1. 对相邻地区的示范效应

黑龙江省五常市“互联网金融＋粮食生产”的模式在当地因地制宜进行发展，依托当地农业大县和五常大米的品牌优势，取得了成功，经济得到迅速发展。这一先进的生产模式可以推广到五常市相邻地区中去，实现以点带面的发展。现以五常市的相邻地区集贤县为例进行分析。

（1）集贤县与五常市发展“互联网金融＋粮食生产”模式的相同点

一是地理位置优越，粮食产量高，大规模农业现代化发展前景良好。集贤县地处黑龙江省东部三江平原腹地，区划面积 2283.4 平方公里。总人口 32 万，其中，农业人口 18.4 万，是全国产粮大县之一，是“中国大豆浸油之乡”。五常市的“互联网金融＋粮食生产”的模式对集贤县有很好的示范效应。

二是重视电子银行业务发展，依托省联社平台，积极构建自身电子银行服务体系，推进基础金融设施建设，较大范围内扩大了金融服务群体。如今，网上银行、手机银行、互联网服务等现代电子产品纷纷面向市场，逐步构建起渠道多、层次广、覆盖大的电子银行服务体系，将金融服务拓展到广大农村的偏远地区。

三是政府对互联网金融模式认可与支持。“众农联”运用产业互联网的开放共享模式，联合当地的农业龙头企业优势互补、抱团发展，形成新的产业价值链生态系统。在全产业链条中建立严密的农产品质量追溯体系，建设具有强大支撑功能的大数据中心，打造规模化农产品供应链金融系统，通过打造“千亿级产业、百亿级平台”，进一步提升大米、杂粮、畜牧、北药、林下经济产业的集约化、品牌化和产业化水平，推进农业供给侧结构性改革，拉动农业精准扶贫工作，实现新时代农业转型升级、提质增效发展，进而助力实现新时代“乡村振兴战略”。

（2）集贤县与五常市发展“互联网金融 + 粮食生产”模式的不同点

与五常市主要发展粮食生产与加工产业不同的是，双鸭山市集贤县大力发展电子商务经济，以“互联网 + 双创”的理念助力县域经济转型化发展。作为黑龙江省第一批“农村淘宝”5 个试点县之一的集贤县，通过双鸭山国际电子商务产业园项目找到了适合县域特征的载体。园区紧紧抓住电子商务发展潮流，把握难得的机遇，定位“城市产业创新平台”，打造集电商基础设施、“互联网 + 连接器”、创新创业生态圈、城市产业新平台、综合服务体系“多位一体”的双鸭山首席电子商务产业综合体，构建双鸭山地区最大的电子商务生态圈与 O2O 新商业模式样板。集贤县发挥电子商务经济优势，借着“互联网 + 金融”的时代浪潮，将本地的特色产品销售出去，带动当地经济发展。

通过对五常市和集贤县相同点与不同点的分析研究，互联网金融要与当地的特色产业结合在一起，因地制宜发展，才能带动当地经济的发展。

### 2. 对我国其他产粮大省的示范效应

上文提到黑龙江省五常市的“互联网金融 + 粮食生产”模式对当地经济发展的推动作用，以及对同省的集贤县的示范作用，但是脱离了黑龙江省的地区特色，这种新型的互联网金融服务粮食生产模式能否在全国其他农业大省起到相同的示范效应呢？现以和黑龙江省同为国家粮食核心生产区的河南省为例进行分析。

（1）河南省发展“互联网金融 + 粮食生产”模式的资源禀赋

一是河南省自然条件优越。河南省处于全国居中的位置，地理位置优越，交通方便，道路四通八达。河南省平原面积广，地理气候条件适中，全省耕地资源高居全国第四位。光照充足、气候温和、雨量适中，适宜于多种农作物的生产。河南省有很多特色农业产品，如原阳的大米、开封的西瓜、杞县以及中牟的大蒜、灵宝的苹果等。优越的地理位置、得天独厚的生产条件、丰富的农业生产资源和良好的农业生产基础为推进河南省农业产业现代化的发展打下了基础。

二是河南省农业科技创新能力逐步增强。经过多年的不懈努力，河南省已经形成了以省农业科学院为中心、由 21 个市级农科所、30 个县级农业试验站组成的全省实验室和研究中心，获得了一批具有重要影响力的科研成果。河南省加强农村科技服务体系建设，通过创办不同类型各具特色的农村科技示范基地，建立农业科技专家、龙头企业创新中心、农村区城科技中介组织，加强科技推广体系建设和农民科技培训，从上到下形成了以科技人员为骨干，以各类技术服务组织为纽带，以科技示范乡、村、户为基点的农业技术服务网络。

三是河南省地处平原地区，自古以来都是粮食大省，有悠久的文化历史。“河南熟，天下足。”作为中国“粮仓”的河南，粮食总产量占全国的 1/10，小麦产量占全国的 1/4，居全国首位，多年来一直保持全国第一农业大省、全国第一粮食生产大省的地位。“互联网 +”的行动计划必定会催生“互联网 + 金融 + 农业”融合发展的内生活力，互联网金融为农业现代化发展插上飞翔的翅膀。

综上所述，河南省的农业发展完全可以借鉴黑龙江省五常市，采用“互联网金融 + 粮食生产”的模式。但需要注意的是，河南省与黑龙江省经济发展、地理位置等存在差异性，不可照搬硬套，要因地制宜，结合各地区的优势灵活运用，对于全国范围内其他地区也同样适用。

（2）河南省发展“互联网金融 + 粮食生产”模式的路径选择

一是构建系统化的现代农业产业链。河南省“互联网 + 农业”尚处在初期发展阶段，各自为政、一哄而上的现象较为常见。缺乏针对“互联网 + 农业”的整体规划，不利于农业产业的协调发展，容易形成局部与片面的发展模式，影响“互联网 + 农业”对产业经济的贡献。地方政府忙着步入“互联网 +”的轨道，同时也不能忽视了农村产业战略的长远规划与布局，这样将会导致出现农业产业无序竞争、“赔本赚吆喝”等诸多问题。总体来看，农业产业涉及社会、经济、文化等各个方面，其体系极为庞大。当前针对“互联网 +”如何服务农业产业经济发展的核心问题缺乏统领性与统筹性构建，“跑马圈地”、各自为政等现象都亟待解决，急需结合“互联网 +”构建起系统化现代农业产业链，制定出一系列可操作性、系统性强的机制。

二是完善信息化基础体系。“互联网 +”是理念与技术的重大革新，必然会带来新基础设施的广泛建设以及新兴产业的蓬勃发展，农村信息基础设施建设尤为重要。就现状来看，河南省农业信息化基础建设相对不足，《河南农业农村发展报告》调查数据显示，截至 2016 年，河南省农村宽带接入率仅为 19.34%，尚不及全国平均水平的一半；农村拥有计算机的家庭比例还未达到 35%，超过一半以上的农民仍然不会利用互联网，农村互联网普及率仅有 29%。同时，农业信息平台建设也存在重复建设、各自为政等问题。例如，当前省级综合性农业信息服务平台就包括中原惠农网、兴农网以及河南农业信息网等，同质化较为明显，不仅无法形成综合品牌效应与信息规模效应，也容易导致用户的分散。并且除了一些经济较为发达的城郊村庄，目前河南省多数农村仍缺乏物流配送，物流设备仍然较为落后，特别是在冷链运输上，其使用率较低，导致全省蔬菜、水果以及水产品等诸多生鲜农产品物流运输损耗率较高。“最后五公里”的城乡鸿沟与高昂的物流成本，以及较低的互联网使用率，都影响了河南省“互联网+农业”的发展。“互联网+金融+农业”的新型发展模式更加依赖于网络信息化发展，河南省要想充分发展此种生产模式，就要完善信息化基础设施的建设，把基础打好，才能保证“大楼越建越高”。

# 第七章
# 金融服务粮食生产的风险防范研究

前六章研究了金融服务实体经济及五个金融子行业服务粮食生产的情况，但不可否认的是，金融作为资金融通的行业，收益与风险是金融的一体两面，风险防范绝不可放松或忽略，预防系统性金融风险的关键在于金融体系能够自我转化风险，而不是造成风险的外溢，也就是说，能够在一定程度内抵抗风险压力，防止风险扩散甚至激化。对于金融服务“民以食为天”的粮食生产更是如此，粮食行业具有极端重要性，但又具有弱质性，金融服务粮食生产为了促进生产，但也必须把防范风险放在首位。

粮食是人类生存和发展的基本资料，粮食生产的数量和质量都是全人类共同关注的重要课题，粮食生产风险的防范也是各国各级政府、企业及个人所致力于解决的问题。“手中有粮，心中不慌”“人是铁，饭是钢，一顿不吃心里慌”，粮食消费具有较强的刚性，而粮食生产则受到气候、科技、土地面积和质量、粮食生产者的管理水平、粮食成本与收益等多个因素综合影响，具有较强的不稳定性。因此，维护国家粮食安全、保证粮食生产一直是中央政府坚持不懈的重要工作。

## 一、粮食生产所面临的主要风险及来源

粮食生产周期长，受到自然环境、科技水平及粮食生产者的管理能力等的影响，粮食生产的数量和质量具有较大的波动性。市场经济条件下，

粮食价格主要由市场决定，粮食价格波动幅度也与日俱增，同时，对外开放也使国内粮食市场面临外部竞争，加剧了粮食价格波动风险，进而会影响粮食生产收益。总体而言，粮食生产面临的风险主要有：环境风险、科技风险和价格风险。

## （一）环境风险

土地是粮食生产的基础，气候是影响粮食生产数量和质量的重要外部条件。随着全球人口数量的急剧增加，人类对土地的开发利用水平越来越高，粮食单产不断提高，但过多的人类活动对自然环境的破坏也越来越严重，生态平衡受到严重威胁，土地污染愈演愈烈，极端天气频发，恶劣环境成为影响粮食生产的重要风险之一。自 20 世纪 80 年代以来，为了追求单产提高，化肥和农药被大量用于粮食生产，造成土地板结退化甚至盐碱化、农药残留严重，加上工业排放疏于管制，山川、河流、湖泊及土壤的重金属污染日趋严重。土壤污染和退化可以通过一定的治理手段得以恢复，但耗费的时间和成本非常巨大，对粮食生产的数量和质量的影响也日渐显现，尤其是一些突发洪水和污水泄漏，将对部分地区的粮食生产造成不可逆的影响。近百年来，人类活动对气候的影响非常深刻，大量石化能源的消耗伴随着温室气体和其他有害气候的排放，不仅使气候变化无常，难以风调雨顺，而且酸雨也直接影响粮食的产量和质量。气象灾害大体可以分为四类，即干旱、洪涝、风雹和雪灾及低温冷冰害等，据统计，干旱最为常见，占到总受灾面积的 44%，洪涝、风雹和雪灾及低温冷冰害依次所占比例为 25%、17% 和 14%。气象灾害具有不可预见性和巨大破坏性，影响区域和影响程度都比较大，如 1998 年长江流域的洪涝灾害不仅对工业造成巨大影响，也严重影响到农业生产。从已有统计数据看，粮食产量与受灾面积之间呈显著负相关关系，即受灾率较高的年份，粮食总产量会显著下降，而且自然灾害比较频繁的年份，粮食产量的波动幅度更大[①]。虽然中国连续多年粮食增产，但粮食安全问题一直是一个不容忽视的问题，城镇化过程中对土地的侵占和城镇化工业化进程中的污染问题日趋严重。生态环境的破坏使各级政府不得不增加治理环境的预算，从而使经济增长和生态环境保护之间的矛盾更为明显，一方面，城镇化需要创造更多的就业，需要大力发展工业和服务业，必然会加大生态环境的负担；另一方面，当前社会的主要矛盾已转化为人民日益增长的美好生活需要和不平衡不充分发展之间的矛盾，人民群众对良好生态环境的需求比历史任何时期都变得更为迫切。然而，治理生态环境并非一朝一夕之功，前期所造成的污染及对生态环境的破坏仍会是恶劣天气的一大诱因，纵然全球各国联合起来，达成了《巴黎协定》，但地球变暖和由此引起的极端天气仍会在相当长时间内无法避免，土壤污染和退化问题也难以在短期内修复，对粮食生产的影响也必然是深刻和长远的。

### （二）科技风险

自 20 世纪 80 年代以来，粮食生产领域的科技应用不断增加，粮食单产不断提高，中国于 20 世纪末基本实现了温饱。21 世纪以来，农业领域的科技发展更是日新月异，高效农药、化肥和激素的应用走向普及，尤其转基因科技的应用更是改变了人类历史，在提高粮食产量及抗病虫害能力的同时，也饱受社会各界的争议。粮食生产方面的科技多是围绕粮食产量提高和粮食质量提高展开，除了改变粮食作物生长的外在条件，还有就是改变作物本身。粮食作物生长的外在条件主要为保证适宜的温度、湿度、光照、营养和免于病虫害，农民利用农业科技进行灌溉、大棚或盖地膜等

① 祁毓，秦小莉，姜文婷．是什么缓解了自然风险对粮食生产的冲击？[J]．财贸研究，2011（6）：39-46.

方式解决了温度、湿度和光照的问题，大幅度提高了粮食产量，但过多的地膜等化工原料得不到妥善处理，都留在土壤里，就会对土壤造成污染，且这种污染是持久且难以治理的。尽管测土配方能够有效解决化肥污染问题，但是只有极少数的农户接受合理施肥的方式，更多地仅为追求粮食产量而大量使用化肥和其他营养素，导致土壤被过分利用，出现板结和退化。当前我国大部分的耕地已经退化，是长期不合理施肥的结果，必然影响农作物的质量，如过量使用氮肥，使禾本科作物籽粒含氮量及蛋白质含量增加的同时，也将导致氨基酸含量比例发生变化，使其营养品质下降，而过量使用磷肥，又会对蔬菜、水果中的有机酸、维生素 C 等成分的含量以及果实的大小、着色、形状、香味等带来一系列影响。粮食作物既是人类生存和发展的必需品，同样也滋养着其他生物，而且粮食作物同其他作物一样也会生病，人类为了保证粮食产量，一直同病虫害作斗争，其中农药起到至关重要的作用。农药的使用极大程度上减少了病虫害的侵扰、提高了粮食产量，但长期大量使用农药，必然导致粮食作物的质量受到影响，农药残留将会长期影响人类的健康。改变农作物性质的科技最具代表性的就是转基因，目前许多国家都开始种植转基因粮食作物，中国也不例外，种植数千万亩转基因农作物，并大量进口转基因农产品。不可否认，转基因技术在某些方面提高了农产品的抗病灾能力和产量，但转基因产品是否安全到目前仍有争论，由于时间窗口不够长，食用转基因产品的安全性无法得到验证，必然会使转基因粮食生产面临巨大的科技风险。

### （三）价格风险

市场经济体制下，粮食生产的主体农民也是一个理性的市场参与者，追求利益最大化会主导粮食生产，农民会根据利润大小在农作物和经济作物之间进行选择。粮食生产的利润取决于收入和成本，前者又是由产量与价格共同决定，产量相对稳定，收入往往由粮食价格决定，粮食生产的成本由种子、化肥、农药、播收管理费用组成，由于种子、化肥和农药竞争相对充分，粮食生产成本相对稳定，因此，对粮食生产利润影响最大的是粮食价格。粮食供需关系是决定粮食价格的基本因素，粮食需求具有刚性和稳定性，而粮食产量受到诸多因素的影响相对不够稳定，若粮食丰收，则供给大于需求，其价格下跌；反之，粮食歉收，则供给小于需求，其价格上涨。随着粮食金融化程度的不断提高，粮食作为大宗商品成为部分投资者的投资对象，粮食价格除受到供需关系影响外，还要受到资金的影响，加剧了其波动幅度。此外，粮食贸易也是影响粮食价格的重要因素，美国等国家作为粮食出口大国，左右着国际粮食价格的走势，尤其是国际四大粮商基本掌握了粮食的定价权，也会对国内的粮食价格产生较大的冲击。粮食价格的不确定性会影响到粮食生产的收益，进而会影响农户的生产决策，如果粮食生产的收益过低，其就会转向种植经济作物，粮食生产数量就会下降；反之，如果粮食价格较高，粮食生产的收益可以得到保障，则农户就会种植更多粮食。目前，期货市场是粮食价格的晴雨表，其走势会影响到下个周期粮食现货的价格，期货市场的过度投机可能会使其价格信号功能丧失，加大粮食生产的价格风险。当然，我国构建了国家粮食储备系统，部分地区和部分粮食产品制定了基本收购价政策，对粮食价格起到一定的稳定作用，但我国粮食生产的主体仍是以农户为主，集约化的生产尚没有普及，多数农民不具备金融知识，对粮食价格的趋势缺乏科学和专业的判断，从而不得不承担粮食价格波动所带来的风险。从经济学的角度看，粮食价格波动不仅会对当期和下期的粮食收益产生影响，而且这种不确定性会改变粮食生产者的预期，在没有稳定收益的情况下，粮食生产者的种粮积极性会受到沉重打击。中国长期实行家庭联产承包责任制，规模化、集约化经营还没有实现，即使当前土地流转工作正在进行，但新的经营主体流转的土地多是种植经济作物，因此，粮食生产者仍是传统的农民，收入低且抵御风险能力非常差，价格风险自然成为他们最为关注的风险。

## 二、粮食生产风险防范的主要金融工具

粮食远期最早是由美国加州的农场主为了转移粮食生产风险而提出的，后来逐步演化为粮食期货。长期以来，金融承担着化解粮食生产风险的主要功能，与粮食有关的保险和金融衍生产品不断推出，架起了粮食生产者与金融投资者之间的桥梁，实现了风险从粮食生产者向投资者和其他专业金融机构的转移与分散。粮食生产风险防范的主要工具可以分为粮食保险、粮食期货及其他相关金融衍生品、粮食生产基金等。

### （一）粮食收入保险

经济合作与发展组织认为，农业保险不应该只注重某种风险或与之相关的风险管理工具和政策，而是应该强调从整体上考虑风险管理的对象、目标、主体和工具之间的相互影响及制约关系。世界上多数国家都给予粮食生产者补贴，其最重要的原因在于人们对粮食的刚性需求，即使西方发达国家土地私有，粮食生产纯粹是由农场主自行决定、自负盈亏，政府也会充分考虑农场主的利益，给予政策性补贴。我国学者庹国柱将农业保险视为一种准公共产品，他认为虽然农业类保险在需求上具有排他性，但在消费和经营环节又不具有排他性，以粮食为代表的农业产品受益于农业保险，最终惠及全体社会成员，具有一定公共产品特征，因此，农业保险理应由政府提供。

粮食收入保险是对粮食生产者将风险转移出去的一种有效手段，该险种始于加拿大，后被美国借鉴并广泛应用。粮食收入保险是以当季某粮食产品收入或某经营单位多种粮食产品收入为保险标的，选择不同的保障水平并交付相应保费，当标的收入低于合同约定水平时，保险机构向投保人支付相应补偿；相反，若标的收入高于合同约定水平时，保险公司免于承担相应责任。简言之，投保人交付一定保证金将粮食收入下降的风险转移至保险公司。粮食收入保险将价格和粮食产量统一综合考虑，从理论上看，粮食价格与产量之间呈负相关关系，即粮食产量增加时，价格会下跌；相反，产量减少时，价格会长涨，这种负相关关系形成了一种自然对冲，使粮食收入风险小于粮食产量风险和粮食价格风险之和。基于以上特点，粮食收入相对于粮食产量和粮食价格更加稳定，该保险会优于单纯的数量险和价格险。然而，现实情况却并非如此，受政府对粮食补贴等政策影响，粮食产量和粮食价格之间的负相关关系并不显著，给粮食收入保险的费率确定增加了难度。从目前国际通行的情况来看，一般会根据历史收入水平制定一个收入预期基数，其中收入预期等于预期产量与预期价格之积，然后收入的保障水平确定在 70% ～ 90%，保费费率会随着投保比率的提高而相应提高，个别的收入保障水平超过 100%。由于粮食收入保险同时包含两个变量，其赔偿机制分为三种情形，具体为高产低价、低产高价和低产低价三种情况，只要两个变量中一个变量增长的幅度不足以抵挡另一个变量降低的幅度，便会导致触发赔偿机制，需要说明的是，高产高价必然不会触发赔偿机制，而低产低价必然触发赔偿机制。

粮食收入保险赔偿机制可以用图形表示，实际收入 = 实际产量 $Q_s \times$ 实际价格 $P_s$，约定收入 = 约定产量 $Q_y \times P_y$，则图 8–1 可以表示触发粮食收入保险赔偿的三种情形。图 8–1（a）为低产高价型，$A+B$ 为农民的实际收入，$B+C$ 为合同约定收入，如果 $A$ 小于 $C$，意味着实际收入小于约定收入，即触发了赔偿机制，赔偿金额 =（$C-A$）。图 8-1（b）为高产低价型，若 $C$ 小于 $A$ 则触发赔偿机制，赔偿金额 =（$A-C$）。图 8-1（c）为低产低价型，农民的收入仅为 $B$，约定的收入则为 $A+B+C+D$，保险公司需要支付给农户的赔偿金额为（$A+C+D$）。前两种情况下，若实际收入不小于保险合同约定收入，则保险公司免责，最后一种情况保险公司一定要进行赔付。粮食收入保险可以视为一种综合性保险，它使农户既不用担心粮食价格下跌，又不用考虑粮食产量下降，是农户转移风险可以运用的理想的避险金融工具，但对于承保的保险公司而言，则会面临较大的风险。

粮食价格可以根据市场价格确定，既使不同粮食生产者所提供的粮食产品质量存在一定差异，但相同区域的粮食产品质量差异不会太大，可以按照相同的标准确定粮食价格，然而粮食产量却受到多种因素的影响，加大了承保的风险。由于粮食生产者和保险公司之间的信息不对称，保险公司面临较大的信用风险，即逆向选择和道德风险。首先，管理能力较差或存在主观故意骗保的投保人会踊跃购买粮食收入保险，他们清楚保险公司在签订合约时会采用平均产量，而其产量往往低于平均产量，投保意味着有较大的概率获得补偿；相反，管理能力较高的粮食生产者往往不会选择购买保险，因为保险公司合同约定的产量低于其历史产量，支付了保险费获得赔偿的概率较小。其次，粮食收入保险也面临一定的道德风险，粮食生产者一旦支付保费购买保险，则有很强的动机疏于粮食生产管理，减少粮食生产投入，以求得自身收益的最大化，从而导致粮食产量降低，保险公司赔付的概率和赔付金额都会有一定程度的增加。

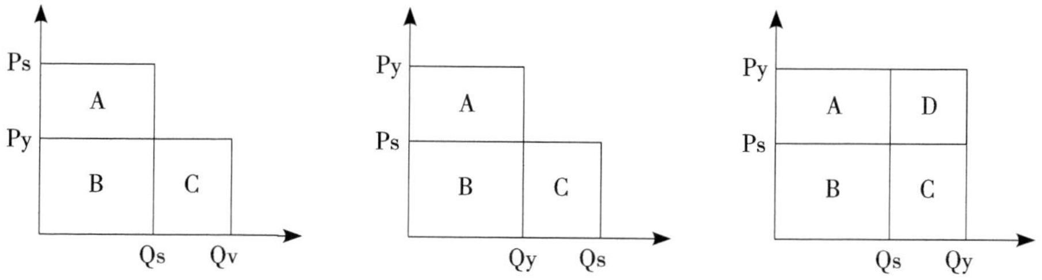


（a）低产高价型　（b）高产低价型　（c）低产低价型

**图 8-1　触发粮食收入保险赔偿的三种情形**

与粮食补贴不同的是，粮食收入保险是一种市场行为，可以起到一定的兜底作用，当粮食生产者收入降低甚至绝收时，保证其收入水平，从而不至于破产，影响粮食再生产。自党的十八大来，中央政府强调让市场在资源配置中起决定性作用，政府对农业的扶持方式开始转变，由原来的直接补贴，逐步借助市场的力量转向间接补贴。2004 年，中央首次以 1 号文件的形式提出我国应"加快建立政策性农业保险制度"，2007 年中央财政提供保费补贴的政策性农业保险制度正式启动试点，之后政策性农业保险的试点范围不断扩大，试点险种也逐年增加，各级财政承担的保费补贴比例也越来越高。2016 年、2017 年和 2018 年连续三年中央 1 号文件都提出了探索开展农产品收入保险制度，推进粮食主产区主要粮食产品稻谷、小麦和玉米完全成本保险和收入保险试点，加快建立多层次的农业保险体系。根据《中央财政农业保险保费补贴试点管理办法》（财金〔2007〕25 号）和《中央财政农业保险保险费补贴管理办法》（财金〔2016〕123 号）两份文件，我国农业政策性保险的变化情况如表 8-1 所示。

**表 8-1 2007 年和 2016 年我国农业保险试点情况**

| 年份 | 保险品种 | 保费补贴办法 | 试点范围 |
| --- | --- | --- | --- |
| 2007 | 水稻、小麦、玉米、大豆和棉花 | 试点省份省级财政承担 25%，中央财政承担 25%，剩下的 50% 保费由农户承担 | 湖南、新疆、内蒙古、江苏、吉林、四川 |
| 2016 | 玉米、水稻、小麦、棉花、马铃薯、油料作物、糖料作物、能繁母猪、奶牛、育肥猪、青稞、牦牛、藏系羊、天然橡胶，已基本完成林权制度改革、产权明晰、生产和管理正常的公益和商品林，以及财政部确定的其他品种 | 种植业在省级财政至少补贴 25% 的基础上，中央财政对中西部、东部地区分别补贴 40% 和 35%，对纳入补贴范围下的中央单位，中央财政补贴 65%。对省级财政给予产粮大县三大粮食作物农业保险保费补贴比例高于 25% 的部分，中央财政承担高出部分的 50%。其中，农户负担保费比例低于 20% 的部分，先从省级财政补贴比例高于 25% 的部分中扣除，剩余部分中央财政承担 50%。若省级财政进一步提高保费补贴比，并相应降低产粮大县的县级财政保费负担，中央财政还将承担产粮大县县级补贴降低部分的 50%。对中央单位符合产粮大县条件的下属单位，中央财政对三大粮食作物农业保险保费补贴比例由 65% 提高至 72.5%① | 除港、澳、台外的全国所有省份 |

2007—2016 年的十年间，我国农业保险增长迅速，保费收入由期初的 51.8 亿元增至 417.12 亿元，相应的保障水平也由 1126 亿元升至 2.16 万亿元，成为继美国之后的全球第二大农业保险大国。截至 2017 年年底，30 多个省份开展了目标价格保险试点，承保品种从蔬菜、生猪拓展到小麦、水稻、玉米和地方特色农产品等多个种类。具有代表性的包括 2011 年的上海蔬菜价格保险、2012 年的北京生猪价格保险、2014 年的黑龙江水稻价格保险、2016 年的江苏省常州市水稻价格保险、2017 年的黑龙江和内蒙古大豆收入保险等。这些保险的推出为一些包括种粮大户、家庭农场

① 资料来源：《中央财政农业保险保险费补贴管理办法》（财金〔2016〕123 号）》。

等新型农业主体提供了风险管理的工具，降低了种粮收入的不确定性。我国当前试点的主要是目标价格保险，试点区域主要为粮食主产区，由于家庭联产承包责任制包产到户，我国粮食种植户规模都偏小，因此试点非常有限。2018 年 7 月 30 日，财政部、农业农村部、银保监会共同印发《关于将三大粮食作物制种纳入中央财政农业保险保险费补贴目录有关事项的通知》，将水稻、玉米、小麦三大粮食作物制种纳入中央财政农业保险保险费补贴目录，补贴比例执行补贴管理办法关于种植业有关规定。即为保持政策统一，在省级财政至少补贴 25% 的基础上，中央财政对中西部地区补贴 40%，对东部地区补贴 35%，对新疆生产建设兵团、中央直属垦区、中农发集团等中央单位补贴 65%。[①] 接着，财政部、农业农村部、中国银保监会共同印发《关于开展三大粮食作物完全成本保险和收入保险试点工作的通知》，决定在种子、化肥等物化成本和地租成本的基础上，考虑劳动力成本，或者直接开展收入保险，从而进一步提高农业保险的覆盖率，降低农户种植粮食的不确定性，保障其种粮积极性。试点提出了“坚持自主自愿、体现金融普惠、发挥政策合力、鼓励探索创新”的原则，所开展的完全成本保险能够覆盖包括物质与服务费用、人工成本和土地成本等农业生产的总成本，保障对象扩展到全体农户。试点时间暂定为 2018—2020 年，补贴标准为在农户自缴比例不低于 30% 的基础上，中央财政对中西部地区和东北地区补贴 40%，对东部其他地区补贴 35%，取消县级财政保费补贴。同时，支持有条件的地区对建档立卡贫困户自缴部分保费给予减免。除了对农业保险的直接投入之外，政府也一直在探索农业保险的市场化经营路子。2017 年 10 月 13 日，农业部、国家发

① 资料来源：《关于将三大粮食作物制种纳入中央财政农业保险保险费补贴目录有关事项的通知》。

展改革委、财政部、国土资源部、人民银行、税务总局六部委联合印发的《关于促进农业产业化联合体发展的指导意见》，提出了探索“订单+保险+期货”模式，鼓励具备条件的核心企业发起组织农业互助保险，降低农业产业化联合体成员风险。事实上，核心企业的加入为农业保险的有效实施提供了新的契机，核心企业、农民合作社和家庭农场也依照产业链的天然联系进行互助服务，通过相互入股、组建新主体等联结方式，实现深度融合发展。

美国于20世纪70年代就开始探索对农作物进行包括保险的市场化之路。1980年，美国颁布了《联邦农作务保险法》，引入商业性保险机构参与农业保险运营，将逐步改变原有的“政府主导、政府运营”模式，变成“政府主导、商业运营”，即政府逐步减少对保险市场的行政干预。90年代中后期，美国对农业的支持已经使政府无法负担，并受到了WTO贸易规模的挑战，于是其被迫出台了《联邦农业促进与改革法》，取消了部分农产品价格和收入政策，但同时开始农业收入保险试点。收入保险将价格和产量统一起来，使农场主的收入不确定性大大降低，该险种推出后立刻受到市场的欢迎，一举成为农业任务保险中最重要的保险品种。21世纪以来，美国不断完善农业保险体系，并于2014年出台了新的农业法案，其中扩展了农业保险的承保的范围，并将平均产量或收入水平提高至86%。

### （二）粮食期货和其他相关金融衍生品

人类对粮食产品具有刚性需求，但粮食产品具有不容易保存的特性。粮食供给不足会导致粮食价格上涨，甚至可能暴涨，但若粮食供给过剩，则又会产生较大的储藏和处置成本，粮食价格又会下跌甚至暴跌。各国各地区政府都会将粮食安全放在工作的重要位置，会保障粮食生产者的利益，通过农业补贴方式保障粮食生产，部分国家也会出台最低粮食最低收购价（粮食保护价）等更强有力的保护措施。然而，粮食生产是一种市场行为，决定粮食生产者收益的无非是粮食价格和粮食产量，相对于前者，粮食产量随着农业基础设施建设的不断完善和粮食科技水平的提高，波动性越来越低，但粮食价格不仅受到国内因素的影响，也会受到国际因素的影响，其波动性相对较大。粮食金融衍生品最近几十年来发展非常迅猛，全球期货及其他金融衍生品的交易量不断提高，越来越多的粮食生产者和金融从业者参与到粮食产品的交易中，粮食期货及其他金融衍生品已成为众多粮食生产和加工者风险管理的工具。

西方发达国家于 20 世纪初就已论证了利用期货市场可以进行套期保值和风险管理，其中最具代表性的包括 Smith（1932）和 Hoffman（1932）的研究，前者认为期货市场可以提供套期保值的机会，从而消除价格波动所可能引致的资产价值缩水；后者认为由于现货市场和期货市场的价格波动不同步，风险只能被降低而不可能完全消除，但对于有价格预测能力的套期保值者则可以利用基差获利，进而避免价格损失。Working（1953）通过实证研究进一步佐证了 Hoffman 的观点，他发现小米、玉米和大豆品种的套期保值者不仅利用期货交易规避了风险，而且通过其自身的信息优势进行基差交易获得收益。Telser（1977）从制度安排角度对期货市场的风险管理功能进行了解读，他认为由于具有标准化的合约和保证金等制度安排，期货市场解决了信息不对称问题，大大降低了信用风险，从而可以用来管理价格风险。

相对而言，我国期货市场起步很晚，关于期货市场风险管理的相关研究也并不多。一方面，可能是我国期货市场的总体规模不够大；另一方面，可能是我国期货市场的发展相对迟缓且期间发生了较多的风险事件，导致监管一直相对较为严格。我国关于利用期货市场进行风险管理的文献多为实证研究，旨在通过论证期货市场与现货市场的联动关系为套期保值或套利提供依据（高翔，2012；苏乐生，2013；刘云，2014；潘慧峰、袁军，2016）①②③④。

粮食期货成为粮食生产者进行风险管理的主要工具之一在于其特殊的运作机制。①标准化合约。所有的粮食期货产品都是由交易所制定交易合约（如表 8-2 所示的鲜苹果期货合约），包括交易的报价单位、交易单位、最小变动价位、每日价格波动限制、最低交易保证金、交割月份、交易时间、最后交割日、交割品级、交割地点、交割方式等。这些规定最大限度地排除了人为因素和其他不确定性因素，所有市场参与者都是合约的接受者，对合约所规定的内容都一致认同，不存在任何异议和质疑，大幅降低了信息不对称程度和交易成本。②保证金交易制度。影响交易达成和交易成本的最重要因素是信息不对称，买卖双方都不能保证对方完全履约，为了降低信用风险和违约损失，交易双方都会投入巨大的精力和成本去搜集对方的信息，并通过质押、担保、保险、信用违约互换等形式尽可能降低信用风险，也可能通过提高（降低）交易价格提供风险溢价来减少预期损失。这些举措在一定程度上降低了信用风险，但也会提高交易成本并降低交易概率。期货交易的保证金包括两个部分，一是初始保证金；二是营运保证金或维持保证金，前者是市场参与者在新开仓时所交的保证金，预期

① 高翔．中国股指期货市场跨期套利策略的分析与实践［D］. 成都：西南财经大学，2012.

② 苏乐生．外部多空事件对股指现货与期货间价格关联性影响与实证研究以台湾、香港地区为例［D］. 天津：南开大学，2013.

③ 刘云．农产品期货市场有效性研究［D］. 杨凌：西北农林科技大学，2014.

④ 潘慧峰，袁军．Grange 因果检验的文献回顾［J］. 科学决策，2016（9）：58-94.

交易额和保证金比率确定；后者则是在实际交易过程中由于期货价格的不断变动而导致的保证金余额低于约定的比例（金额）而要求追加的部分，若浮动盈利，则不需要追加保证金，反之，若浮动亏损，则期货公司会提示客户追加保证金，即保证金账户要保持在某个特定水平。在出现亏损的情况下，若客户不按要求追加维持保证金，则交易所或代理机构会强制平仓，以降低自身的信用风险。事实上，为了防止期货价格大幅度波动，并留给交易所或代理机构足够的时间降低可能的风险，交易所还实施了涨跌停板制度、限仓制度、大户报告制度等风险控制手段。当日无负债结算制度是指在每个交易日结束后，由期货结算机构对期货交易保证金账户当天的盈亏状况进行结算，并根据结算结果进行资金划转。当交易发生亏损，进而导致保证金账户资金不足时，则要求必须在结算机构规定的时间内向账户中追加保证金，以做到“当日无负债”。③电子化交易。相对于传统的交易手段，电子化交易突破了时间和空间的限制，使投资者不用在现场进行交易，只需要在电子终端上下载交易软件，输入交易指令即可迅速达成交易，吸引了大量的交易者，保证了期货市场的流动性，从而有利于公平、公正价格的形成。电子交易还将交易信息实时更新，所有市场参与者都可以看到，并据此决定自己的交易策略，消除了交易环节的信息不对称，保证了市场的公正性，提高了市场的透明度，从而保护了期货市场参与者的利益。④低交易手续费。市场摩擦主要来自信息不对称、税收和交易成本，交易手续费的高低决定着市场的流动性，交易手续费高虽然可以在一定程度上降低投机比例，但同时也会抑制市场参与比率，降低市场流动性，不利于期货公平价格的形成。反过来，降低交易手续费会降低交易成本，会在一定程度上提高市场的投机性，但也会吸引更多的市场参与者，增加市场的流动性，有利于粮食生产者将风险转移给更有风险承担能力的投资者。

**表 8-2　郑州商品交易所苹果期货合约**

| 交易品种 | 鲜苹果（简称“苹果”） |
|---|---|
| 报价单位 | 元（人民币）/ 吨 |
| 交易单位 | 10 吨 / 手 |
| 最小变动价位 | 1 元 / 吨 |
| 每日价格波动限制 | 上一交易日结算价 ±5% 及《郑州商品交易所期货交易风险控制管理办法》相关规定 |
| 最低交易保证金 | 合约价值的 7% |
| 合约交割月份 | 1、3、5、7、10、11、12 月 |
| 交易时间 | 每周一至周五（北京时间，法定节假日除外）；上午 9：00—11：30，下午 1：30—3：00 及交易所规定的其他时间；最后交易日上午 9：00—11：30 |
| 最后交易日 | 合约交割月份的第 10 个交易日 |
| 最后交割日 | 仓单交割：合约交割月份的第 12 个交易日<br>车（船）板交割：合约交割月份的次月 20 日 |
| 交割品级 | 见《郑州商品交易所期货交割细则》 |
| 交割地点 | 交易所指定交割地点 |
| 交割方式 | 实物交割 |
| 交易代码 | AP |
| 上市交易所 | 郑州商品交易所 |

如前所述，粮食生产者可以运用粮食期货产品降低价格的不确定性转移风险，但并不是所有的粮食生产者都会利用期货工具。以美国、加拿大为代表的西方国家期货市场高度发达，其根本原因在于其粮食生产方式。与中国分散经营不同，西方国家多采用集约化种植方式，单个农场主拥有的土地面积成千上万亩，其粮食产量少则上千吨，多则上万吨。规模化经营使农场主不仅需要考虑粮食生产的成本，而且需要考虑粮食生产的收益，最为关键的是形成稳定的收益，其可以借助期货市场进行套期保值，提前锁定粮食的销售价格，一旦到了粮食收割季节，其可执行期货合约，

保证粮食产品的收益。然而，中国家庭联产承包责任制下，土地所有权归集体，生产经营权归家庭，大多数地方土地依人口平均分配，户均土地面积大多数不超过一公顷，且不在同一位置，户均的粮食产量很少超过10吨，达不到期货合约所规定的交易单位吨数或只够一两手，其参与期货交易的单位成本远高于国外农场主。再者，中国传统务农人员多数文化水平不高，不具备期货市场的基本知识，无法参与到期货市场来。近年来，随着农村土地制度改革的推行，土地确权、土地流转工作有序开展，土地集约化程度不断提高，高学历、高素质的新型职业农民不断取代传统农民成为粮食生产的主力军，为其参与粮食期货市场奠定了基础。

以某新型职业农民F为例，假定其已具备了期货交易的基本知识，能够运用期货工具进行风险管理，以下将展示其如何利用期货产品转移粮食生产风险。假定F通过土地流转获得中部某省2000亩土地的经营权，每亩土地的承包费用为800元/年且每年支付租金，他只种植小麦和玉米两种粮食作物，即秋收后播种小麦，夏季种植玉米。两季的化肥、农药、种子、人工、耕种和收割等费用合计为1400元，则每亩粮食种植成本=1400元+800元=2200元。粮食生产收入主要取决于两个因素：粮食单产和粮食价格，除了部分粮食品种，国家已经放开粮食价格，粮食产量和粮食价格之间往往成负相关关系，即粮食产量提高，粮食价格降低，会出现粮食增产不增收的情况。相对于粮食价格，粮食产量随着粮食生产者管理能力的提高会相对趋于稳定，粮食生产收入的决定因素即粮食价格。如前所述，粮食价格不仅受到国内粮食产量的影响，也会受到其他国家粮食产量和粮食价格的影响。假定小麦和玉米的亩产均为1200斤，即0.6吨，为方便计算和简要说明问题，假定小麦和玉米的价格相同，当前平均的市场价格为1.1元/斤，粮食收获季节的价格可能为0.9元/斤、1.1元/斤或1.3

元 / 斤，接下来分别计算在未利用期货市场进行套期保值前三种价格下 F 种植粮食所获得的收益。

情景 1：小麦和玉米现货市场价格为 0.9 元 / 斤，则其每亩收益 =2400 斤 ×0.9 元 / 斤 −2200 元 =−40 元，总收益 =−40 元 / 亩 ×2000 亩 =−8 万元。

情景 2：小麦和玉米现货市场价格为 1.1 元 / 斤，则其每亩收益 =2400 斤 ×1.1 元 / 斤 −2200 元 =440 元，总收益 =440 元 / 亩 ×2000 亩 =88 万元。

情景 3：小麦和玉米现货市场价格为 1.3 元 / 斤，则其每亩收益 =2400 斤 ×1.3 元 / 斤 −2200 元 =920 元，总收益 =920 元 / 亩 ×2000 亩 =184 万元。

F 粮食生产的收益出现三种结果，即 −8 万元、88 万元和 184 万元，作为粮食生产者的 F，通常情况下都是风险厌恶者，其风险抵御能力相对较差，情景 3 非常乐观，情景 2 属于正常，但情景 1 就很难以接受，有可能导致其破产。

粮食产量虽然随着粮食生产管理水平的提高趋于稳定，但粮食产量波动难以预期，因为粮食产量受到的影响因素多为不可抗力因素，如旱涝、冰雹大风、病虫害等，只能通过购买保险的方式将风险转移出去，而无法通过成本相对低的金融衍生品进行风险管理。粮食价格则可以通过高效的期货市场进行提前管理，假定粮食生产者希望锁定收益，或者将粮食价格锁定，其可以进入粮食期货市场进行套期保值。F 所承包的土地粮食总产量 =2000×1.2 吨 =2400 吨，每份合约为 10 吨，其可以在期货市场按照当时市场价格 1.1 元 / 斤买入 240 份合约，待粮食收割日，粮食价格仍如上三种情景，此时，F 的收益发生变化。

情景 1：小麦和玉米现货市场价格为 1 元 / 斤，则在现货市场上，其每亩收益 =2400 斤 ×0.9 元 / 斤 −2200 元 = −40 元，总收益 = 200 元 / 亩 ×2000 亩 =−8 万元；在期货市场上，其获得收益 =（1.1−0.9）× 10×2000×240=96 万元；

F 的总收益 = 现货市场收益 + 期货市场收益 =88 万元。

情景 2：小麦和玉米现货市场价格为 1.1 元 / 斤，则在现货市场上，其每亩收益 =2400 斤 ×1.1 元 / 斤 –2200 元 =440 元，总收益 =440 元 / 亩 ×2000 亩 =88 万元；在期货市场上，其获得收益 =（1.1–1.1）×10×2000×240=0 元；F 的总收益 = 现货市场收益 + 期货市场收益 =88 万元

情景 3：小麦和玉米现货市场价格为 1.3 元 / 斤，则在现货市场上，其每亩收益 =2400 斤 ×1.3 元 / 斤 –2200 元 =920 元，总收益 =920 元 / 亩 ×2000 亩 =184 万元；在期货市场上，其获得收益 =（1.1–1.3）×10×2000×240=–96 万元；F 的总收益 = 现货市场收益 + 期货市场收益 = 184 万元 – 48 万元 = 88 万元

因此，无论在收割日的现货价格如何，F 的收益都会保持在 88 万元不变，相比较没有进行套期保值前的收益，其收益基本消除了波动性，即 F 通过期货市场将风险转移出去。而其交易对手，多是风险承受能力较强的投资者，假定没有交易成本，若粮食价格保持不变，则盈亏平衡；若粮食价格下跌，则其获得正的收益 96 万元；若粮食价格上涨，则其出现损失 96 万元。不考虑交易成本的情况下，粮食生产者和投资者之间是零和博弈，前者拥有现货，可以通过期货市场对冲其价格风险，而后者只做单边交易，属于纯粹的投机，如果对粮食价格趋势的研判正确，则获得收益，相反则会招致损失。

粮食生产者除可以利用期货工具进行套期保值转移风险外，也可以利用期权进行降低价格波动风险。前述假设条件不变，粮食生产者 F 可以选择期权合约，假设每份期权合约的交易单位仍为 10 吨 / 手，F 担心未来粮食价格下跌招致损失，因此，其可以买入 240 份看跌期权合约，假设每份期权合约的权利金为 500 元，执行价为 1.1 元 / 斤，则 F 的收益如表 8–3

所示。

表 8-3　应用期权进行风险控制的收益表　　单位：元

| 情景 | 总收益 | 买入期权后总收益 |
|---|---|---|
| 情景 1 | -8 万 | [（1.1-0.9）×10×2000-500]×240-8 万 =76 万 |
| 情景 2 | 88 万 | 88 万 -500×240=76 万 |
| 情景 3 | 176 万 | 184 万 -500×240=172 万 |

从表 8-3 中可以看出，加入期权合约后，虽然粮食生产者 F 支付了 12 万元的权利金，降低了粮食价格上涨的收益，但若粮食价格低于执行价 1.1 元，无论价格下跌幅度有多大，粮食生产者 F 都可能获得 76 万元的稳定收益。即期权的交易双方的权利和义务是非对等的，对于看跌期权的买方而言，其支付权利金购买的是粮食价格下跌而获得的收益，而不用负有粮食价格上涨给对方带来损失的义务。此例中，只要粮食价格上涨超过执行价 1.1 元时，F 将不执行期权，最大的损失为其所支付的期权金 12 万元。由于期权的这个特性，粮食生产者不仅可以控制粮食价格下跌带来的风险，而且可以从粮食价格上涨中获得收益，因此，粮食期权将为部分粮食生产者提供了更为灵活的风险管理工具。

除了期货和期权之外，一些粮食种植大户也可以选择合适的交易对手签订远期合约。远期合约为柜台交易，不用支付保证金，也无须支付交易费，且双方可以商定合约的条款，更加灵活。然而，远期合约相对于期货和期权合约将面临更大的信用风险，承担义务的一方可能会没有受到第三方的约束而违约。实践中，粮食产品远期合约的数量相当有限，只有解决了由于信息不对称问题所带来的违约风险，远期合约才会被广泛应用。

1975 年 10 月，芝加哥期货交易所上市国民抵押协会债券（GNMA）期货合约，成为世界上第一个推出利率期货合约的交易所。1977 年 8 月，美国长期国债期货合约在芝加哥期货交易所（CBOT）上市。1982 年 2 月，美国堪萨斯期货交易所（KCBT）开发了价值线综合指数期货合约，是首家以股票指数为期货交易对象的交易所。在股指期货产生后，还出现了股票期货、多种金融工具交叉的期货品种等其他金融期货品种创新。[①]

1990 年 7 月，我国成立郑州粮食批发市场，为粮食期货进行前期准备，同年 10 月，又成立了第一家引进期货机制的规范化的现货批发市场，正式对期货交易进行试点探索。1991 年 3 月，我国正式推出第一份规范化粮食远期合同，并于 1993 年 5 月粮食期货交易正式启动。然而，作为一个新生的金融工具，完善的监管体系还没有建立起来，加上当时中国除了股票市场之外并没有多少可以选择的投资机会，于是整个市场投机气氛非常浓，导致期货价格大幅度波动，甚至极大地偏离了现货价格，或者一度成为脱离现货独立运行的金融市场。当时，国内期货交易所遍地开花，为了规范期货市场交易，1998 年 9 月，国务院下发了《关于进一步整顿和规范期货市场的通知》，决定对交易所进行撤并整理，最后只保留了上海、郑州和大连 3 家，期货交易品种也由原来的 35 个降至 12 个，其中粮食交易品种只留了小麦、籼米、大豆、绿豆、红小豆、啤酒大麦。2000 年，中国期货业协会成立，行业自律进入新的阶段，出台了《期货管理暂行条例》和系列管理准则，“三级监管模式”正式实施。其后，虽然期货市场也经历了一些波动和风险事件，但总体而言，各项制度逐步建立，期货市场在不断完善，日渐受到粮食生产者、金融机构和个人投资者的青睐且参与度不断提高。截至 2019 年 6 月底，郑州商品交易所农产品交易的品种为白糖、棉花、普麦、强麦、早籼稻、晚灿稻、粳稻、菜籽粕、油菜籽、菜籽油、棉纱、苹果和红枣等 13 个期货品种和白糖及棉花 2 个期权品种；

① 资料来源:《2018 年期货公司高管人员任职资质测试大纲（首席风险官）》。

大连商品交易所上市了玉米、玉米淀粉、黄大豆1号、黄大豆2号、豆粕、豆油、棕榈油、纤维板、胶合板和鸡蛋等12个期货品种和豆粕及玉米2个期权品种。这些品种基本涵盖了主要农产品和粮食产品，为粮食生产者和粮食加工企业提供了套期保值等风险管理机会，也为机构及个人投资者提供了套利和相关投资机会。

## 三、化解粮食生产风险的对策建议

在供给侧改革和乡村振兴战略背景下，粮食生产组织方式逐步发生变化，传统的家庭联产承包责任制下以家庭为单位的分散经营模式已无法适应新环境变化的需要。农村土地确权工作将于2020年全部结束，土地流转也在有序进行，粮食生产也逐步由掌握更多资金和技术的新型职业农民所承担。在此背景下，化解粮食生产风险由传统的依赖政府逐步向依赖金融市场转移。

### （一）转变政府投入方式，提高财政资金利用效率

由于粮食事关国计民生，我国又是世界第一人口大国，人均耕地相对较少，历届政府历来都将粮食安全都放在至关重要的位置。为了保证粮食生产，政府在不同阶段出台了不同的政策。粮食生产政策大体可以分为七大类：耕地保护政策、农田水利设施建设政策、财政支持政策、粮食保险政策、税收政策、粮食科技政策和粮食安全省长责任制，所有的政策都配套有政府资金。2017年1月9日，中共中央、国务院出台了《关于加强耕地保护和改进占补平衡的意见》，文件规定了严格控制建设占用耕地、推进耕地质量提升和保护、改进耕地占补平衡管理和健全耕地保护补偿机制，为了保护耕地出台了针对耕地保护责任主体的补偿激励机制，促进跨

地区补充耕地的利益调节。根据《深化农田水利改革的指导意见》，各级政府应创新农田水利多元化投融资机制，突出政府主导地位，充分调动受益主体的积极性，鼓励和吸引社会资本投入。财政支持政策的内容非常多，主要包括粮食直接补贴政策、农资综合直补政策、良种补贴政策、农机具购置补贴政策、农机报废更新补贴试点政策、农机报废更新补贴试点政策、小麦和稻谷最低收购价政策、农机深松整地作业补助政策和测土配方施肥补助政策等。2003 年 10 月 28 日，国务院召开的农业和粮食工作会议决定，从 2004 年起，在全国范围内实行粮食直补，要从粮食风险基金中安排不少于 100 亿元的资金，主要用于对主产区种粮农民的补贴。2018 年的粮食补助主要对象：栽培大户、家庭农场、合作社等新型农业运营主体，不仅能拿到农业支持维护补助，还能拿到适度规模运营补助及土地承揽补助，土地承揽补助上涨到了每亩 180 元，粮食多，补助就多。2017 年全国农资综合补贴 1071 亿元；标准是：50.3 元 / 亩；粮食直补标准是：6.2 元 / 亩。农机具购置补贴单位机器可达到 5 万～ 60 万元不等；常规产粮大县奖励资金与省级财力状况挂钩，不同地区采用不同的奖励系数，常规产粮大县奖励标准为 700 万～ 9000 万元。[①]2016 年，中央财政安排测土配方施肥专项资金 7 亿元，深入推进测土配方施肥，结合“到 2020 年化肥使用量零增长行动”，选择批重点县开展化肥减量增效试点。2006 年 1 月 1 日起废止农业税条例，全面取消农业税。粮食省长责任制规定：“在巩固和提高粮食生产能力方面，要坚决守住耕地红线，加快建设高标准农田，提高粮食生产科技水平，建立新型粮食生产经营体系。在切实保护种粮积极性方面，要落实和完善粮食扶持政策，抓好粮食收购，努力提高种粮比较

① 农业部产业政策与法规司 .2016 年国家落实发展新理念 加快农业现代化 促进农民持续 增收政策措施［N］. 农民日报，2016 –03–30.

收益，要提高补贴的精准性、指向性。”

虽然无法精确估算每年各级政府对农业的财政补贴总金额，但单农资综合补贴一项就超过千亿元规模。政府的补贴分散于几十个惠农政策中，且多是直接补贴的方式，财政支出巨大，与20世纪90年代的美国有点类似，长此以往，必然对政府财政造成巨大的压力。改变政府投入方式、提高政府财政资金使用效率成为解决该问题的不二选择。随着土地流转工作的进展，越来越多的新型农业经营主体将实现规模化经营，为政府改变资金投入方式奠定了基础。当前，越来越多的粮食加工企业开始将产业链向上下游延伸，这类企业都具有资金和技术优势，希望进一步整合产业链和供应链，发挥规模经济，降低行业成本。政府不应再延续原有按照农户为单位进行补贴，而是粮食生产发展基金，直接向新型农业主体进行补贴，或者不直接进行补贴，而是先成立引导基金，伙同核心企业成立产业基金。粮食大户若需要扩大规模或追加投资，可以从产业基金融入低成本的资金，并通过产业基金与核心企业建立合作关系，如订单生产，既解决了资金问题，又解决了产品的销售问题。更为重要的是，核心企业与粮食生产者建立合作关系后，双方同时降低了粮食价格波动性风险，核心企业可以在合同签订之日起锁定成本，而粮食生产企业可以在种植之日起锁定收益。政府在此过程中降低了直接补贴额度，使有限的财政资金通过基金实现杠杆放大效应。政府除了将资金投入生产基金之外，还可以成立粮食生产风险基金，在出现自然灾害或其他因素致使粮食生产者收入降低时提供一定补贴，或粮食生产政府担保基金，为粮食生产者扩大粮食生产规模或进行农机投资等需要向银行融资时提供担保，降低粮食生产者与商业银行之间的信息不对称，以期让其获得成本更低的融资。

为了提高财政资金的使用效率，政府可以委托社会机构运营政府基础，采用市场化的手段评估资金的使用效率。在粮食主产区，地方政府应充分发挥农村信用社、各类生产合作社的作用，与其建立合作关系，最大限度地降低资金运营的成本和运营风险，提高资金利用效率。

## （二）推进土地流转，尽快实现土地集约化经营

党的十八大以来，中央开始全面启动农村土地确权和土地流转工作，为土地集中和集约化经营打下基础。而土地集约化经营是粮食生产机械化和现代化的基础，只有随着单个粮食生产主体的土地面积足够大，生产要素才能与科技发展程度相匹配，各类生产要素才能发挥其最大的潜力。换言之，粮食生产者对规模和技术的选择会直接影响生产经营的资本投入、土地资源情况、粮食生产成本、劳动力配置和农业科技的使用，最终会决定粮食生产的单位收益及总收益。

农业产业化和现代化的基础就是土地集约化经营，打破旧的家庭联产承包责任制下的家庭分散经营，尽快实现土地的集中，尽快实现第一产业规模经济效应。然而，已经实行了40余年的家庭承包责任制的影响难以在短期内消除，大部分农民还有较强的土地依赖情结。在中国城镇化进程中，越来越多的农民进城务工，只剩下老年人在家务农，部分甚至撂荒，部分年轻人在城市也购置了房产，几乎没有再回农村的可能性，即使他们回去，也大多不再会继续种地。自21世纪以来，随着中国工业进程的不断加速，在城市务工的收入越来越高，而粮食价格受多种因素的影响并没有太大幅度的增长，单位土地的收益增长非常缓慢，种粮食的收入与城市务工收入之间的比例逐年下降。然而，即使如此，仍有多数人不愿意放弃农村的土地，多数农村人开始将土地流转出去，但目前流转的年限仍不长，造成新型农业主体不愿意在其流转入的土地上增加投资。因此，土地流转工作并非一个简单的工作，而是一个系统的工程，不仅促进土地流转

速度，而且又增长土地流转期限，并出台相关政策，让土地更多流转到拥有资金和技术优势的新型农业主体手中。

农地流转是一项非常复杂而且艰巨的工作，依赖市场自发完成需要的周期会非常漫长，需要政府出台包括价格支持、收入支付、信贷支持、灾害补贴、税收优惠等在内的一篮子经营补偿性支持政策。中国虽然面积很大，但适合耕作的土地却非常有限，以东北、河南为代表的粮食主产区承担着国家粮食生产的重要任务，中央政府为了保证粮食安全，对这类地区土地利用有相对严格的规定，相比之下，其他地区的土地保护政策则相对宽松。从中国经济发展历史来看，长期存在工农巨大的剪刀差，工业相对发达的地区土地利用较为灵活，而粮食主产区则土地开发利用受限，造成东北和中部粮食主产区居民收入相对较低，若没有耕地保护区补偿制度，会在一定程度上挫伤粮食主产区粮食生产者的积极性。21 世纪初以来，中央政府开始用工业反哺农业，不仅取消原有各种农业税费，还出台政策进行补贴，更为重要的是，引入农业发达地区的人才、技术和资金，不断提高粮食产量的品质，提高粮食生产者的收入，从而保证粮食生产者种植粮食的积极性。由于传统农户多数没有科学文化知识，即使实现了农业机械化，也很难真正实现农业现代化。小块种植不仅实现规模经济，而且农户的抗风险能力也相对较低。地方政府可以出台政策，为规模化种植粮食的新型农业主体提供保险，包括收入保险和科学技术应用风险等，从而促进粮食向种粮大户集中。

“十三五”期间，中央一号文件一直强调粮食安全的重要性，并大力推进农村土地流转工作，同时，鼓励新型农业主体承包土地，并给予多项政策支持。在政府的推动下，越来越多具备现代农业技术和雄厚资金实力的新型农业主体开始承担粮食生产工作，土地流转速度加快，单个粮食生产者的土地耕作面积不断提高，粮食生产的规模效应开始显现，单位粮食生产的成本不断下降，粮食生产收益不断提高，粮食生产的抗风险能力也逐步提高。

### （三）加快完善粮食期货和其他粮食衍生品市场

期货市场是粮食远期交易的场所，其价格走势基本可以反映供求关系，为粮食生产者提供风险管理工具，为粮食加工者提供套期保值的机会，也为投资者提供投资机会。中国粮食期货产品在郑州商品交易所和大连商品交易所交易，交易品种已达到 20 多个，但总的来看，我国粮食期货市场还不够发达，期货市场还没有充分发挥其价格发现和风险管理的职能。从粮食交易品种来看，我国粮食期货市场的交易品种还不够丰富，只有涵盖部分产品，一些小众产品无法入场交易。从参与交易主体来看，粮食生产者参与程度较低，主要原因在于我国粮食生产方式还没有发生根本变化，单个粮食生产者产量相对有限，参与市场交易的相对成本较高。当前期货市场的交易者多是投机者，虽然可以为期货市场提供充足的流动性，但过度投机也加大了期货市场的风险，部分粮食价格产品会由于过度投机而不能反映供求关系，价格背离会扰乱粮食生产及流通，在一定程度上加大了粮食生产者的风险。从交易规则来看，当前粮食期货市场的交易还不够灵活，可供选择的交易品种过少，且交易过于集中。虽然近期期货市场也推出了期权产品，但发展相对缓慢，远期交易也由于信用风险较高规模较少。因此，中国粮食期货市场亟待规范和支持，以期增加交易品种，提高交易规范性和数量，从而吸引更多粮食生产者参与交易，更好地发挥粮食价格形成机制。

## （四）加大对新型职业农民的培训和教育力度

新型职业农民是以农业为职业、具有相应的专业技能、收入主要来自农业生产经营并达到相当水平的现代农业从业者。与传统农民相比，新型职业农民意味着将农业视为一种职业，而不再只是一种身份。新型职业农民是我国城镇化和工业化进程中的必然结果，是农业现代化的主要承担者。2017 年 1 月 9 日，农业部出台《“十三五”全国新型职业农民培育发展规划》，提出到 2020 年全国新型职业农民总量超过 2000 万人，将以提高农民、扶持农民、富裕农民为方向，以吸引年轻人务农、培养职业农民为重点，通过培训提高一批、吸引发展一批、培育储备一批，加快构建一支有文化、懂技术、善经营、会管理的新型职业农民队伍①。

随着工业化水平的不断提高和各级政府不断对农业科技的投入，大量先进农业科学技术、高效率农业设施装备、现代化经营管理理念越来越多地被引入农业生产的各个领域，亟须大量高素质的人才从事农业生产，从而将资本和科技转化为生产力和经济效益，改变前期只有部分老人在家耕地的局面。传统意义上的“农民”是贫困和低素质的代名词，而新型职业农民则具备了较高的素质，他们具有高度的社会责任感和现代观念，有文化、懂技术、会经营，对生态、环境、社会和后人承担责任，多数都具有创业思维，能够运营较多资本，具有新能力发展农业产业化能力、农村工业化能力、合作组织能力、特色农业能力等。

新型职业农民分为生产经营型、专业技能型和社会服务型三种类型。其中生产经营型新型职业农民包括专业大户、家庭农场主、专业合作社带头人等，是以家庭为基本单位，依靠农村社会化服务，进行规模化、集约

① 资料来源:《“十三五”全国新型职业农民培育发展规划》（农科教发〔2017〕2 号）。

化、专业化和组织化生产。专业技能型新型职业农民包括农业工人和农业雇员，他们具备一定的专业技术水平，受雇于农业企业、专业合作社、家庭农场和专业大户等新型农业生产经营主体。社会服务型新型职业农民包括跨区作业农机手、专业化防治植保员、村级动物防疫员、沼气工、农村经纪人、农村信息员及全科农技员等，他们不再是为单个或少数几个农业企业或家庭农场服务，而是独立于服务对象的经营主体，专业从事农业产前、产中和产后服务的农业社会化服务人员。有别于在传统农业生产方式下的农民，新型职业农民面临的社会大环境是分工与协作，更加专业化，一个人不可能也没必要熟悉所有的生产和服务环节，而是专注于其中一个或某几个生产和服务环节，从而提供更高效的服务。因此，新型职业农民需要具备更高的素质，需要政府为其进行职业培训，或者引导专业机构提供专业化培训。

根据《“十三五”全国新型职业农民培育发展规划》，政府为新型职业农民启动了三项重点工程：新型职业农民培育工程、新型职业农民学历提升工程、新型职业农民培育信息化建设工程。新型职业农民培育工程是由中央和地方共同推进，要在“十三五”期间进行试点并将覆盖全部市县，重点实施新型农业经营主体带头人轮训计划、现代青年农场主培养计划和农村实用人才带头人培训计划，加快建立一支规模宏大、结构合理、素质优良的新型职业农民队伍。新型农业经营主体带头人轮训计划的重点在于引导其规范管理，适度经营；现代青年培养计划重点在于吸引年轻人务农创业，提高其创业兴业能力；农村实用人才带头人培训计划是按照“村庄是教室、村干部是教师、现场是教材”的培养模式，以农村两委干部、产业发展带头人、大学生村官等为主要对象，进行更加综合的知识和能力培训，提高农村带头人增收致富本领和示范带动能力。新型职业农民学历提升工程是面向专业大户、家庭农场经营者、农民合作社负责人、农业企业经营管理人员、农村基层干部、返乡下乡涉农创业者、农村信息员和农业社会化服务人员等，以提高学历为抓手，采取农学结合、弹性学制、送教下乡等形式开展农民中高等职业教育，从而使新型职业农民具有科学素养、创新精神、经营能力和示范带动作用。新型职业农民培育信息化建设工程是借助互联网、大数据等现代信息技术手段，改善教育培训和管理服务条件，搭建国家、省、县三级新型职业农民培育信息化平台，提供在线学习、管理考核、跟踪指导服务，新型职业农民不仅可以获取各类信息，而且可以借助平台完成提升品牌价值和销售业绩。

随着土地确权和土地流转工作的快速进展，中国农业生产方式将发生深刻变化，对新型职业农民的培训和教育将成为实现农业现代化的关键环节。中央政府和地方各级政府需要承担和引导各类机构参与到新型职业农民的培训和教育中来，通过培训和教育，农民将成为掌握现代技术和经营理念，收入持续增长的群体，与其他职业一样，获得社会的承认和尊重，分享改革开放的成果。

### （五）推进核心企业参与粮食供应链金融发展

由于前期我国粮食生产方式是以家庭联产承包责任制为主的分散经营，该环节没有形成大型企业，但粮食流通和加工环节却拥有一批实力雄厚的企业。这些企业对粮食产品有大量需求，在全国甚至海外都建有庞大而成熟的营销网络，企业除了拥有高素质的管理团队之外，也能够借助资本市场运营大量资本，这类企业拥有构建粮食供应链金融的实力。随着我国信息化建设的不断推进，粮食生产经营信息化“互联网 +”成为一种新趋势，越来越多的粮食流通和加工企业开始借助互联网进行经营和发展，不仅大幅度降低其生产运营成本，而且可以提高运营的效率。粮食流通和加工企业在发展过程中面临着巨大的竞争压力，需要有稳定和质量可靠的原粮来源，以其为核心打造产业链和供应链是竞争取胜的关键环节。

推进粮食核心企业参与粮食供应链金融，就是要发挥粮食核心企业在资金和管理方面的优势，整合供应链上游粮食生产企业的各类信息，为其提供一定的担保，从而解决长期困扰商业银行信贷的信息不对称问题。政府应出台政策鼓励粮食供应链金融的发展，搭建地方粮食供应链金融平台，引导核心企业、商业银行、担保机构、其他中介组织和粮食生产企业进入平台。政府出资设立引导基金、担保基金和风险基金，并为承担主要融资任务的核心企业提供税收优惠和其他政策支持，或者向主要粮食生产企业提供政策性金融支持。核心企业负责整合上游粮食生产企业信息，提供有融资需求的粮食生产者的资信评估，并设立担保基金，承担部分融资服务。

# 第八章
# 金融服务粮食生产的对策展望

习近平总书记在2017年全国金融工作会议中提出：金融是实体经济的血脉，为实体经济服务是金融的天职，是金融的宗旨，也是防范金融风险的根本举措。粮食生产作为重要的实体经济组成部分，金融服务粮食生产乃金融应有之义。随着现代经济快速发展，各行各业联系紧密，金融各行业与粮食生产联系也日益突出，通过前述章节分析，可见金融行业不仅仅是传统的商业银行行业，金融行业里的证券行业、保险行业、期货行业、互联网金融行业也与粮食生产联系紧密，这大大拓宽了金融服务粮食生产的视域；同时，前述研究提出了各自行业服务粮食的机理、模式与案例，为更好促进金融服务粮食生产做出了较为前沿的探讨。但是，在新时代“三农”快速发展的过程中，农业农村融资难、融资贵、风险大等难题日益成为制约瓶颈，作为农业核心部分的粮食生产对于金融服务的需求也越来越迫切；随着现代科技经济的飞速发展，随着粮食需求的不断上升，随着国际竞争形势的日趋复杂多变，保障粮食安全是一个不可放松的课题，这为金融服务粮食生产提供了巨大的研究空间。因此，着眼现实，规划未来，金融服务粮食生产是一个仍然需要长期关注和深入探索的课题。

## 一、宏观层面：密切关注粮食金融化背景下我国粮食生产安全问题

近年来国际大宗农产品成为资本市场上与金融产品挂钩的产品，从只具备消费属性向同时具备消费属性和金融属性转变。大宗农产品价格波动不再单一受市场供求影响，金融因素在农产品价格形成过程发挥更加重要的作用，国内外学者将这种现象解释为“农产品（粮食）金融化”。21世纪以来，在对农产品（粮食）价格波动以及原因研究之后，发现农产品（粮食）金融化的现象愈加明显，不仅对从事大宗农产品国际贸易企业预估价格趋势增加困难，同时对于我国保障粮食生产安全提出更高的要求与挑战。

### （一）农产品（粮食）金融化对我国粮食安全带来的问题

农产品金融化为我国农业经营主体提供了价格发现和避险功能，有利于促进我国粮食生产规模化和订单农业的发展，加快粮食流通，促进粮食进出口贸易。但同时也对我国粮食安全带来了一些问题。

#### 1. 加大农产品价格的波动

随着农产品金融化进一步发展，农产品的消费属性逐渐削弱，投机属性得到增加，其市场价格波动幅度在受到多重因素影响下逐渐增加。具体表现为两个方面：首先是当市场大部分参与者预期未来价格良好时，市场多头与参与资本开始进入农产品期货市场，产生大量交易，进而带动农产品价格大幅上升。其次为市场大部分参与者预期未来价格下跌时，参与资本逃离农产品期货市场，造成农产品价格大幅下跌。根据马克思政治经济学：商品的价格将围绕价值上下波动。假设农产品的市场价格与市场均

衡价格偏离，特别是在长期范围内，必然降低粮食生产的稳定性。市场参与者由于无法准确判断粮食价格的变动，可能会做出错误的决策，例如哄抢、囤积粮食，扰乱社会正常的生活秩序。

2. 削弱我国农产品的竞争力

在我国农业供给侧，存在严重的结构性矛盾，并且对于农产品的消费需求逐渐产生了变化。具体表现为传统主食产生变化，大米、小麦等主要粮食所占比例逐渐下降，更加注重消费高质量、高营养的农产品，对于奶类、蛋类和肉禽类需求增加。然而我国不是肉禽类生产所需原料的主产地，美洲地区作为大豆、玉米等原产地，养殖肉禽成本相比我国大幅下降，出口到国际的农产品具有价格优势。资本具有逐利性，农产品金融化利用价格差距，带动更多资本进入高利润的美洲地区，进一步降低我国农产品的竞争力。

3. 不利于我国取得国际农产品定价权

中国作为传统的农业大国，生产的大宗农产品在国际市场上不具有足够的竞争力，无法掌握定价权，只能被动地接受国际金融资本与粮商巨头制定的农产品国际贸易价格。为改变这种农产品被动局面，我国政府制定了通过农产品现货与期货市场充分发展，进而与国际金融资本与国际粮商巨头来争夺国际农产品的定价权。可以预见，在未来的一段发展时期，国际大宗农产品价格仍然由国际金融资本与粮商巨头掌握，意味着农产品被动的局面仍将持续，也就意味着我国可能承受粮食价格波动所带来的损失。

4. 影响国家宏观经济稳定

金融发展脱离了实体经济的支撑，会产生金融泡沫，最终产生金融危机。农产品过度的金融化发展，缺少实体农产品发展的支撑，同样会产生金融泡沫，增加农产品金融风险，破坏农产品市场价格的稳定性。在微观层面，农产品市场价格的波动将会打击农民生产的积极性，降低农产品收入；在宏观层面，农产品的价格波动直接反映到CPI指数，农产品市场的不稳定将为政府制定惠农政策与宏观调控增加难度，扰乱宏观经济政策实施。而且，农产品的过度金融化将扭曲资源配置方式，降低资源配置效率，阻碍农业实体经济的发展，不利于国家宏观经济的稳定。

## （二）农产品金融化背景下我国粮食安全的对策

### 1. 完善我国农产品衍生品市场

标准化、完整的农产品衍生市场具有合理规避风险作用，通过农产品衍生市场交易将农产品价格波动风险化解，增加市场价格稳定性，目前农产品衍生品市场已经开始吸引更多的金融资本进入参与。考虑到目前全球各国已经推出60多种农产品期权，而我国还没有推出农产品期权，期货市场具有较大发展空间，未来可以规划推出生猪、西红柿、奶粉等农产品的期货品种，这些品种对粮食生产也具有风向指示作用。市场上众多不同需求类型的参与主体，需要建立一个持续开发丰富交易品种的衍生品市场，同时这也为我国逐渐掌握国际农产品定价权打下坚实的基础。

### 2. 加强对农产品期货市场的监管

2006年3月，中国期货市场监控中心正式成立，并且受到中国证监会的监督与指导，发挥及时监控农产品期货运行，及时有效追踪资金流动情况，及时防范与化解农产品期货市场运行风险等作用。在日常交易、交割、结算等重点环节，农产品期货交易所要及时采取积极有效的措施，例如调整交易保证金、限仓、手续费等管理措施，针对市场异常波动、不合法交易、大批资金动向等情况实施重点关注，防止农产品期货市场过度投机，有效保障我国粮食生产安全。

3. 改善农产品生产基础条件

农业基础设施建设决定农业生产抵御自然灾害水平与供给水平，要加大农田灌溉水利工程投入与中低产田改造投入，保障农业持续供给与维持农产品市场稳定。此外，增加农产品市场物流体系建设的投入，推进农产品质量安全追溯制度建设，提高运输效率与安全。按照2017年《“十三五”农业科技发展规划》规划，在未来我国将逐步加大农业科技资金投入数量，稳步推进我国农业体制机制创新，充分调动科技人员技术创新积极性，提升企业技术创新能力，建设区域性现代农业产业科技创新中心，推动现代生物技术的产业化，由农业科技进步推动农产品供给能力与质量安全水平提升，增加农产品在国际市场的竞争力。

4. 合理利用国际贸易规则

中国国际粮食贸易身份在2008年以后发生变化，由粮食净出口大国转变为净进口大国，产生诸如大豆等原材料对外贸易依存度大等问题，目前我国是全球大豆最大消费需求国。我们需要积极协调我国与主要粮食贸易净出口国的贸易政策，合理利用国际贸易规则来稳定粮食贸易价格。为此，我国应该充分利用WTO规则，通过签订双边与多边贸易协定，发展双边与多边贸易，建设互利共赢的农产品货源基地。同时我国在提升农产品国际竞争力的同时，利用WTO规则，充分发挥贸易谈判能力，规避低成本的国际农产品大量进口造成的冲击，提高对国内农业生产保护水平。

5. 积极发展农业保险

要采取措施提高农民、农业生产合作社等市场主体的参与农业保险意识。我国各地市政府充分利用电视、网络、报纸等媒介宣传参与农业保险的必要性，切实让各种涉农主体充分认识到农业保险对于农产品“产—

供—销”一体化的重要作用。积极开发农产品保险产品与拓宽农产品保险覆盖品种，根据实地调研结果，充分的满足农民、农业生产合作社等市场主体的补偿利益和预期利益。大连商品交易所在 2016 年推出“保险 + 期货”试点，要求“为农户、家庭农场及农村合作社组织提供价格风险的保障服务；保险合同中所涉及的价格数据以大商所相对应的期货数据为依据；试点品种为玉米和大豆，现货规模适度增加至去年的 5 倍”，得到了期货公司、保险公司、农业主产区地方政府的积极响应和社会各方关注。

## 二、中观层面：明确金融服务粮食生产的重点

在正确认识和把握金融服务粮食生产这一本质的基础上，结合近年来国际金融发展的新趋势和中国经济金融发展的新特点，明确金融服务粮食生产的重点。

### （一）充分发挥金融政策与财政政策的联动作用

一是以“直补资金担保贷款”为范例，创新金融信贷产品，使国家财税政策与农村金融政策有益结合，放大强农惠农政策的效益[①]。各地市政府制定财政税收激励政策，大幅度提升各类金融机构对于支持涉农业务的积极性，以实现财政支持粮食生产安全的社会效益目标和金融支持粮食生产安全中自身经济利益与社会效益目标的双赢。二是引导资金投入农业生产领域，建立政府扶持和财政补偿机制，制定实施直接补助、贷款贴息、奖励生产等政策措施，充分发挥财政支农资金与金融信贷资金的合力，形成财政资金与信贷资金的联动作用。

① 付裕 . 加强对粮食生产的金融保障作用［N］. 金融时报，2012-12-31.

### （二）以政策性银行为支柱，加强对农业基础设施项目投入的资金支持

一是以政策性银行为主体，充分发挥引导作用，各类金融机构不断开发新型信贷业务，及时满足增产商品粮项目建设资金需求。二是允许农发行设立专项支农信贷基金，加大支持农田灌溉水利工程、中低产田改造、公益性设施建设等投入力度。三是进行农业政策性金融业务创新。探索开展大型农田水利设备、大型农机具等融资租赁业务，为小微型农田基础设施设计特色贷款。开展以农田基础设施项目未来收益权或收费权为抵押的贷款形式，以加快金融支持农田基础设施建设的步伐。

### （三）进一步完善以政策性保险为主体的农村保险体系

一是推出巨灾农业保险，通过政府财政补贴，提升对农业大省的财政补贴比例，最大程度减少农业信贷资金的损失。二是出台具体农业保险法律条文，充分明确农业保险在农村生产中的地位与职能作用，发挥农业保险保障粮食生产作用。三是建立支农贷款风险补偿机制，开发农业贷款补偿保险品种，为银行防范信贷风险设置保障线，提高银行持续增加农业信贷投入的积极性。

### （四）挖掘抵押担保资源，创新贷款抵押担保方式

一是扩展可充当抵押、担保物的范围，根据农业生产特点，对于法律允许、所有权归属清晰、价值评估合理的各类资产，都应该允许充当信贷抵押、担保物。此外加大对订单、保单、仓单等权利抵押方式的推广力度。二是成立粮食生产担保公司，通过市场经济运行，针对农村地区种粮大户融资问题，提供融资担保业务。三是进一步明确土地产权，完善我国有关土地承包经营权的担保立法，方便农民将手中的土地作为抵押向金融

机构融资。

## 三、微观层面：完善金融服务粮食生产的环节

近年来金融服务粮食生产得到广泛重视，诸多机构进行调研，例如，全国政协委员、经济委员会副主任尚福林也对此进行调研，其观点可予以借鉴。

### （一）在粮食生产方面，加强对粮食经营主体的金融支持

在粮食生产方面，充分发挥金融信贷政策的支持作用，满足农村生产合作社、专业合作社、地区种粮大户等新型农业经营主体融资需求。在加大农业生产基础设施建设投入方面，农村金融机构应不断开发配套的信贷政策和业务产品，创新“信贷 + 保险”等融资方式，探索承包土地“三权分置”模式的金融业务模式，引导社会资金流入农业生产领域。

### （二）在粮食收储方面，加大对粮食加工企业的金融支持力度

粮食加工企业作为粮食收储的重要组成部分，需要各类金融机构积极的信贷政策支持，推动加工企业完成优质优价的收购过程。根据粮食加工企业的生产经营特点，金融机构应制定适合的融资条件与评估机制，农村金融机构制定适合粮食加工企业运营特点的贷款条件和考核机制，开展企业厂房抵押和存单、订单、账单、仓单质押融资业务，创新农业产业链金融业务，扩大对粮食加工企业的信贷支持，减轻国储粮收购压力，改变重产量、轻品质的粮食种植模式。

### （三）加快农村政策性担保体系建设

在新型农业经营主体融资担保方面，应积极发挥国家农业信贷担保联盟的作用，进一步完善粮食收购贷款信用保证基金融资担保机制，在县一

级区域推进建设政策担保机构，迅速推进农业政策性再担保体系建设，明确政策性农业信用担保机制主要服务于粮食加工企业、农村生产合作社、专业合作社等新型农业经营主体，建立健全风险共担机制。

### （四）加强农村信用体系建设

充分利用互联网技术，迅速推进农户信用档案电子化建设，完善农村信用信息动态征集和大数据评价系统，大力推进信用乡（镇）、信用村、信用户建设，建立信用评估与五好家庭等社会评价的联动机制，在乡规民约、中小学教育中加强诚信教育，优化农村信用环境。

# 参考文献

REFERENCES

[1] 蔡则祥，武学强 . 金融资源与实体经济优化配置研究 [ J ]. 经济问题，2016（5）：16–25.

[2] 白钦先 . 金融可持续发展研究导论 [ M ]. 北京：中国金融出版社，2001.

[3] 陆家骝 . 金融资源积累与金融可持续发展 [ J ]. 金融经济学研究，2000（4）.

[4] 周小川 . 金融政策对金融危机的响应——宏观审慎政策框架的形成背景、内在逻辑和主要内容 [ J ]. 金融研究，2011（1）：1–14.

[5] 中国社会科学院 . 中国国家资产负债表 2015 [ R ]. 2015–07–27.

[6] 陈治，王四笔 . 我国区域金融对中小企业的影响研究——基于资金利用效率的空间视角 [ J ]. 经济问题，2015（3）：120–124.

[7] 巴曙松，沈长征 . 从金融结构角度探讨金融监管体制改革 [ J ]. 当代财经，2016（9）：43–51.

[8] 安晓旭 . 再论金融与实体经济：经济金融化视角 [ J ]. 中国外资，2017（23）：94–95.

[9] 成思危 . 虚拟经济与金融危机 [ J ]. 管理评论，2003（1）：4–8，53–63.

[10] 张艳，沈惟维 . 绿色金融发展情况的调查与分析——以安徽省铜陵市为例 [ J ] 重庆科技学院学报（社会科学版），2018，No.251（04）：55–58.

[11] 叶文辉 . 供给侧结构性改革下商业银行服务实体经济的路径探析——以安徽

省铜陵市为例［J］. 征信，2018，36（10）：59-63.
［12］中国人民银行库伦旗支行课题组，李涛，魏长青 . 对金融支持县域实体经济发展的实践与思考——以库伦旗为例［J］. 北方金融，2018，462（12）：98-103.
［13］王翔 . 湖北省农村金融发展对粮食生产支持的实证研究［D］. 荆州：长江大学，2017.
［14］中国农业发展银行 . 中国农业发展银行统计年鉴（2017）［M］. 北京：中国统计出版社，2018.
［15］邓伟珍，等 . 关于广东省粮食收购资金筹集情况的调查报告［J］. 中国粮食经济，2018（5）：65-67.
［16］陆宇航 . 中国农业发展银行助力粮食收储制度改革［J］. 粮食科技与经济，2018（2）：17-20.
［17］杨磊 . 黑龙江省农村金融产品创新发展研究［D］. 哈尔滨：东北农业大学，2018.
［18］中国金融年鉴编辑部 . 中国金融年鉴 2017［M］. 北京：中国金融出版社，2017.
［19］李润平 . 商业银行开展粮食营销贷款的研究［J］. 农村金融研究，2018（6）：56-60.
［20］罗轩 . 中国农业发展银行支农发展对策研究［D］. 杨凌：西北农林科技大学，2016.
［21］国家粮食局 .2016 中国粮食年鉴［M］. 北京：中国社会出版社，2017.
［22］程冀阔 . 发展粮油市场化业务的信贷策略［J］. 农业发展与金融，2018（10）：17-20.
［23］周志达 . "北粮南运"在途质押融资模式探析［J］. 黑龙江金融，2017（11）：33-35.
［24］国家粮食局 .2014 中国粮食年鉴［M］. 北京：中国社会出版社，2015.
［25］柳英棣，姜一楠 . 金融支持黑龙江省粮食加工产业发展的路径选择［J］. 经济研究导刊，2016（32）：126-129.
［26］杨晓东 . 巩固粮食信贷主办行地位［J］. 农业发展与金融，2018（7）：50-52.

[27] 欧阳平 . 推进市场化条件下粮棉油信贷业务发展 [J]. 农业发展与金融，2018（8）：18–20.

[28] 曹燕子 . 河南省家庭农场正规金融信贷效果研究 [D]. 杨凌：西北农林科技大学，2018.

[29] 海棠 . 中国农业发展银行内蒙古 S 支行粮食信贷业务问题及对策研究 [D]. 呼和浩特：内蒙古大学，2018.

[30] 胡海川 . 我国农业类上市公司信息披露问题研究 [D]. 内蒙古农业大学，2014.

[31] 李停，吴福明 . 城乡统筹视角下农地证券化模式选择研究 [J]. 山东工商学院学报，2016，30（5）：72–76，108.

[32] 李停 . 我国土地信托模式的选择与实践 [J]. 华南农业大学学报（社会科学版），2017，16（4）：34–44.

[33] 吴秋菊，林辉煌 . 促进减贫的土地流转模式研究 [J]. 云南社会科学，2018（4）：132–140.

[34] 王哲 . 土改探索之二：重庆“地票”创新 [J]. 中国报道，2014（2）：20–21.

[35] 张心灵，胡海川，范文娟 . 历史成本计量属性下生物资产信息披露模式探讨 [J]. 会计之友，2015（4）：71–75.

[36] 孙仲彝 . 创新新型农民集体土地产权制度的理论探索 [J]. 中国集体经济，2015（20）：54–58.

[37] 李梅，郭少雅 . 植根乡村沃土 探寻振兴之道——农业农村部 2018 年百乡万户调查活动综述 [J]. 农村工作通讯，2018（9）：28–31.

[38] 孙中华，罗汉亚，赵鲲 . 关于江苏省农村土地股份合作社发展情况的调研报告 [J]. 农业经济问题，2010，32（8）：30–35.

[39] 李玉辉，胡荣兴 . 农村产权抵押瓶颈及解决路径研究 [J]. 西南金融，2013（9）：68–72.

[40] 中央一号文件要求：开发农村人力资源 培育新型职业农民 [J]. 农民科技培训，2017（3）：1.

[41] 裴文斐 . 首单土地流转信托因何搁浅 [J]. 农村 . 农业 . 农民（A 版），2014（4）：37–39.
[42] 蒲坚 . 解放土地——新一轮土地信托化改革 [M]. 北京：中信出版社，2014：23.
[43] 国务院办公厅关于加快推进农业供给侧结构性改革大力发展粮食产业经济的意见 [J]. 中国粮食经济，2017（10）：67–70.
[44] 陶盈舟 . 十万亿信托抢滩 "城镇化" [N]. 华夏时报，2013–11–11（1012）.
[45] 兴业证券研究所 . 中粮集团深度研究——全产业链粮商航母 [EB/OL]. http://www.767stock.com/2017/05/09/23836.html.
[46] 刘素春，付红 . 中国农业保险组织形式研究 [M]. 北京：经济科学出版社，2016.
[47] 叶明华 . 中国粮食作物保险：风险测度与政策优化 [M]. 北京：中国农业出版社，2017.
[48] 庹国柱 . 中国农业保险研究 [M]. 北京：中国农业出版社，2017.
[49] 徐斌，孙蓉 . 粮食安全背景下农业保险对农户生产行为的影响效应——基于粮食主产区微观数据的实证研究 [J]. 财经科学，2016（6）：97–111.
[50] 庹国柱，张峭 . 论我国农业保险的政策目标 [J]. 保险研究，2018（7）：7–13.
[51] 叶明华，朱俊生 . 农业保险微观效用与粮食安全的关联度 [J]. 改革，2017（9）：76–86.
[52] 王绪瑾 . 从粮食价格支持到粮食收入保险：历史必然与发展路径 [C]. 2017 中国保险与风险管理国际年会论文集：77–92.
[53] 晁娜娜，杨汭华 . 耕地规模、农业保险认知及其潜在需求的多样化——基于全国 6492 个粮食种植户的考察 [J]. 财经科学，2017（5）：67–79.
[54] 蔡胜勋 . 中国农产品期货市场发展路径研究 . [M]. 北京：社会科学文献出版社，2016.
[55] 安毅 . 农产品期货和期权 [M]. 北京：经济科学出版社，2018.
[56] 中国期货业协会 . 期货及衍生品基础 [M]，北京：中国财政经济出版社，2018.

[57] 大连商品交易所 . 期货与企业发展案例 [M]，北京：机械工业出版社，2018.
[58] 安毅 . 我国期货农业组织模式创新与发展思路 [J]. 经济纵横，2015（7）：73–77.
[59] 焦民赤，薛兴利 . 订单农业中农户违约行为的博弈分析与规避策略 [J]. 山东社会科学，2015（6）：112–116.
[60] 刘建徽，张应良 . 订单农业模式中主体纵向协作选择行为分析 [J]. 农业技术经济，2017（11）：104–114.
[61] 孙宇典，夏振洲 . 订单农业、保险和期货市场融合发展研究 [J]. 金融理论与实践，2018（7）：68–72.
[62] 郭亚楠 . 订单农业组织模式研究 [J]. 商业经济，2018（8）：107–109.
[63] 余星，张卫国，刘勇军 . 基于期权套期保值的最优订单问题 [J]. 系统工程，2017（9）：27–35.
[64] 孙志红，王亚青 . 农产品期货、涉农主体与订单农业违约风险的规避 [J]. 世界农业，2016（7）：50–56.
[65] 孙志红，王亚青 . 农产品期货参与农业 产业化的模式分析 [J]. 世界农业，2016（2）：46–50.
[66] 赵婷，安毅 . 中美期货农业的发展模式比较研究 [J]. 南方金融 · 2014（11）：64–74.
[67] 李静 ．“订单 + 金融”助推现代农业发展的实践与设想 [J]. 西部金融，2016（9）：58–61.
[68] 魏振祥 . 期货市场促进农民增收的模式分析 [J]. 中国农业大学学报（社会科学版），2011（6）.
[69] 陈素 . 我国互联网金融存在的问题及建议 [J]. 中国金融，2014（7）：68–70.
[70] 李道亮 ．“互联网 + 农业供给侧改革”必由之路 [M]. 北京：电子工业出版社，2017.

[ 71 ] 张玉明 . 小微企业互联网金融融资模式研究 [ J ]. 会计之友，2016（8）：1–5.
[ 72 ] 陈芳盈 . 我国互联网金融 SWOT 分析 [ J ]. 合作经济与科技，2018（5）：52–53.
[ 73 ] 刘伟，韦杰 . 破解农村互联网金融服务难题的“田东模式”：背景、经验与启示 [ J ]. 走向社会科学，2018（6）：116–118.
[ 74 ] 刘志明 . P2P 网络信贷模式出借行为分析——基于说服的双过程模型 [ J ]. 金融论坛，2014（3）：16–22.
[ 75 ] 宋韬 . 互联网金融服务“三农”的现状及对策研究 [ J ]. 品牌战略与电子商务，2018（16）：48–49.
[ 76 ] 孙承志，尤薇薇 . 互联网金融服务“三农”问题研究 [ J ]. 经济研究导刊，2018（29）：31–32.
[ 77 ] 孙静静，杨姣姣 . 村镇银行利用互联网金融服务小微农企的 SWOT 分析 [ J ]. 大学文砚，2018（3）：70–75.
[ 78 ] 苏州市农村金融学会课题组 . 互联网金融服务“三农”发展路径探究 [ J ]. 三农金融，2017（10）：41–43.
[ 79 ] 吴晓迪 . 对河南省互联网金融服务“三农”的思考 [ J ]. 金融与资本，2018（4）：96–97.
[ 80 ] 易法敏，耿蔓一 . 农户电商融资行为选择分析 [ J ]. 华南农业大学学报，2018（1）：94–103.
[ 81 ] 闫晗，荆娴 . 互联网金融创新机制的构建 [ J ]. 产经纵横，2018（8）：52–52.
[ 82 ] 张玉刚 . 浅谈互联网金融服务“三农”推进策略 [ J ]. 银行经营管理，2015（5）：49–51.
[ 83 ] 曾晖斌 . 互联网金融风险管理的研究 [ J ]. 财经论坛，2018（6）：114–115.
[ 84 ] 张宁宁 . 基于互联网金融的涉农企业融资问题研究 [ D ]. 长沙：湖南农业大学，2016（6）：32–34.
[ 85 ] 黄可权 . 新型农业经营主体金融服务体系创新研究 [ D ]. 哈尔滨：东北农业

大学，2017.

［86］訾体益 . 基于产业链的农村金融产品创新研究［J］. 中国集体经济，2017（4）：28–31.

［87］杨艳磊 . 互联网金融模式问题研究［D］. 深圳：深圳大学，2017.

［88］谢平，邹传伟 . 互联网金融模式研究［J］. 金融研究，2012（12）：11–12.

［89］兆程 . 互联网金融发展浅析及问题探究［J］. 金融经济，2014（22）：89–91.

［90］陈岷峰，吴建平 ."互联网 +"推动"三农"创新发展的原理、路径与展望［J］. 农村金融研究，2017（8）：38–39.

［91］李国英 ."互联网 +"背景下我国现代农业产业链及商业模式解构［J］. 农村经济，2015（9）：24–25.

［92］马九杰，吴本建 . 互联网金融创新对农村金融惠普的作用：经验、前景与挑战［J］. 农村金融研究，2014（8）：4–11.

［93］孙璐 . 探究互联网金融对我国农村普惠金融发展的作用［J］. 时代金融，2016（9）：42–43.

［94］王月瑶 . 大数据时代下互联网金融发展的机遇与风险应对［J］. 经济师，2017（1）：56–57.

［95］徐广，李泳敏 . 互联网金融对我国农业农村发展的促进作用研究［J］. 改革与战略，2017（9）：84–86.

［96］张正平，江千舟 . 农村金融机构的互联网化：现状、问题、原因及对策［J］. 农村金融研究，2016（7）：65–70.

［97］Li Fu–You，Zhao Wan–Nan. Multilevel factor analysis based online financial credit system［J］. Cognitive Systems Research，2018（52）：466–472.

［98］Gao Yu，Yu Shih–Heng，Shiue Yih–Chearng. The performance of the P2P finance industry in China［J］. Electronic Commerce Research And Applications，2018（30）：138–148.

［99］祁毓，秦小莉，姜文婷 . 是什么缓解了自然风险对粮食生产的冲击［J］财贸

研究，2011（6）：39–46.

[ 100 ] Smith，J.G. Organized Produce Markets [ M ]. 1st ed. Longmans Green.1922.

[ 101 ] Hoffman，G.W. Futures treading upon Organized Commodity Markets in the United State. 1st ed. Philadelphia [ M ]. University of Philadelphia Press.1932.

[ 102 ] Working，H. Futures trading and hedging [ J ]. American Economics review.1953（43）：314–343.

[ 103 ] Telser，L.G and H.N. Higinbotham. Organized Futures Markets：Costs Benefits [ J ]. Journal of Political Economy.1977（85）：969–1000.

[ 104 ] 高翔 . 中国股指期货市场跨期套利策略的分析与实践 [ D ]. 成都：西南财经大学，2012.

[ 105 ] 苏乐生 . 外部多空事件对股指现货与期货间价格关联性影响与实证研究以台湾、香港地区为例 [ D ]. 天津：南开大学，2013.

[ 106 ] 刘云 . 农产品期货市场有效性研究 [ D ]. 杨凌：西北农林科技大学，2014.

[ 107 ] 潘慧峰，袁军 . Grange 因果检验的文献回顾 [ J ]. 科学决策，2016（9）：58–94.

[ 108 ] Serra，Teresa and Gil，Jose M.Price volatility in food markets：can stock building mitigate price fluctuations?[ J ]European Association of Agricultural Economists，2013（3）.

[ 109 ] 高春华 . 农产品金融化对我国粮食安全的影响及对策 [ J ]. 山东社会科学，2015（8）.

[ 110 ] 李援亚 . 粮食金融化：界定、背景及特征 [ J ]. 金融理论与实践，2012（10）.

[ 111 ] 吕惠明，蒋晓燕 . 我国大宗农产品价格波动的金融化因素探析——基于 SVAR 模型的实证研究 [ J ]. 农业技术经济，2013（2）.

[ 112 ] 苏应蓉 . 全球农产品价格波动中金融化因素探析 [ J ] 农业经济问题，2011（9）.

[ 113 ] 王劭臻 . 大宗农产品金融化原因分析 [ J ]. 市场论坛，2015（9）.

[ 114 ] 肖卫东 . 农产品价格波动变化的影响因素 [ J ]. 重庆社会科学，2012（8）.

[ 115 ] 翟雪玲，徐雪高，谭智心，等 . 农产品金融化概念、形成机理及对农产品价

格的影响［J］. 中国农村经济，2013（2）.
［116］张利庠，张喜才 . 外部冲击对我国农产品价格波动的影响研究——基于农产品产业链视角［J］. 管理世界，2011（1）.
［117］袁怀宇，谭颖 . 农产品金融化背景下我国粮食安全的问题与对策［J］. 中国商论，2018（1）：160-161.
［118］尚福林 . 进一步加大金融服务，提高粮食生产竞争力［N］. 人民政协报，2017-11-18（4）.

# 索　引